歴史の立会人

昭和史の中の渋沢敬三

由井常彦
武田晴人
編

日本経済評論社

渋沢敬三の肖像

日本銀行総裁としての渋沢敬三の肖像画は、歴代総裁の中でも異彩を放っている。その理由は、他の肖像画がすべて総裁の椅子に座った姿なのに対して、渋沢総裁のそれは、屋外での立ち姿だからである。戦争の末期から敗戦直後までその職に在った渋沢敬三は、肖像を描くに際して、彼の在任の時代を残すために戦災で荒野となった東京を背景にすることを選んだという。

描いたのは小絲源太郎。1887年に東京市下谷区（現東京都台東区）に生まれた洋画家であった小絲は、東京美術学校在学中の1910年、23歳で文部省美術展覧会に入選し、その後、金沢美術工芸大学教授、東京芸術大学教授を務めた。

場所は特定できないが、日本銀行本店本館の正面入り口の上に設けられたバルコニー部の手すりのかたちが、肖像画の敬三の直ぐ後ろの造作と一致することから、この建物の２階バルコニーが敬三の立っていた場所ではなかったかと思われる。

とはいっても戦争・戦災という暗いイメージとは裏腹に、その肖像画は全体してみると明るい。朝焼け空とみられる背景の描き方や敬三の姿は、絵画に詳しくない者でも印象派の作風を思い起こさせるタッチでまとめられている。

朝焼けの明るさは敗戦後日本の未来へのメッセージとなっている。戦争と敗戦の衝撃の中で、それでもなお日本の復興に期待をかける渋沢敬三の心意気と、戦争の時代の惨禍を忘れまいとする誠実さとが、この絵にこめられているのである。それが、この肖像画を印象深いものにしている。

そこには、民俗学者として民衆生活の日常に関心を持っていた、庶民的な人柄がにじみ出ている。総裁室の椅子に座って日銀総裁の威厳を示す肖像画を残すことは、渋沢敬三には考えられなかったに違いない。日本銀行総裁としての公職に誠実に向き合いながら、その地位にあったことを記録に残す肖像画を描く時に、総裁室を出た敬三の心持ちは、その表情の柔らかさや、その視線の優しさを通して、この作品に見事に描き込まれている。

渋沢敬三アーカイブ (http://shibusawakeizo.jp/about_keizo/about01_01.html) より。

序　文

「経済人としての渋沢敬三」の人生と業績に関するこのような研究の成果が刊行されることは私ども遺族（雅英、紀子、黎子）にとってこの上もなく嬉しく有り難いことです。

私どもが小・中学生の頃、敬三はまだ四〇代の若さで、旧第一銀行の常務取締役、業務部長として、重要な経営責任を負っており、家庭でくつろいでいるときでも、一種の重量感を、身辺に漂わせていました。しかし実際にどういう仕事をしていたのか、またそれが当時の日本の銀行業の中で、どういう意味を持っていたのかについては、本人も語らず、私どもにもほとんど分かりませんでした。

ただ日頃の父親の生き方や、学問に対して終生持ち続けてきた関心の深さからみて、通常の銀行家とは少し異なる意識や、感性をもって活動しているのだろうという感触は共有していました。そして今回の出版を通して、あのころの敬三の、職場でのありのままの姿を明確、詳細に見せて頂いたことを、心から感謝しています。

日本が壊滅的な戦争に突入した翌年、昭和一七年の春、敬三は突然日本銀行の副総裁に任命され、第一銀行を去ることとなりました。一般的には異例の出世と考えられ、数々のお祝いが届けられたのを覚えております。しかし敬三自身は、有無を言わさぬ政府の圧力に屈して「官業」に移されたことを心から残念に思い、谷中の墓地に足を運んで、終生「民業」の世界に生きた祖父栄一を訪れて謝ってきたと、家族に伝えたその夜の様子を、今も記憶しております。

そうした経緯で就任した日銀での副総裁、やがては総裁、さらには終戦の混乱の中で、これまたほとんど無理矢理に押しつけられた大蔵大臣としての仕事がどのようなものであったかについての詳細、特に「歴史の立会人」というシンポジウムは、私どもにとって、死後五〇年、暗い夜の帳がようやく開き、父親のありのままの姿を目の当たりにするという、得難く、またすぐれて感動的な体験でした。

「僕を理解する人は少ない……人は僕をなかなかわかってくれない」と敬三は生前しばしば嘆いていました。晦渋な性格でもなく、意図的に自分を隠そうとしていたわけでもありません。よく整理された旅譜や映像、民具や各種常民生活資料の蒐集、そして多くの著書や随筆など、自らの業績を惜しみなく開示しようとしていたにもかかわらず、敬三の人生を全体として把握、理解した人は、家族を含めて、ほとんどいなかったようです。

祖父の渋沢栄一は日本の近代化の全体を視野に、全力で取り組むという超前向きなスタンスで、九一年の長い生涯を生き続けました。そして敬三は、偉大な祖父の跡取りと言う宿命を受け止め、懸命に、また誠実に、六七年の人生を生きてきました。

敬三がまだ中学生の頃、廃嫡という憂き目にあい、結果として「経済人としての敬三」を産み落とすこととなった父親の渋沢篤二へのオマージュとして、間近に迫る自らの死を目前にして、敬三は「瞬間の累積」という、悲しくも美しい写真集を編纂しました。そして、苦しい息の下で口述したその「あとがき」の中で「銀行は大切だと思いましたが面白いと思ったことは余りありません。しかし真面目に努めておりました。が、人を押しのけてまで働こうという意志もありませんでした。」と述べております。

今にして思えば、篤二の運命を巡って、栄一との間に「経済人」として生きるという黙契を交わしたときに、敬三は自分の人生は自分のものではないと心に決めたのではないかと思われます。「人を押しのけてまで働かない」ことの代償として、個人的な諸々の執着や、社会や組織の制約から開放され、もって生まれた器量を最大限に生かして、この国の未来のために、思いのままに生きることが出来たのかも知れません。

そして、そうした経緯のもとで、敬三が経済人への道を選んだ事は、本人にとっても、また日本の国にとっても、望ましいことだったように思われます。「昭和史」の激動の中で、他の財界人とはひと味違う心構えとスタイルで、与えられた義務を、誠実に果してゆく敬三の姿が、鮮明に解き明かされたことは、私どもにとってこの上ない喜びです。

武田晴人先生をはじめ、この本を作られたすべての方々、そして「敬三五〇年忌」を記念するための、五年がかりのプロジェクトに、委員長としてに関わって下さった由井常彦先生、また一般財団法人「ＭＲＡハウス」ならびに公益法人「渋沢栄一記念財団」の皆様に心からの感謝を捧げたいと思います。

（渋沢雅英）

目次

第二部 渋沢敬三、その前半生の研究

第一部　経済人　渋沢敬三

第1章　渋沢敬三の学問、思想と人格形成
――前半生を中心として――

※本章は、『民族と歴史』（「神奈川大学日本常民文化研究所論集」第三〇号、二〇一四年二月）掲載の論文を若干省略・加筆し、筆者の論旨をより明確にしたものである。

由井常彦

はしがき

渋沢敬三は、第一銀行の経営者を務め、日銀の副総裁を経て総裁に就任した銀行家であり、戦後一時は大蔵大臣に任ぜられた。同時に漁業史研究の先駆者的学究であり、常民文化研究所を設立、民俗学ないし民族学などの分野でも開拓者としてならぶ者のない大きな足跡を残した。

小論は、こうした稀にみる人物の経歴を、前半生における学問、思想、人格形成の側面を中心に考察し、彼の人物の理解を深めようとするものである。一般に、明治後期から大正期に高等教育（と

くに旧制高校から旧帝国大学）を修め、戦前昭和期に指導的役割を果たした人々の少なからずは、学生時代に身につけた学問、思想によってその人格の基盤が形成されている。渋沢敬三も例外でなく、二高、東大経済学部そして留学の時期に彼の人格の基盤が形成され、昭和初年の第一銀行勤務の時代に、銀行家と同時に学者という自身のパーソナリティができ上がっている。彼の場合は、表面的には環境と経歴に恵まれたといえ、自分の希求《アスピレーション》と周囲の期待との相克《そうこく》、父の廃嫡と継承者たる彼をめぐる同族間の葛藤、彼の描いた理想と現実との対立などいくつかの深刻な困難があった。そして、それらの忍耐・克服が彼のユニークな人格形成にかかわっており、それらについても触れないわけにはいかない。

本稿は、このように彼の前半生を中心に叙述の対象とするもので第一銀行常務取締役から、日銀副総裁以後の銀行家としての敬三、そして戦後の大蔵大臣はじめ財界人、文化人としての多岐にわたる活動や重要な諸業績については、第2～4章が担当するところで、考察の外におかれる。とはいえ、後半生の敬三の行動、リーダーシップや意思決定などについては、彼のユニークな人格の理解が必要不可欠と考えられる。また、渋沢敬三は、祖父栄一ゆずりの、「民主的な君子」（土屋喬雄）であることにはもとより異議はないが、この二人が生きた時代と、学問そして経験の違いから、人間としてのタイプと思想には相違があり、敬三は祖父が範とした孔子よりもむしろ老子に近いようにみえる。本稿は、結論的にこの点にも言及したい。

なお本稿は、紙面ならびに時間的な制約から、前半生の研究といっても、エッセイないし素描《スケッチ》にとどまるものであることを、あらかじめおことわりしておきたい（本書の第5章の学生時代と第6章の留学時代は、これを補い改めて執筆されたものである）。

一　学生時代の渋沢敬三

1　「生物少年」の時期

関係者の間でよく知られていることであるが、渋沢敬三（一八九六年、明治二九年八月生）は、幼い頃から非常に利発であるばかりでなく、好奇心が強く、生きものと生態に大きな興味をもち、「生物少年」といわれた(1)。生家の東京、深川福住町の渋沢栄一邸でも、庭の一隅の池のふちにたたずんで、池の中の魚の動くのを眺めていたといわれ、小学校の上級生の頃からは、蝶や昆虫の収集と標本づくりを楽しむようになっている。

敬三2歳（明治32年、渋沢史料館提供）

中学生になると敬三は、正真正銘の「生物少年」に成長した。これには彼が入学した高等師範学校附属中学が関係している。附属中学は、イギリスの上流階級の子弟の教育制度にならって、次世代のエリートの育成を目的に開設され、ここでは高等師範学校の教員はじめ、各分野の少なからぬ学者、研究者が、授業や生徒の学習指導にあたっていた。祖父の渋沢栄一は、もとより学校教育についての関心が高かったから、渋沢一家はじめ、尾高、木内、穂積、阪谷など近親の孫の世代の子供たちの多くが、附属中学に入学するようになっていた。

渋沢敬三は、明治四一（一九〇八）年に入学し、中等教育には稀な環境と教員のもとにあって、幼い頃の興味は、まもなく学問的なレベルの研究へと進歩するようになった。高師附属中学での「生物少年」敬三は、非常に恵まれた。教諭スタッフでは、生物学者の岡浅次郎（進化論の紹介と著作で高名）はじめ植物学の稲葉彦六、地理担当の大関久五郎ら、当時の先駆的学究が授業や指導にあたっていた。かくて進級することに、敬三少年の学力と興味は著しく向上している。例えば二年生の秋の伊豆修学旅行では、網代《あじろ》の浜辺で新種のイソギンチャクの収集・分類に参加し、翌三年次の伊豆箱根の旅行では、珍しい種の蛭《ひる》を発見して、岡教諭を喜ばせたりしている。

明治四五年（再履三年次）になると、足腰がつよくなった敬三が「渇望シテ」いた山岳会が発足した。夏には信州北アルプス・上高地で一週間の合宿訓練が行われることとなり、敬三は「動物係」の担当となり、周辺の生物と生態の研究に取り組んでいる。彼は、対象を脊椎動物はじめ、鳥類・爬虫類など生物学のテキストにしたがって分類を試み、この地方における存在の有無、生態、特徴、について記録している。住民に対してこと細かな質問を用意し、「インタビュー」も実施している。今に残る実態調査のレポートは、中々の出来である。(2)

さて上級生になると敬三は、本気で生物学者を志すようになった。その契機となったのは、イギリスの銀行家にして生物学者ジョン・ラボック・エイベリー（Lord Avebury, Sir John Lubbock, 1834-1913）の著作との出会いであった。エイベリーについての知識は、ひとまわり年長の従兄の石黒忠篤（当時農商務省に勤務、のち農務局長、農政学者としても高名）から授けられたものである。これには祖父の渋沢栄一が間在しており、栄一の指しがねと思われる。

エイベリーは、一九世紀末の銀行家で、銀行頭取からロンドン商工会議所の会頭に就任し、サーの身分を授けられた人物である。生物学者でもあり、蜂蟻の生態調査などの著述で当時の日本にも知られたといわれる。

渋沢敬三は、エイベリーの著作に採録されている蜂蟻の生態の科学的研究（色彩などの変化に対する反応）をみて大いに感動、刺激をうけた。彼は卒業の前年に西ヶ原において、同様な方法で蟻の生態の研究と実験を自分の手で試みている。そして「我が尊敬するエーベリー卿の略歴と蜂蟻に関する研究」と題する論文を完成した。これを卒業の年の夏『桐蔭雑誌』（大正三年七月）に投稿、掲載をみ、(3)自信を深めた。

ところで附属中学の卒業に際する昆虫の研究論文の発表は、周囲に対し生物学者たるべき彼の意志と抱負を表明する意図もあって、それはにわかに起こった渋沢家の後継者問題とからんでいた。すなわち渋沢家では四年前の渋沢栄一の引退声明に次いで、この頃、渋沢同族会社の設立と後継者問題が日程に上るようになったが、栄一の長男で敬三の父の渋沢篤二（明治四年生まれ）の適性と行動が同族（渋沢、穂積、阪谷の各家）たちのなかで問題となり、篤二を通り越して嫡孫の敬三を推す気運が生じ、栄一自身も決心するようになった。これは敬三には想定外のことで、彼としては生物学の関心は趣味にとどまるものではなく、本心であることを、親戚の人々に訴えようとしたものでもあった。

2　仙台二高時代と「眞・善・美」の理想、そして自然

大正四（一九一五）年秋から同七（一九一八）年は、渋沢敬三が東京を離れて、仙台の第二高等学校（旧制）に学んだ時代である。彼はこの二高の生活は、自分の人生で非常に愉快な時期であった、といつも回想していたといわれる（長男の渋沢雅英談話）。

仙台二高の合格通知に接したときは、前述の論文が『桐蔭雑誌』に掲載され、彼は自然科学を学ぶべく理科を志望しており、親戚にこの雑誌を配っている。だが祖父栄一によって許されず、将来は渋沢家の家業たる第一銀行の経営者として学業を身につけるよう説得され、文科甲類（第一外国語英語、第二外国語独逸語）に入学することとなった。

事実、敬三の二高入学決定は、祖父の栄一の喜悦するところで、上野駅の東北線列車乗車ホーム（三等）まで自身で見送りに出掛けている。栄一は敬三の後継者問題（父の篤二を通りこして孫の相続）については、理を尽くし、情に訴えるなど、手を尽くして説得にあたっており、敬三も自身の志をゆずらず、大いに論じたが、結局は敬三は納得せざるをえなかったといわれている（渋沢雅

英談話）。

敬三の仙台二高文科への進学は、こうして自身の進路の挫折をともなうものとなったが、しかし東大への進学は約束され、その上に相続についての同族間のトラブルにかかわりなく、豊かな自然の中で暮らすことは、解放感にみちたものであった。

当時の二高は――他の高校もそれほど変わらなかったが――、東北唯一の高校で「雄大剛健」をモットーとし、とくに寄宿舎生活は、粗衣粗食、質実剛健の気風のもとにあった。だが敬三にとっては、東北の「京都」といわれた仙台における、青春期の解放感・幸福感は、それを上まわるものがあったようである。彼は、不便な寄宿舎生活を何ら苦にしておらず、むしろ同僚との共同生活も人生の糧として暮らしている。この点は級友たちが、後年いちように回顧しているところである(4)。

ちなみにほぼ同じ時期に二高の理科に入学した中京の出身の豊田喜一郎（一八九七～一九四九年、豊田式織機の発明者・豊田佐吉の長男で、のち豊田自動車の創業者となる）は、仙台の寒さと粗放な寄宿舎生活に辛抱することができず、早々に仙台市中の家庭的な下宿に移転している(5)。

敬三二高受験用写真（大正4年、渋沢史料館提供）

さて、学問の研鑽《けんさん》と人間の陶冶《とうや》の観点からみれば、渋沢敬三にとって、この時期の二高は附属中学と同様に恵まれていたといえよう。この点については、同じ文科甲類のクラスメートで机を並べた土屋喬雄《つちやたかお》（一八

九六〜一九九一年）が自叙伝『私の履歴書』のなかで回想しているところである。(6)

旧制高校文科は、大正から昭和初年にかけて、今日でいう一般教養科目とりわけ語学と文学・哲学の教育が重視された。語学については、英語はもとより第二外国語の独逸語でも、二年次からは原書がテキストに用いられるほど厳しいものであった。戦前まで高校生の誰しもが高吟した「デカンショ節《ぶし》」（デカルト・カントおよびショーペンハウエルの約語）によく表現されている。渋沢敬三らが学んだ英語は、詩人として高名な土井晩翠《つちいばんすい》、独逸語は当時評論家として著名な登張竹風《とばりちくふう》、そして文学・哲学には博学・博識で学生の敬愛を集めた粟野《あわの》健次郎（彼は生物学にも通じていた）ら、優れた学者・教養人が担当していたから、学生には魅力があったであろう。敬三も粟野のことはその後もよく話題にしている。

教師ばかりでなく友人についても敬三は、何人かの親友をえた。なかでも同じ年の土屋喬雄は、学問的にも密接な関係をもち続け、生涯にわたることとなるので、ここで紹介しておきたい。(7) 土屋は、元幕臣の大原家に生まれ、父は秀才で法科大学一期生であったが、志を遂げることなく若年で死去した。このため彼は実家を支えるべく養子として仙台の土屋家に入籍、少年時代を辛苦のうちに過すとともに、強い向上心を身につけるようになった。学費が免除されるので、仙台一中から二高まで、つねに首席を維持し通した。渋沢敬三は、成績抜群の土屋喬雄に関心をもち、土屋のほうでは名家の出身であっても気どるところがなく、謙虚で親切な（いくつかのエピソードがある）渋沢敬三に親しみを感じ、入学後間もなく隔意のない友人となった。もっとも土屋のほうは教室では常に最前列の中心に座るのに対し、敬三のほうは後列に席をとったというから文字どおり席を並べたわけではない。

さて人格の形成と陶冶について、当時の帝国大学や旧制高校では、カントや新カント派の人格主義哲学が骨子であった。この点は一九世紀のヨーロッパの大学を踏襲《とうしゅう》したもので、理想主義的な哲学と思想は、エリート学生が等しく学んだところであった。人間とは「手段とならない存在で」あって、そこに主体性と人格の尊厳の根拠があることを学び、ヒューマニズムと教養が、高等教育を身につけた学生たちの衿持《きんじ》ともなった。

「眞・善・美」に普遍的かつ究極的な精神的価値を見出す新カント派的な思想は、高校生の渋沢敬三の心に深く刻まれるところとなった。とくに「眞」と「美」に対する憧れは、後述するように彼の生涯を貫いて強く働き、人格形成の重要な要素となった。

また第二高校時代の三年間の渋沢敬三が、杜《もり》の都・仙台において大いに自然と親しんだことは特記に値しよう。二高の校舎、寄宿舎（桐寮）ともに青葉城趾に接しており、四季の変化が美しく、周囲には動植物がゆたかに生育していた。したがって敬三の生物に対する興味は失われることなく、学友たちは、生物学の文献を開いている彼にしばしば接している。

さらに旅行や登山好きの敬三にとって、東北地方の自然は、興味の対象となり、彼の民俗学への関心をよびおこした。最初の年は、宮城県下の温泉や名所旧跡を訪ねていたが、翌年春からは岩手県に赴き、盛岡の雫石を基点に、県北の二戸《にのへ》郡の各村に旅し、さらに県境の峠を越えて、青森県や秋田県に足を伸ばしている。ここで彼は関東の農村とは違って、江戸時代以来の昔ながらの農民の日常生活と農作業と農具、衣類と履物、そして祭りや神事などの文化に接し、たんなる興味以上のものを感じた。こうして生物学ばかりでなく、歴史や民俗学についても、図書館で文献をあさったりするようになった。民俗学への傾倒は改めて第5章に述べる

民俗学については、柳田国男の先駆的な研究が世に出ており、彼が農商務省の出身であることから、敬三は親戚の農商務省勤務の石黒忠篤を通じて、柳田の民俗学の研究については早くから知っていたようである。そして二高卒業後間もなく面識をえている。敬三の農民の研究ではその後も石黒の助力を受けている。

敬三が旅行や登山の途中で歩いた東北諸県の農村の中で、岩手県二戸郡では、江戸時代以来の伝統的な農作業、そして大家族制と名子制度の存続を知ることによって、強く印象づけられた。その後、二戸地方については昭和一〇（一九三五）年、敬三の助言と同伴によって、有賀喜左衛門が腰をすえたフィールド・サーベイを行い、初期のアチックミューゼアムの業績のひとつとして発表され、有賀の代表的な民俗学ないし社会学の研究成果として知られることとなる(8)。

このように渋沢敬三は、二高文科に入学し、仙台で三カ年間のびのびとした学生生活を過した。ゆたかな自然と歴史と文化のもとにあって、彼にとって本来的な生物学や民俗学についての関心は失われることがなかったし、むしろ実地調査、実証研究の興味はより深まった。そうした彼の心の深いところの学問への憧れは、その後変わることなく、彼の人生を左右するところとなる。

3　東大経済学部と実証主義の研究

大正七（一九一八）年、渋沢敬三は、第二高等学校を卒業し、東大経済学部（東京帝国大学法科大学経済学科、翌年同科は経済学部となる）に進学した。初年度の経済学部の学生は数十人ほどで、二高からの進学者は七人であった。

さて、この年から彼が卒業するまでの三年間は、第一次世界大戦によってひき起こされた好景気によって経済界は空前の活況を示すとともに、平民宰相といわれた原敬内閣が誕生し、大正デモクラシーの思潮が昂揚した時期であった。だが同時に、米騒動（大正七年）が全国に波及し、労働争議も頻発し、翌年には河上肇京大教授の「貧乏物語」が『大阪朝日新聞』に連載されて大きな反響を呼び、また彼の主幹になる『社会問題研究』が創刊された。そして大原孫三郎によって大原社会問題研究所が設立された。

東京帝国大学時代（大正７～10年頃、渋沢史料館提供）

このような時代背景のもとに法学部から独立した東大経済学部は、社会主義や社会問題の研究をも標榜する進歩的な学部として、人々の注目するところであった。

渋沢敬三は、経済学の研究者志望の土屋喬雄とともに新設の経済学部に進学したわけであるが、当時エリートコースたる法学部でなく、経済学部を選んだのは、ありきたりの経歴に対する反感があったと目される。自身の回顧談においても、社会問題、社会主義への関心があって経済学部に進んだと述べている。当時は事実、立身出世と必ずしもかかわりのない「真に社会と人間の研究のための経済学部」が標榜されたりした。

発足当時のおもな教授には、新渡戸《にとべ》稲造（経済史・殖民政策）、金井延（工業政策）、山崎覚次郎（貨幣論・銀行論）、高野岩三郎（統計学）、河合栄治郎（社会政策）、馬場鍈一（財政学）らの大家が顔をならべており、助教授や助手には大内兵衛、森戸辰男、舞出長五郎らが、新しい時代の経済学者として研究にいそしんでいた。

渋沢敬三は、土屋喬雄とともに、山崎覚次郎教授の演習に参加した。山崎覚次郎は、ドイツへの留学が長く、ドイツの歴史学派の社会学・経済学に通じており、貨幣論・銀行論の権威とされたが、演習では経済史も担当していた。学問とは、物象の「本質を帰納的に把握し」「客観的に観察し、解剖、分析する」ことと論じており、土屋喬雄、渋沢敬三ともに、こうした科学性と厳密性の高い学風にひかれて師事した（土屋喬雄『私の履歴書』）。

山崎演習で渋沢敬三は、カール・ビュッヘルの工業発展段階説を参考にして、「日本における工業の発展段階」を実証的に研究するよう指導をうけた。そして土屋喬雄は「明治日本における銀行の発達」を研究テーマとすることとされた。

ところでこの二人のテーマをならべてみると違和感があり、むしろ逆ではないかとの感を抱かせるものがある。渋沢敬三の場合については、祖父の栄一によって同族出資の持株会社、渋沢同族株式会社が大正四（一九一五）年に設立され、渋沢敬三は資本金の大半を出資、代表社員（社長）と定められ、卒業後は第一銀行の役員たることが予定されていた。だから常識的には銀行史の研究こそ、敬三に適切な研究のテーマと考えられるからである。

だがよくよく考えてみれば、指導教授の山崎が、ゼミ生のテーマの選択にあたって安易な途を嫌い、本人が自身で実証的に研究に取り組み、自分の学問として成果が身につくように指導・助言するところもあったと思われる。渋沢敬三に対しては、祖父栄一が先駆者かつリーダーたるわが国の銀行制度を研究するのでなく、融資の対象である商工業の発展を研究することのほうが有用、有意義と考えたことであろう。これに対して敬三の側でも、二高時代に農村の調査に興味をもったことがあり、各地の工業の経営の実態調査は、自分が望むところであったろう。

こうして敬三は、在来の商工業のなかで代表的な織物業を研究対象に選び、関東各地の機業地に出かけて、技術と製造、流通と販売、資本と組織の諸側面を中心に実証的な調査を試みている。とくに原糸の入手から最終製品の製造まで行っている、行田《ぎょうだ》の足袋《たび》業には、特別な関心を払っている(9)。卒業後も彼は、この織物業の卒業論文を自分の社会経済史の研究成果として身辺に置き、社会経済史の研究業績として以後自身の経歴のなかに記し、ロンドンへの出張（留学）に際してもこれを携帯している。卒論は、ドイツ歴史学派の影響を受けているが、社会経済史的な観点も取り入れており、問屋資本の支配が批判されている。

土屋喬雄のほうは、日本経済史の研究の生涯を決意しており、明治時代の国立銀行制度の導入

〈国立銀行条例の制定・改正〉から国立銀行、次いで日本銀行の創立の研究に着手した。そして以来、渋沢栄一の足跡を含めて、銀行史・金融史について彼の研究は半世紀に及び、彼の重要な学問的業績をなすにいたっている。山崎覚次郎の指導方針は、二人の研究と以後の人生において、結実したといってよい。

ところで二人が卒業して十数年を経た一九三〇年代になると、社会経済史の研究の長足の進歩を背景に、一般の歴史家をも取り込み、学界を二分したかの資本主義論争がよびおこされた。その際コミンテルンのテーゼ（三二年）の影響をうけた「講座派」的理解が相次いで発表されて、学界で有力となった（講座派とは、日本資本主義は半封建制を本質とし、明治維新のブルジョア的革命性を否定する立場で、山田盛太郎『日本資本主義分析』をテキストとし、『日本資本主義発達史講座』〈岩波書店〉の執筆者が多かった）。

これに対し、土屋喬雄は、講座派の所論は、日本の封建遺制の強調過剰であると論難し、実証的論証が不足していることを指摘し、「労農派」の代表者と目された（労農派とは多くが雑誌『労農』に執筆したことによる）。この論争の論点の一つに、幕末維新期の国内の工業発展を、マニュファクチャ段階と論ずる講座派的立論があったが、ここでも土屋は、論証不足をつよく批判した。その際土屋は実証研究の成果として、さきの渋沢敬三の卒業論文である織物業の調査研究も念頭におき、問屋制家内工業の支配的段階と論じている。

なお、渋沢敬三が東大で卒論に取り組んだ大正九、一〇年は、日本経済が好況から長期不況に転じ、労使関係の悪化が表面化するとともに、本格的なマルクス経済学の研究がはじまった時期であった。とくに発足したばかりの東大経済学部では大内兵衛はじめ、渋沢敬三とほぼ同期の向坂逸郎《さきさかいつろう》、宇野弘蔵、さらには大森義太郎、山田盛太郎ら若手のマルクス経済学の研究者が輩出し、社会科学ないし経済学において、経済学部はアバンガルト（前衛）的存在となった。敬三も、マルクス経済学の研究に参加し、『共産党宣言』（ドイツ語）原本を誰よりも早く手に入れ、同僚たちに配布したといわれる。彼がマルクス経済学に関心をもったことには不思議はない。ここで敬三が「日本の資本家」に対し批判的で、反感さえもっていたことは、念頭におく必要がある。卒業後ロンドン留学の時期に、祖父宛ての手紙のなかで、イギリスと違って「日本の資本家は、無智頑鈍で利己的」と評している。この点は改めて第5、第6章で論及する。

この頃までの経済学は、アダム・スミス以来の価値論が大きなテーマであったが、従来の経済学者とちがってマルクスは、商品の価値の源泉を労働力にのみ求め、労働力の再生産をこえる剰余価値をもって、利潤すなわち資本家的富の源泉とした。敬三は、いわゆるマルキスト（唯物史観ないし革命史観の信奉者）にはならなかったが、感受性に富むヒューマニストとして、労働価値説に魅せられるところがあった。

友人の土屋喬雄によれば、在学中に若い研究者のなかには情熱家もあれば、過激な理想主義者もあり、あるいは自説に執着する者などがおり、侃々諤々《かんかんがくがく》の議論を戦わせることもあった。しかし敬三は、議論が体制批判、資本家や財界批判に及んでも、激することなくつねに温厚な態度で、終始し、「君子の風格」をもっていたといわれる。

少年期の敬三は、明朗・闊達であったが、東大経済学部に学ぶ頃から自分が資本家階級たることに問題を感じ、次第に内省的・内向的な側面を示すようになっている。彼の思想と人物を理解するうえで重要なことである。

なお、後年日本銀行の副総裁から総裁に就任したとき、何よりも調査機能を重視したが、その際外部から招聘した人事は、大内兵衛ら東大経済学部の教授たちであった。また情熱家の向坂逸郎は、戦時下にあって過激な左翼学者と目され、失職して久しかったが、このことを耳にするや、土屋喬雄を通じて生活費を渡し、救済の途を講じている（前掲、土屋『私の履歴書』）。

二　銀行家時代の渋沢敬三

1　横浜正金銀行ロンドン支店と「美」への憧憬

東大卒業後の渋沢敬三は、卒業とともに第一銀行には入社せずに、「よそで修業すべく」しばらくは横浜正金銀行に入行した。当時の正金銀行は外国為替専門の国際色のつよい特殊銀行あったから、敬三自身が望んだばかりでなく祖父栄一はじめ周囲も賛成で、国際金融と国際関係の知識を身につけるのには良い機会と考えたであろう。ちなみにのちに第一銀行の頭取となる明石照男も、次の世代のバンカーと期待され、留学していた。翌大正一一（一九二二）年五月、結婚した。妻は木内重四郎（貴族院議員）の次女、岩崎弥太郎の孫にあたる、登喜子である。

次いで同じ年の九月から家族同伴でイギリスのロンドン支店に出張、勤務した。ロンドンは第一次大戦後も、世界の金融センターであった。この時期は横浜正金銀行ばかりでなく、日本銀行はじめ三井物産、三井銀行、東京海上火災、日本郵船、大阪商船などの有力会社、さらには高田商会、鈴木商店らの商社がいずれも支店を設けていた。第一次大戦後の日本の国際的な地位向上によって、それぞれ店舗と業務を拡大しており、日本人のクラブやゲストハウスが設けられており、横浜正金銀行のロンドン支店（在シティ）も日本人のほか少なからぬイギリス人の店員をかかえていた。

さて渋沢敬三の場合は、正金銀行の支店詰といっても、同行からはかなりの行動の自由が与えられており、渋沢子爵の後継者、第一銀行のトップ、さらに財界リーダーとしての将来にそなえた留学に等しいものであった。

横浜正金銀行時代（大正10〜11年頃、渋沢史料館提供）

彼自身も前途有為な若い銀行家として、外国為替取り扱いなど日常の実務にたずさわるよりも、ロンドンにおいて政治経済の動向や国際関係に通じたいと思っていた。さらに東大経済学部時代からの宿題として、先進国のイギリスにおける伝統的な功利主義の経済学の現状、そして社会主義とくにマルクス主義の帰趨について、自身の眼で確認したい、と考えていた。祖父からは、中国古典の英訳本の入手を依頼されていた。

いかに彼がロンドンを中心にヨーロッパの文化と生活をエンジョイしたかは、頻繁に東京の自宅（祖父、両親、兄、弟）宛てに長文の手紙をしばしば書き送っていることから、これを知ることができる。(10) 横浜正金支店はじめ、大使館やロンドン在住の日本人から歓迎されたことはいうまでもない。彼の飾らない態度と教養がものをいったであろう、ロンドンのエリート階級の人々との社交の場もえている。

既述した目的にそくしてみると、当時のイギリスの経済学は、依然としてJ・S・ミルやベンサムら伝統的な自由経済と功利主義（最大多数の最大幸福）が主流であった。敬三の眼からみると、第一次大戦後のイギリスは国際的な政治・外交の場において、イギリスが自国の利害にそくして巧みに諸外国を操っている現状が目だち、イギリスの最大幸福のための経済学ではないかと、皮肉を込めた感想を書き送っている。

社会主義運動のイギリスにおける動向は、渋沢敬三が大きな関心をもっていたところであった。だが現地での情報は、一口に社会主義といっても千差万別であって、敬三が接した人々の間では、議会における労働党と、ウェッブ夫妻のフェビアン協会派が代表的な存在とされ、共産党はとるに足りない存在でしかなかった。

マルクス経済学ないしマルクス主義については、イギリスで活動しているベルンシュタインの動向にもっとも関心があった。ベルンシュタインは、マルクス経済学者であるが、文学に通じ詩をよくするヒューマニストでもあり、彼の著作はヨーロッパ各国で訳出され、日本でも翻訳されていたからである。ところが意外なことに、彼は社会主義を標榜するロシアの革命政府には修正主義者として受け入れられず、各地で孤独な放浪生活を余儀なくされているとのことであった。

祖父栄一からの、イギリスで論語、孟子はじめ中国の古典を買い求めるようにとの要望については、敬三はまめに書店を訪ね、収集に努めている。次いで自分で経済学、生物学、地理、歴史などの文献を買いあさるようになり、彼の科学知識と教養そして生物学研究の向上に資するところとなった。博物学者、ジョン・ハッスルの面識を得たことは大きな収穫であった。

渋沢敬三の在ロンドン時代は、このように学問において実り豊かなものであったが、最大のものはヨーロッパの文化・芸術との接触であったといえよう。期待も大きかったが、得たものはそれ以上のものであった。

ロンドンに到着後は、まずロンドン市内の博物館、美術館、動物園、劇場に足を運んでいる。ブリティッシュ・ミュージアムとナショナル・ギャラリーに何回か訪れたが、これらに展示されている文化財と美術品に魅了された。ここで世界の名作を鑑賞していると、いつしか作品自体が「向うから敬三のなかに押し入ってくる」感覚を体験した。彼にとってまさしく「美」の直接経験で、以来美術は彼の生涯を通ずる憧れの対象となる。

次いで、海を渡ってパリに行き、さらにベルギー、オランダの各都市を歴訪した。ことにパリでは、ルーブル美術館の規模壮大、古代以来の保存文化財の質と量に圧倒された。ここでは数千年にわたる人類の豊饒な歴史や文化に接し、はかりしれない価値を見出している。さらに、イタリアに対する関心が昂まり、翌々年秋には慎重なプランをたてて、二週間にわたるイタリア旅行に出かけ、その成果を「伊太利旅行記」と題して取りまとめている。(11)

音楽についても認識を新たにした。ベートーベンの交響曲に感銘をうけ、クラシックのレコードは彼の収集の一つに加わった。もっとも感銘をうけたのは、ヴァイオリンのフリッツ・クライスラーである。ちょうどこの時期、彼はレコード販売拡大のための演奏旅行をしており、敬三もアルバート・ホールの演奏会に出席でき、クライスラーのヴァイオリンの人間にうったえかける優美な音色とメロディにすっかり魅せられかつ尊敬している。

右に一瞥したように、ヨーロッパ留学によって敬三は、大いに見識をひろめ、名実ともに国際的な文化人に成長した。

もっとも三年半にわたる在外生活は必ずしも満足一色だったわけではない。究極的な疑問、人類の進歩発展は唯心論（ヘーゲル）か唯物論（マルクス）かの解決は、得られなかった。敬三自身は自分を懐疑論者と思うようになっている。この立場は終生変わることがなかった。大正一二（一九二三）年一一月には久しく絶えていた東京からの便りがあり、父の篤二がその後も帰邸していないことが伝えられており、一時は深刻に悩んでいる。彼は、父の復縁をのぞんでおり、しばらく洋行してから関係会社の役員に就任する案を申し送っているが、(12)それは実現しなかった。

2　第一銀行勤務と漁業史研究の開眼

渋沢敬三は、ロンドンから帰国すると、横浜正金銀行を退社した。まもなく大正一四（一九二五）年夏に、親戚の石黒忠篤（当時農商務省農務局長）の出張に際して台湾調査に同伴し、次いで沖縄に旅し、さらに北海道旅行に赴いた。これらの旅行は、彼の民俗学に通ずる長期的な調査旅行として、すこぶる有意義なものであった(13)。

次いで第一銀行に入社した。三〇歳のときのことである（取締役就任）。いずれ数年後の役員ないしは常務取締役への昇進含みである。

第一銀行の勤務では、ひととおりの研修を経たのち、役員付きとして調査担当とされた。彼の学問と経験から彼が自分の業務として希望したであろうし、第一銀行側でも異議はなかったであろう。事実、この頃までの銀行では、マクロの経済・市場・金融はもとより、ミクロ・レベルの企業経営についても、外部の専門的な能力や機関に依存するのが一般であった。これに対し敬三は、対象が特定の企業や産業であれば、銀行自身の手による調査が必要であるとし、こちらから出かけて、情報やデーターの収集、リポートの作成を行い、第一銀行の内部で調査能力の蓄積をはかることとした。また、調査と営業部門との連絡を密にし、調査のもつ有用性と能力の向上をはかることとしている（銀行家としての渋沢敬三の詳細は第2章を参照されたい）。

調査部門の重視は、学生時代から事実の正確な把握を重んじてきた敬三としては、自然なことであって、それなりの成果をあげたといわれる。そしてのちに日本銀行に移籍したのちも、調査重視の姿勢は継承されるところとなる。

さて渋沢敬三が第一銀行に勤務することとなった昭和初年の社会経済は、彼が留学しているうちに急変した。第2章で詳述されるが、金融恐慌から昭和恐慌へと続く一大不況の時期にぶつかっていた。同時に信用不安が拡大した一時期であって、このとき銀行家になった渋沢敬三は不運なめぐりあわせともいえる。入社早々際会したのが、昭和二（一九二七）年三月の金融恐慌で、歴史が浅く、もともと脆弱な、明治以来のわが国の銀行にとっては、一大試練であった。恐慌の対策として実施されたモラトリアムは敬三にとっては、初体験であった（支払猶予令、モラトリアム自体は、関東大震災後の大正一二年九月に実施されたのが最初で、彼のロンドン滞在中であった）。

金融恐慌の過程で、国内の有力銀行たる第十五銀行、台湾銀行、東京の名門の渡辺銀行らが休業した。その後も国内の信用不安が払拭されないうちに昭和五年一月、民政党の浜口内閣（井上準之助蔵相）の手によって、金解禁（旧平価の一ドル二円で第一次大戦前の金本位制に復帰）が強行された。だが円高での金本位制復帰はあまりに急進的で失敗であった上に、前年一〇月のニューヨーク・ウォール街の株式の大暴落に端を発する大恐慌《グレート・デプレッション》が重なり、対外輸出は縮小し、日本の産業、経済は深刻きわまる打撃をうけた。昭和六（一九三一）年正月には東京市内の失業者は、三〇万人に達し（うちホームレスが一割）、内務省は仮設住宅の建設で間にあわず、木造船を浅草の隅田川に寄せ集めて収容するなど、[14]実態は社会問題の様相を示した。

このように敬三が入行してから数年間の経済情勢は、空前の恐慌と信用不安、企業合併の一時代であって、第一、三井、安田、三菱、住友の五大銀行にしても、業績低下が続いた（銀行の信用低下から五行の預金のみ増大）。

敬三が第一銀行入りしてからの数年間の第一銀行は、深刻きわまる恐慌に出会って、貸出金の回収や不良資産の整理のような方針が優先されたから、ヨーロッパ帰りの敬三にとって、愉快なものではなかったであろう。それに七〇歳の頭取の佐々木勇之助以下、幹部社員たちは、渋沢敬三からみれば二世代以上の年長の人々であって、第一銀行の日常生活、人間関係は非常にわずらわしいものであった。

いったいに有能な専門経営者のトップのもとに、年功的な組織が発達した大会社、大銀行においては、外部からのトップ候補の採用は、その適応について本人、組織ともに困難をともなうものである。第一銀行の場合は、佐々木勇之助以下の幹部は、いずれも栄一の頃からの古参の人々で占められており、また彼らは概して誠実かつ創業者の渋沢家にたいする忠誠心の持ち主であった。だが敬三にたいする特別扱いや配慮は、自由な環境のなかで成長した敬三にとっては、やり場のない閉塞感をともなうものであった。

学界そして思想界も数年間で一変した。農民や労働者など庶民の生活難が深刻をきわめたから、財閥や有産階級にたいする批判が激化し、（とくに国策に反した「三井のドル買い」に非難が集中した）、社会主義の主流は、マルクス主義にとって代わられた。敬三のかつての学友たちの多くが思想的にラディカルとなったことも敬三の予想をこえたであろう。日本の社会でも有産階級と無産階級の対立の様相が生じたことは、イギリスをみて帰国した敬三を悲しませるものであったに相違ない。彼の内向的性格はより強くなっている。

わずかに慰めは、時々旅行にでかけ、行き先で手に入れた農具や玩具や生活用品を三田の自宅の一隅に集めること（アチックミューゼアムと名づけていた）、書斎兼客間に買い集めた内外の歴史、地理そして自然科学の諸文献を読むことであった[15]。

私生活においても、父の篤二の処遇をめぐる親戚内の葛藤は、この時期になっても改善されず、むしろ渋沢家の後継者となった敬三に対し、同族内部の複雑な問題の処理を求めるようになった。後年に敬三は、その人格の練磨は何によってなされたかとの質問に処理、「親戚との間の葛藤」と答え、質問者を当惑させている[16]。もって彼のこの時期の困難な心境をうかがい知ることができる。

ところが、昭和七（一九三二）年春、渋沢敬三はたまたま伊豆・三津浜で、関係者間でよく知られているように、のちに「豆州内浦漁民史料」と名づけた、良質かつ彪大な史料を発見した。これは彼の人生を画する出来事であった。

彼は、前年に祖父栄一の葬儀をすませた後の休息と持病の糖尿病の治療をかねて、この地でやや長期的な保養に努めていたのであったが、思いがけなくこの地の漁業家、大川家に、一六世紀にさかのぼる歴史的で、欠落のない漁業関係史料が保存されている事実を知り、これを閲覧、確認する機会に恵まれた。三〇〇年間以上にわたるこの史料は、実証を尊ぶ研究者にとっては、一生に一度あるかないかの貴重きわまる史料との出会いであった。彼がこの発見にいかに雀躍したかは、発見後のしばらくの間もっぱら自身で整理と目録の執筆に明けくれしたことからも知られる。それは、子供の頃から胚胎・学生時代に成長・潜在していた「眞なるもの」、実証的研究の開眼といえるものであった。

かくて自宅の中のコレクションであった、アチックは、まもなく本格的なアチックミューゼアムに発展することとなる。ミューゼアムの設立と運営のファンドは、祖父（次いで翌年の父）の死によって名実ともに渋沢家の資産を継承したことで可能となったであろう。

3　第一銀行常務とアチックミューゼアム

伊豆の内浦文書の発見と漁業史研究を契機に、渋沢敬三は、銀行家にして学究という、ユニークな人生に踏み込むこととなる。

同じ頃、銀行家としての敬三の周囲も生活も変化があった。社会経済については、昭和六（一九三一）年末に、金輸出が再禁止され、円為替安（一ドル三円以下）によって日本の対外輸出は急増するようになった。次いで高橋是清蔵相の積極財政は、増大する軍需に応ずるとともに内需を刺激し、昭和七年から国内景気は急速に好転した。

金融業界は、信用不安が緩和する一方、資金需要が増加を続けたので、息を吹き返し、第一銀行を含めて五大銀行の活動と業績は、問題を内包しつつも、まもなく回復をみるにいたった。

渋沢敬三は、栄一の他界のあと、三七歳で、第一銀行の常務取締役に昇進（頭取は石井健吾、次いで明石照男）、業務部長になった。第一銀行の業務部は、貸付・審査などのいわゆる営業であって、銀行の顔というべく、頭取就任の準備としての配慮がうかがえる。かくて敬三の日常の業務は融資先や本支店間の取引にかかわるものとなり、社内外の銀行業務で生活は多忙となった。彼は渋沢二世に対する周囲の期待のもとに、この頃からは将来の「財界人」を視野におき、機会があるごとに有力な先輩の面識をえたり、ときには意見を問うようになっている。

第一銀行から日本銀行時代の敬三については、第一部の第2章、第3章において武田晴人が論述するところである。ここでは本章の文脈において触れるにとどめる。[17]

営業担当役員として敬三の特徴の一つに、役員個室でなく、いわゆる大部屋業務室で業務を行ったことを指摘できる。彼は部長として自分の意思決定や指示について、上からの権威主義的な命令とならないよう、電話を含めて内外の情報を、部の全員と共有するよう努めたのであった。[18]

（業務部長として）貸金をやった。電話でどんどん相談してやる。少しおかしいものは審査部にまわす。そうしてすぐ返事する。そういう話を皆が聞いておることがよいのです。支店長が来ても、来給えと大きな声をあげて誘って皆に話を聞かしてやることにした。第一銀行としてはお客に返事を早くするということを非常に心がけた。……できるならば、即座がよい。断られてもよいから早くした方がよい。市内の支店長は来なくてもよい。つまらないことはどんどん電話で言ってこい。……少しややこしい問題だと、それをぼく一人で聞かない。……丸テーブルを置きまして、支店長にどんどん話をさせる（ことにした）。

この時期の渋沢敬三は、右のように第一銀行本店の常務として業務にいそしみつつ、史料を自邸にはこんで伊豆の漁業史研究にうちこみ、これも進捗した。近世から近代にわたる漁業史の研究は、単なる民俗学的な考察にとどめるのではなく、社会経済史的なアプローチを視野に入れることによって、体系的な学問に発展することになった（同じ方法によって、最初の門下生の山口和雄は房総や富山の漁業史の研究を行い、成果を挙げた）[19]。さらに敬三の漁業研究は、少年時代からの生物学的な魚類の分類や塩業の研究に結びついて、未開拓だった魚類学という新しい学問の形成に寄与するようになった。

こうして敬三の自信は大いに昂められ、漁業史を中心に従来から関心をもっていたいくつかのローカルな研究を含めて、屋根裏的なアチックを本格的な研究施設に発展させるべく決心した。彼は、昭和九（一九三四）年の秋に、少なからぬ資金を投じて独立した研究所（建物・施設）と研究員のスタッフをもつ「文庫」を邸内に建設した。令息の雅英は、このときのことを正確に記憶しており、次のように回顧している[20]。

昭和九年秋に三田綱町の家の西側に漁業史の研究所が建てられ「文庫」という通称で呼ばれることとなった。北側には前から、「アチック」と呼ばれた二階建があって……物置のような感じであった。新築の文庫はチーク材を使い、玄関の明かり窓にはモザイクなガラスがはめられ、何千冊と

「茂吉鬼」の槌を持つ敬三（綱町邸にて、昭和5年、渋沢史料館提供）

いう本を収蔵できる立派な書庫までついた。研究室には沢山の机が並び若い研究者が毎日姿を見せた。父の学問が一段と充実して来たと感じられた。

ここにおいて、まもなくアチックミューゼアムと称せられた「文庫」に次々に研究員・職員が採用され、各地の漁業研究はじめ、奥美濃の花祭り、岩手の伝統的名子《なご》経営などの諸プロジェクトの本格的研究が行われ、機関紙が発行された。敬三は、自身の研究のほかに土曜から日曜にかけて各地のそれぞれのフィールド・サーベイにコミットするのが日常となった。こうして発足、発展した戦前のアチックミューゼアムの旺盛な活動の詳細については、桜田勝徳「アチックミューゼアムと渋沢敬三」（刊行会、上巻）が記述しているところで、本稿では割愛する。敬三の「豆州内浦漁民史料」研究は、手を付けてから四年目の昭和一〇年に第一巻（上巻）が発行され、昭和一二年から一四年までに三巻全四冊（約二五〇〇頁）が刊行の運びとなった。そのほか、昭和一一年に彼は少年時代からの研究の結果の『日本魚名集覧』の作成に着手した。

敬三の漁業史は、まもなく学界でも正式に認められることとなった。帝国学士院は、「日本科学史」を編纂するにあたって、農業部門の一つに「漁業史」の項を設けるにいたり、敬三にその執筆を依頼している（昭和一六年一月）。
新しい学問分野の開拓の実証史的な意欲はさらに昂まり、昭和一一（一九三六）年に敬三は、「実業史」のミュージアムの建設と祖父渋沢栄一の伝記史料の編集を思い立ち、土屋喬雄（東大助教授、日本経済史）に相談した。当時の日本資本主義論争において、実証研究の必要を論じていた土屋は、もとより大賛成で、空前の規模の渋沢栄一伝記資料の編纂事業が発足することとなった。かくて、昭和一二年当時の敬三は超多忙な毎日を送ることとなった。同年正月から春には、毎朝出勤前の二時間を『日本魚名集覧』の執筆にあてたほどである（渋沢雅英談話）。
とはいえ、精一杯の努力にかかわらず第一銀行の内外では、学術事業と兼務の敬三には批判が絶えなかったようである。(21)

僕は（この頃）ある意味で銀行家として怠け者と見られていた。怠け者というよりは、余計なことをしておるように見られた。アチックをやっておったのでも明らかにそうだった。もっと銀行に熱心に朝から晩まで銀行のことを考えよ、という観念です。銀行にデヴォート（専念）していないというような感覚をもつ人がいましてね。（銀行の）仕事は面白いと思ったことはないけれども、一生懸命やっておりましたよ。

上記の回想にみられるように、第一銀行とミューゼアムという二重生活は、容易ではなかった。とはいえ、この数年間は敬三にとってまことに充実した一時期であったであろう。財界でも文化に通じた若手の銀行家として知られるようになった。だがそれも長続きはしなかった。昭和一二（一九三七）年六月には日華事変がおこり、敬三が期待し、支持した不拡大方針は実現せず、前途不透明なままに戦線は拡大を続けた。このため経済・金融に対する政府の戦時統制ばかりが年々強化される事態となった。敬三にとって「面白くないが懸命に励んでいた」第一銀行の日常業務や財界活動は、ますますその意義が乏しいものに感じられるようになった。

ここで敬三の財閥批判の心情をも指摘しておくべきであろう。第一銀行時代を通じ銀行業務の現場で、不況好況を問わず、持株会社を頂点とした三井・三菱ら垂直的に統合された財閥企業体は、経済社会において支配力を強化しており、彼はこうした深刻な構造的な問題を意識しないわけにはいかなかった、そして彼自身が戦後その改革に立ち向うことになる。

他方では、日華事変が始まってからもアチックミューゼアムの諸活動は発展し、成果が相次いだ。(22) ミューゼアムには、各地のフィールドサーベイなど新しい実証研究を志し、民俗学のような分野の研究に情熱を持つ人々の重要な拠点となったからである。「文庫」設立以来いかに意欲ある研究者たちが集まったかは、戦後彼らのうち一〇人までが（旧制）学位を取得した事実からこれを知ることができる。

もとより敬三は、ますます夜のひとときや休日に彼らと一緒に過ごすのを楽しみとした。だが、その反面この頃からの彼は、時局の変化や日本の政治・外交の将来については、めっきり寡黙ないし無口となったといわれる。

ところで、敬三の意思や心情とはかかわりなく、昭和一六（一九四一）年一二月の太平洋戦争の勃発は、渋沢敬三自身の意思に反して、社会状勢は彼を日銀（副）総裁という財界のトップの地位にひき上げることとなった。日米の開戦については、これに反対してきた敬三は自身たちの無力を嘆き、彼自身を「売家と唐様で書く三代目」と自嘲している（土屋喬雄談）。この間の事情に本稿は立ち入らないが、この人事は、時代の背景と政財界における人材の払底を反映するものであった。政界においては、昭和の時代になって相つぐテロリズムと二・二六事件によって首相に適任の人材が乏しくなり、名門出身で最高学府卒、社会主義と国際事情通という経歴から、近衛文麿が再三総理大臣に任命された。日銀総裁についても事情は似ており、適任者が乏しく(23)、渋沢栄一の後継者で子爵、海外留学の経験をもち、社会主義にも通じた学者でもあるところから、不透明な時代の財界リーダーとして適任と考える向きが生じたのである。なまじ第一銀行で金融業務にも励んでいたことが、敬三をして銀行界の有能なホープとみられたこととなった(24)。

いずれにせよ、いまや渋沢敬三は「金銭とか、地位、権勢とかに執着心が乏しく、世に益するような金銭の使い方に心がけるように」なったのである(25)。上方志向や自己顕示欲が乏しく、社会文化事業に関心が高かったことでは、先輩の岩崎久弥（三菱の三代目）をこえるものがあった。

三　後半生の渋沢敬三の人物

1　祖父渋沢栄一との類似と相違

前半生における渋沢敬三の経歴、学問およびユニークな人格形成については、上述のとおりである。以下こうした経歴のうえに日銀の副総裁、総裁、日銀総裁から敗戦直後の大蔵大臣、そして財界人として活動した、後半生を特徴づける彼の思想および人物について簡単に論述してみたい。

土屋喬雄は、没後一五年に執筆した論文「人間としての渋沢敬三」において、祖父の渋沢栄一と比較し、その高遇《こうまい》な大君子たる人物を論評して、温厚にして親切、ヒューマニズムと民主主義の理念において共通しており、祖父の隔世遺伝の所産、と結論づけている。

生涯にわたり密接な関係であった土屋喬雄の人間敬三論は、もとよりこの上ない貴重かつ入念な人物論である。事実渋沢敬三は、祖父と同様に、稀に見る高邁《こうまい》な人物であった。その業績は政財界そして学界の双方にもわたっており、その点では比類のないものといえる。交際の範囲がひろく、公共事業への強い関心と高い業績も同じであった。彼は責任ある重要な意思決定の場において——財閥解体、財産税などその影響が国家、国民に及ぶような——いささかも怯《ひる》むところがなかった。周囲の家族やさらに近親との間の深刻な出来事に際しても、それに動ずることも、感情にあらわすこともなかった。祖父と同様稀な「大器」であったことに疑問の余地はない。

だが、当然のことながら栄一と敬三とでは、明治大正期と昭和期という時代背景と経歴がまったく異なっていた。それとともに人物、思想、行動のパターン、そして人生哲学において相違があったことも否定できない。それでさしあたり二人の人物（敬三の場合は後半生）を並べて、相違点を考えてみよう。

第一に、栄一は終生公的な活動において無類の行動家であった。周知のように彼は『論語』を自身の「規矩準縄《きくじゅんじょう》」とし、「義をみてせざるは勇なきなり」の生涯に徹した。晩年、弟子の子路が孔子の人となりを尋ねられたとき、子路に代わって、「憤《いきどお》りを発して食を忘れ、老いの将《まさ》にいたらんとするを知らず」と答えなさい、といっているが、栄一の晩年もまったく同じである。

これに対し敬三は、日銀副総裁・総裁そして大蔵大臣、あるいはその後のＩＣＣ議長、国際電電会長などの就任は、いずれも抱負・経論をもって臨んだわけではない。彼は職責を十分に果たしているし、晩年の財界活動が多岐にわたったといえ、栄一とはやや異質である。

言論活動もやや対照的である。渋沢栄一の講演活動と雄弁は比類のないもので、「相手をみては法を説」いており、彪大な量が「伝記史料」に収められている。最晩年の「ラジオ放送」や「レコード吹込み」の熱意には驚かされる。

敬三のほうは、講演やスピーチについては、さほどの意欲や情熱は感じられない。もとより公的な席の挨拶はじめスピーチは数多く記録されており（『渋沢敬三』下巻に所収）、地理、歴史についての造詣が深く興味深いものが少なくない。終戦に際する日銀の告示（自筆によるスピーチ）は、まことに感動的なものである。だが敬三のスピーチは、温厚篤実な性格を示す自然体のもので、概してそれ以上でも以下でもない。もとより博学博識の敬三は座談に長じていたし。晩年の「金融史談」が綿密であることは付記すべきであろう（『日本金融史資料　昭和編』第三五巻所収）。

その地位と役職におけるリーダーシップについてみると、民主的なことで二人とも相通ずるといえ、そのあり方はかなり違っている。栄一が相手の人物や組織の説得にすこぶる熱心で、時に応じ、相手に応じた議論で、やむところがなかった。これに反し敬三のほうは、老荘的な感がある。『老子（道徳経）』によれば、組織の中の人々（部下）が、リーダーの存在を忘れて、自主的に行動し、満足するのが最善とされている。敬三の第一銀行（営業部）における行動は既述したが、戦後の国際電電でも大部屋主義であった。敬三・雅英父子がリーダーとなったＭＲＡにおいても、組織や人事についてはあまり重視しなかった（渋沢雅英談話）。敬三は、命令や上からの説得を好まなかった。

さらに人間の「自然」にたいする態度は、人物の思想、行動を理解するうえで一つのポイントである。

渋沢栄一は、論語における孔子と同様に人間と社会がすべてで、自然についての関心や言動は乏しい。それに反し既述したように敬三は、幼少期から学生時代、そして銀行家の時代までつねに自然に深い興味を持ち、自然にコミットすることに心からの喜びを見出している。周知のように老荘思想においては、人間は自然の一部とされ、人間の行動も自然に即するのが可とされた。

2　老子的タイプとしての敬三

このようにみてくると、渋沢敬三の人となり、後半生の人物のタイプは、孔子よりも「無為（無心）自然」を説く老荘とくに老子的タイプに近い。

いま『老子（道徳経六十七）』の三宝（三徳）を手がかりにして渋沢敬三の人物を理解するよすがとしよう。

「三宝」の第一は、「慈悲」である。孔子の「仁」と本質は同一であろうが、「慈」のほうがより直接的な対人関係といえる。具体的なあり方として、老子は徹底した非戦論者である。彼にとって「戦い」は、味方にとっても悪であり、殺人は忌むべきである「不詳の器なり」。勝者も決して喜ぶべきものでなく、戦いの後は敗者の死者をも、悼《いた》まねばならないと強調している。

日銀の総裁時代の渋沢敬三は、行員の戦死者を悼むこと切なるものがあり、東京市内における戦死者の葬儀には、可能な限り自身が出席し、出席が因難な場合は支店長を出席させたといわれる。(26)また「勝者ばかりでなく敗者の歴史も必要」は、体制に対する批判眼をもつ彼の持論であった。

老子の宝の第二は「倹」であって、自分を飾《かざ》らないことである。敬三が自分について誇らないことは知人がいちように述べるところで、戦後になると、自分について非常に寡言の人であった。服装は同様で、筆者の記憶でも、晩年の「敬三先生」は、ご自分の服装や外見についてまったく無頓着であった。それでいてまことにおだやかで包容力を感じさせるものがあった。

第三は「敢えて天下の先と為らず」で、他人と先を争うことのないことである。この点は令息の雅英はじめ親しい人々が、財界人としての渋沢敬三の稀な人間の特徴として、しばしば指摘しているところである。

最近行われたシンポジウムの席での挨拶において雅英は、父の人生哲学の「是足るを知る」に言及された。「知足」は、キリスト教、仏教ともに教えるところであるが、老子においてもっとも顕著である。ちなみに敬三は常民・民具・祭漁洞など、普通にない用語を造ったり、好んでいるが、常識や通念を嫌うのも「老荘」思想の特徴である。

3　眞なるもの美なるもの（実証）の追求

このように渋沢敬三は、「無為自然」（この場合の無為は無私に近い）のタイプの人物であったが、精神的価値ないし理想として、「眞」と「美」に憧れ、そして真なるものと美なるものを追求し通したようにみえる。ここでは意図的に「善」がオミットされているが、昭和の激動の時代の彼にとって「何が善か」「何が義か」は、祖父栄一の場合と違ってきわめて難問であったに違いない。それに反し「眞」は、科学的学問ないし実証研究の途であり、「美」は芸術・文化への敬愛であったであろう。

渋沢敬三は他界の前にテレビ対談（「昭和財界史」聞き手安藤良雄、由井メモ）において次のように語っている[27]。ここには、常民文化研究所の研究が「眞」への憧れの実現であること、常民文化は、貴族や上流社会（上部構造）の文化とは違って、農民漁民ら庶民（下部構造）の文化であって、そこに実業史とともに常民の文化の研究の意義があることが簡潔に説明されている。

○安藤　このたびは本年度朝日賞ですね。多年の民俗学に対する御貢献からお受けになり、おめでとうございます。

○渋沢　いえーもう、本当にありがとうございます。

○安藤　特に先生は常民文化研究というか、従来の支配階級の側からの資料ではなく、庶民の史料をお集めになっておられますね。

○渋沢　ええ。それがしたいと思っていたんですね。

○安藤　それのままあー渋沢民俗学の特長というわけなんですね。そこを（お聞きしたい）。

○渋沢　つまり日本の（社会の）基盤は庶民の人々ではないですか。われわれ上の方は、わいわい言っているばかりで……。（以下略）

おわりに

以上、銀行家財界人にして学者という、稀な生涯をとげた渋沢敬三の前半生について、学問、思想と人格形成のプロセスをたどってみた。生物学から発足した学究への終生の憧れからみれば、彼の人生は「挫折」かもしれない。だが前半生に漁業史、魚類学を確立し、後半生で民俗学、実業史はじめ学術文化のひろい領域で達成した彪大な業績をみれば、まことに充実した生涯であった。そこには美すなわち芸術の尊重と、そして研究における真実の追求すなわち実証主義の理念が貫徹している。

また後半生の財界人については、本稿では記述を割愛したが、大蔵大臣時代の意思決定と行動はじめ、渋沢敬三は道を誤ることがなかった[28]。それは、彼の「無私・無欲・自然」の彼の人格のもたらしめたものといえる。

なお冒頭に記したように、本稿は筆者のエッセイにとどまるもので、各節はそれぞれ独立の論文として十分に考察すべき意義と内容をもっている。いずれ機会があれば、その責を果たしたいと考えている。

（1）河岡武春「敬三の人間形成――東京高師附属中学校時代を中心として――」、渋沢敬三伝記編纂刊行会『渋沢敬三』上巻、同刊行会、一九七九年、七一三～七五六頁。小中学校時代については本稿もこの論文に多く依拠した。
（2）渋沢敬三「桐蔭会臨時山岳会動物報告原稿」同上、五～一八頁。
（3）渋沢敬三「我が尊敬するエーベリー卿の略伝と、卿の蟻・蜂に関する研究の一部について」同上、三二一～五六頁。
（4）中山正則「追懐座談会」同上、三六一頁以下。
（5）和田一夫・由井常彦『豊田喜一郎伝』、名古屋大学出版会、二〇〇二年、四五～五〇頁。

(6) 土屋喬雄『私の履歴書』、日本経済新聞社、一九六七年、二六五頁以下。
(7) 同上、三二七～三〇三頁。二高から東大時代の敬三については、右の記述によるところが多い。
(8) 有賀喜左衛門『南部二戸郡石神村に於ける大家族制度と名子制度』アチックミューゼアム、一九三九年一二月。
(9) 渋沢敬三「日本の工業の発展段階について」、『渋沢敬三著作集』第一巻に所収されている。
(10) 渋沢敬三「ロンドン通信抄」、前掲『渋沢敬三』上巻、八五頁以下。
(11) 渋沢敬三「伊太利旅行記」、前掲『渋沢敬三著作集』第一巻、一八三～二一七頁。
(12) 「ロンドン通信抄」、前掲『渋沢敬三』上巻、九〇頁以下。
(13) 台湾および沖縄の旅行は、彼の民俗学研究において、重要な意義をもつものであり、リポートも作成されている。
(14) 村田光義『海鳴り――内務官僚村田五郎と昭和の群像』上巻、芦書房、二〇一一年、一一七～一二三頁。村田は大正から昭和戦時期にかけて内務省官僚、当時東京府社会課長。
(15) 渋沢雅英・佐々木紀子からのヒアリング(由井常彦、二〇一三年)による。
(16) 「渋沢敬三と土屋喬雄の対話」「渋沢敬三氏の金融史談会」、『日本金融史資料昭和編』第三五巻、二八九～三九五頁を参照。
(17) 山口和雄「敬三と第一銀行」、前掲『渋沢敬三』上巻、七五七～八一三頁。
(18) 同右、七九三頁。
(19) 山口和雄『日本漁業史』東京大学出版会、一九五七年。
(20) 渋沢雅英「文庫雑感」、前掲『渋沢敬三』上巻。
(21) 前掲、山口和雄「敬三と第一銀行」所収の渋沢敬三の談話、『渋沢敬三』上巻。
(22) 戦前、戦時期のアチックミューゼアムの業績の一覧は、前掲『渋沢敬三』上巻。

(23) 吉野俊彦「戦時下の渋沢敬三」、渋沢雅英『渋沢敬三の世界』一九九六年、二二一～二二六頁。
(24) この頃の敬三をめぐる財界の動向は、「小伝」『渋沢敬三』下巻、七三二～七三四頁。
(25) 前掲、土屋喬雄「人間としての渋沢敬三」、前掲書、上巻、二五〇～二五一頁。
(26) 元日本銀行調査役東氏回顧談（由井インタビュー）による。
(27) NHKテレビ対談「昭和財界史」（渋沢敬三・安藤良雄）一九六三年一月による。
(28) 戦後大蔵大臣の時期の財閥解体と財産税の実施については、渋沢敬三の決断と行動は、「立会人」をこえるものであったといえよう。

第2章　銀行家　渋沢敬三(1)

武田晴人

はじめに

民俗学の発展に資金面から多大の援助をしただけでなく、自らも調査、標本の収集にあたる民俗学の研究者でもあった渋沢敬三は、一八九六（明治二九）年八月二五日、渋沢篤二の長男として生まれた。篤二の父、敬三の祖父は、第一銀行の創業者であり、「近代日本資本主義の父」と呼ばれ、多様な分野で財界世話役として活躍した渋沢栄一であった。

自らの人生観を「生物学的」と表現したといわれる渋沢敬三は、少年期から動物学への関心が高く、将来、その関心に従って進路を選択したいと考えていた。しかし、彼の進路はその希望とは異なり、渋沢家の事情によって大きく変更を迫られることになる。実業家としての栄一の後継者となるべき父篤二は一九一二年に廃嫡となったために、まだ一九歳の敬三が家督を継ぐことになり、一九一五年四月に渋沢同族株式会社の社長となった。それでも理科への進学をあきらめられなかった敬三は、祖父栄一を説得しようと試みた。しかし、栄一も敬三の希望に理解は示したものの、実業の重要性を説き、動物学は趣味としてやれば良いと応じたと伝えられている。こうしたやりとりが半年ほど続き、敬三は、「その間、親戚を回って『与論喚起』につとめた」が結果は思わしくなく、最後は居住まいを正して「お頼みする」という栄一に押し切られた。その時のことを敬三は、「あれだけの人物から本気になって、ほんとうに頼むと言われると、ホロリとなっちゃう。それでしょうがありません。承知しましたと言ってから、不意に涙が出て困ったのを覚えて居る。すると祖父はホロリと涙を出した。母も泣いて呉れた。その時、弟の信雄も傍に居て僕に同情し、しきりとかみついて反抗していたのを覚えている。それで動物学というものは、死んだ子みたいな気になっちゃった」と回想している（『渋沢敬三伝』上、七三四頁）[(2)]。一九一六年、敬三が二〇歳のときであった。

こうして敬三は、第二高等学校から東京帝国大学法科経済科に進学し、実業の世界に身を置く人生を選択することになった。言うまでもなく、「趣味でやれば良い」といわれた学問への志は、動物学ではなかったがアチックミューゼアムにつながる活動として続けられ、その分野でも大きな足跡を残すことになる。しかし、ここでは不本意ながら進んだ実業の道、具体的には銀行家としての渋沢敬三に焦点を合わせ、そこから垣間見える敬三の横顔を追うことにしたい。それだけでは、敬三を正面から見据えた人物像を描くことはできないことは明らかだが、渋沢敬三の表の顔が「銀行家」であったことは否定すべくもないから、銀行家として描かれる敬三の姿に、民俗学の発展に尽くした反対側の横顔に共通する何かを見いだせるのではないかという点に、本稿の執筆の狙いがある。

一　横浜正金銀行時代

1　一九二〇年代前半のロンドン

横浜正金銀行新入生グループ（大正10年、右から3人目が敬三、渋沢史料館提供）

一九二一年三月に東京帝国大学経済学部（一九一九年に法科経済科から経済学部へ改組）を敬三は卒業し、横浜正金銀行に入行した。当時第一銀行頭取であった佐々木勇之助は第一銀行への入行を期待していたが、敬三は祖父の縁で第一銀行に入るのを嫌い、「他人の飯を食うつもり」で、自らの意思で就職先を選んだ（上、七五七頁）。この時、祖父栄一は「わざわざ正金銀行の重役に会って、こういうわけで、佐々木は賛成していないが、本人はこう言っておるから、とってくれないか、就職運動に出掛けた」という。(3)そうした経緯での入行であった。横浜正金銀行入行後、総務課計

表1　横浜正金銀行時代

渋沢敬三の経歴	世界の動き
	1918年11月　第一次大戦休戦
	1920年1月　国際連盟発足
1921年　横浜正金銀行入行	1921年11月　ワシントン軍縮会議
1922年　ロンドン支店勤務	1922年4月　ジェノア経済会議（金本位制復帰協議）
	1923年1月　フランス、ルール占領
	同　10月　イギリス帝国経済会議開催
	同　11月　レンテンマルク発行（超インフレ対策）
	1924年7月　ロンドン連合国会議、ドーズ案決定
1925年12月　同行退職	1925年4月　イギリス金本位制復帰
	同　10月　ロカルノ条約（戦後処理の終結）

算係に配属されて対ドイツ債権の手形処理を担当した後、一九二二年九月から敬三は、同行ロンドン支店に赴任し、それから三年ほどの間、ロンドンに勤務することになる。もっとも、以上の入行事情から正金側では他の行員とは区別された存在であったようであった。そのことは、敬三が退職する際に横浜正金銀行の児玉頭取が「あなたは行員としてはほんとうじゃない。特別にとったのだから、退職金も何もあげません」(4)と敬三に伝えたということからも推測される。

この時期の敬三の銀行員として働きぶりを知る資料は少ないが、敬三が赴任したロンドンは、第一次世界大戦後の世界経済混迷の渦中にあった。ここでその状況を簡略にふりかえっておこう。

第一次世界大戦が休戦を迎えたのは一九一八年秋のことであり、一九二〇年一月に国際連盟が発足し、一九二〇年代はじめから世界は戦争の惨禍から立ち上がって、平和の基礎を築くために国際機関の整備などが試みられていた(5)。一九二一年一一月にはワシントンで軍縮条約が締結された。しかし、このような国際的取り組みは、経済的な面では未解決の問題を抱え込み、安定的な体制を築くにはほど遠かった。最大の問題は敗戦国ドイツに対するフランスなどからの賠償金請求であった。きわめて多額の賠償金要求は、ドイツ経済の存立そのものを危うくするものであった。この未解決問題のために、一九二二年四月に開かれたジェノア経済会議で金本位制への復帰が協議されたものの、賠償問題が絡んで合意に至らず、交渉は行き詰まった。金本位制度再建への道は困難を極めていた。賠償支払い不履行にいらだちを募らせていたフランス政府はルール占領を敢行して、ドイツに賠償支払いを迫った。危機的な状況は、ドイツ国内では前例のないハイパーインフレーションを引き起こし、経済的な混乱は極限までヨーロッパの緊張を高めることになった。このような状況に対してアメリカが介入し、一九二四年七月に開かれたロンドン連合国会議でドーズ案と呼ばれる解決策を提示した。それはドイツがアメリカからの借り入れによって賠償金を支払うことで賠償問題に終止符を打つものであった。これを契機にロンドンを中心とする国際金融市場はようやく安定を取り戻すことになった。それはドーズ案に基づいてドイツが金本位制に復帰し、一九二五年イギリスが、そしてこれにフランスが続くかたちで国際金本位制が再建されたことに現れていた。一九二五年一〇月のロカルノ条約締結は、第一次世界大戦によって混乱した国際秩序回復のための「戦後処理」がようやく終わったことを意味した。これから一九二九年秋にニューヨーク発の世界恐慌が始まるまでの五年ほどの間、世界は「相対的安定期」に入ったといわれることになる。

渋沢敬三がロンドンに勤務していた時期は、国際金本位制の再建のためさまざまな試み、さまざまな議論が交わされている騒然たる模索の時代であった。ロンドンはその議論の中心地であった。それは銀行家としての仕事ぶりを期待されている敬三にとっては、絶好の勉学の機会であった。

2 ロンドン通信

敬三がロンドン滞在中に東京の家族などに送った書翰が、『渋沢敬三伝』上巻に「ロンドン通信抄」として収録されている。その中には、ロンドン到着後に「ロンドンの霧」が石炭を燃やす煙突からの黒い排煙であり閉口していると報告したり、日本では大きな顔をしている横浜正金銀行がロンドンではちっぽけな存在に過ぎないことを「哀れに見える」と書いたり、あるいは一カ月分の生活費の概算を知らせる計算を書き送ったりしている。

その中のひとつ、一九二五年三月の栄一宛の書翰で敬三は、次のように書いている（上、一九二頁）。

①小生近況は相変わらずにて日々銀行に通勤致し居り候も、ロンドンの店の性質及慣習よりして正金の細き事務はロンドンにては覚え難く、

②従て小生は主力を寧ろロンドン夫《それ》自身の金融問題にそそぎ居り申し候も、何分今未《(ママ)》の経験もなく智識も少き為に、宝の山に入りてむなしく帰るに非さるやと自ら心配致し居り候。金利の問題、金本位問題、ロンドンに於ける投資状態の問題、ロンドン銀行業の問題等色々面白きもの多く候も、前申上し如く未年若く全く五里霧中にて、今は材料を注意して集めることのみ没頭致し居り候。

③かく材料を少々持ち帰り候はば後年或は成程と氷解する点も多からんと考へ居り候。目下は日本のことにも全く智識なき自分として、普通のことが仲々領解し難く人一倍困り居り候。幸ひにも小生には良友多く親切に指導誘掖致し呉れ候は真に望外の幸福に御座候。

④金融問題以外にも、或は賠償問題、生糸、人造絹糸の問題、石油問題等種々興味ある問題日毎に湧出候も不才到底消化能力無之、いささか消化不良の観有之候。

説明の便宜のために四つの部分に分けて番号を付してあるが、まず①でロンドン支店での日常業務については、修得することを早々にあきらめた様子をうかがい知ることができる。この頃の横浜正金銀行ロンドン支店の日本銀行代理店業務は、貿易赤字のために動揺する為替相場の維持を目的とする在外正貨管理に奔走していたはずであった。しかし、それらの専門的な問題は、大学を出たばかりの敬三の経済学の知識などでは、簡単には理解できなかったであろうことは想像に難くない。だから、本人の意思はともかく、為替業務や日本銀行の代理店業務などについて敬三が関心を持てなかったとしてそれほど驚くことではないだろう。いずれ第一銀行に戻って担うべき役割を考えれば、当然であったかもしれないが、「生物学的な観察」を得意とする渋沢の関心は、ロンドン金融市場の仕組みに向かった。ところが、その「宝の山」についても、②にあるように自らの知識の不足から消化不良に陥ることを自覚した敬三は、「材料を注意して集めることのみ没頭」することになる。そして、この材料は、③にあるように、日本に持ち帰り友人たちの知恵も借りて理解すること、活用することが想定されていた。

目前に展開する世界的な金融問題の渦中に立ち会いながら、敬三は、それを観察し検討のための材料を集めることに徹している。それは標本を集めている「昆虫少年」敬三の姿にも、民具を集めている民俗学研究者敬三の姿にも重なる。むろんのことながら、その標本集めがそれを整理し分類し、分析するための準備作業であり、そのためには専門的な知識が必要であり、周知を集めれば解決できるだろうと考えている。こんなところも、敬三が多くの人たちの共同調査や多様な専門家を育てることに熱心だったことを思い起こさせるものがある。

さて、ロンドン支店勤務時代の、そうした材料収集の対象に敬三はロンドンにおける金融問題をいろいろな角度から取り上げるだけでなく、④にあるように賠償問題、生糸・人絹問題、石油問題なども取り上げている。このうち、人絹（レーヨン）は一八九八年にビスコース溶液から製造する方法が発明され、一九〇五年にはイギリスのコートルズ社が同法により工業生産を始めていたもので、この当時、生糸の代用品として期待される新繊維であった。その将来は、日本の重要な輸出品である生糸に大きな影響を与えることが考えられた。また、石油は内燃機の発展とともに次の時代の動力源として注目を浴びるようになっていた。いずれも世界の新しい動きを的確に捉えた敬三の感覚の鋭さを示唆しているということかもしれない。石油問題は、横浜正金銀行ロンドン支店の友人たちとの間で開いていた私的な研究会でも敬三が担当しているから（上、一三八～一三九頁）、かなり強い関心をひいた問題であったと推測される。後日談だが、第一銀行入行後に融資に関わる調査・審査を引き受けていた敬三は、資金の融通を求めてきた出光佐三への融資を実行している。この時の勉強の成果が関わっていたかもしれない。

二　第一銀行時代

1　入行事情

一九二五年七月、帰朝命令を受けた敬三はアメリカ経由で帰国し、一二月に横浜正金銀行を退職した。敬三の帰国と退職を待っていたかのように、同じ一二月にアチック復興第一回例会が開かれている。

渋沢敬三が第一銀行に入行するのは一九二六年七月のことであり、取締役としての入行であった。敬三が入行まで半年あまりを必要としたのは、充電期間が必要だったからだけではなかった。理由は敬三自身の回想によると、「少し遊んで置きたいというのは表面の理由で、明石（明石照男、敬三の叔父――原注）さんがその時まだ営業部長だったが行員で重役でない。佐々木さんが私を先にしようと言うのです。佐々木さんはばかに僕の方を大事がっておる。僕を先に取締役にしようという考えです。明石さんは面白くないらしいということを察知して、これはちょっと遠慮した方がよいと思ったわけです。一月に明石さんが［取締役に――引用者］なって、七月に私がなった」（上、

第一銀行水泳大会（逗子、昭和16年、渋沢史料館提供）。酒井杏之助の回想によると敬三は、若い行員たちと分け隔てなく水泳などに興じていたという。

七五七～七五八頁）。

敬三は、高齢になって健康状態が必ずしも芳しくない祖父栄一に配慮して、横浜正金銀行を退職することを決断したのではないかと思われるが、とはいえ直ちに後継者然として第一銀行に重役として乗り込むのは気が進まなかった。そのため、栄一の秘書の日記には、当面同族会社社長の職と、渋沢倉庫の役員としての業務を学んだあと、一年ほど後に第一銀行の経営に加わることを考えていたようであった（上、七五八頁）[6]。この敬三の提案は栄一の許に伝えられる前に、叔父の穂積陳重や敬三がその処遇を苦慮していた明石照男には内々に了解を得ていたものであった。加えて、行内の一般行員にも反発があることは予想できた。実際、当時神戸支店長だった大森尚則は、敬三の取締役就任に反対していた。「いきなり他行の行員が第一銀行の重役になるのはけしからん」というわけであった[7]。栄一も第一銀行を敬三に譲る気はなかっただろう。ただ佐々木頭取以下、周辺の人々はそれとは別のシナリオを想定しながら、敬三の第一銀行入行の段取りを整えていた。だから、敬三は入行に際しても細心・周到な配慮を必要とした。

敬三は、晩年になってから、その人格形成に宗教的な基盤があるかとの問い対して、「親戚ですよ、親戚くらいいやなものはありません」と答えたと伝えられている（上、七四九～七五〇頁）。その真意は必ずしも明瞭ではないが、幼い頃から親戚の間の確執を目の当たりにして、それから一歩引いた「聞き役」に徹しようとしていたとも語っている。そうした敬三の心象風景を考えると、明石への配慮や、そのための穂積への根回しなどは、自らの第一銀行入行という身の処し方についての周到さを示しているようであった。[8] そうした配慮もあり、また敬三の人柄によるものであったが、最初は創業者の直系の孫だからと遠目に見ていた第一銀行の行員たちも、「渋沢さんは一緒に遊んでも少しも気兼ねがないし、いい人だという感じを」もつようになる。見習の若い行員たちと兄弟のようにつきあい、「少しも作為なく第一銀行の人たち」に溶け込んでいった。[9]

2 激動の昭和前期

一九二〇年代前半のヨーロッパは第一次世界大戦後の混乱期であったが、それが落ち着きを取り戻す頃に、ロンドンから渋沢敬三は帰国した。激動の様子を身近に観察すべき時期にちょうど居合わせたことになるが、日本でも、敬三の帰国を待っていたかのように激しい経済変動に巻き込まれていくことになる。

第一銀行取締役に就任した一九二六年七月、東京は関東大震災後の復興事業が着実に進められていた。[10] 同年一二月には昭和に改元される。新しい時代の幕があいたが、経済的には震災時の救済融資が滞って日本の金融システムはかなり不安定になっていた。そして、年が明けて一九二七年三月に大規模な金融恐慌が勃発し、第一銀行も預金取り付けに直面する。その後、一九二九年に発足し

表2　第一銀行時代

渋沢敬三の経歴	日本の動き
	1923年9月　関東大震災
1926年7月　第一銀行取締役	1926年12月　昭和へ改元
	1927年3月　金融恐慌
	1930年1月　金解禁、昭和恐慌
	1931年12月　金本位制離脱
1932年8月　同行常務取締役	1932年　血盟団事件、5・15事件
	1936年　2・26事件
	1937年　経済統制の強化
1941年12月　第一銀行副頭取	1941年12月　日米開戦
1942年3月　日本銀行副総裁	1942年　日本銀行法改正、金融団体統制令
1944年3月　日本銀行総裁	1944年1月　軍需会社指定金融機関制度
1945年10月　大蔵大臣	

た浜口雄幸《おさち》内閣の金解禁政策による景気後退、アメリカ発の世界恐慌へと悪化の一途を辿り、これに対して、経済面では統制的な政策手段と高橋是清大蔵大臣による景気回復策による状況の転換が試みられることになった。振幅の大きい経済状況であった。しかも、政治的には一九三二年には血盟団事件、五・一五事件、さらに一九三六年の二・二六事件と、血なまぐさい、大正デモクラシーの政治的な成果を圧殺するような戦争と侵略の時代へと移っていった。

金融的な動揺について敬三は全く準備がなかったわけではない。ロンドンからの帰国直前の佐々木勇之助宛の書翰で敬三は、帰国に関わる予定等を連絡する傍ら、末尾で次のように書いている（上、二〇一～二〇二頁）。

　日本の現状も誠にゆゆしきものある様子、老台も真に御心痛の御事と御遙察申し上候。殊に昨今高田破綻以来、倫敦に於ける対日信用頓に警戒の色見受けられ、鮮銀、台銀、鈴木等も皆疑（危）惧の念を以って見られ居り、之等幾分身から出た錆とは存じ候も、日本人として何となく肩身狭く思はれ申し候。当英国も曾ては同様の難局なきにしも非る様子、日本も現英国の状態に進む一過程として踏まざるべからざるならば、或程度迄の苦しみは甘受以って己をみがく資となすべきも、而も一方政治界は百鬼夜行にして、実業界亦識者に乏しきは真に憂慮すべき危機の如く感ぜられ申し候。斯の間老台真に御自愛以って邦家の柱石をして益々固らしむる様切に切に御願申上候。

これによるとロンドン市場では一九二五年頃には朝鮮銀行や台湾銀行、鈴木商店などについて信用リスクが高まっていると警戒的になっていた。この点については、横浜正金銀行の資料からも確認できる。すなわち、一九二二年のロンドン支店から本店への報告のなかに、「鈴木商店ニ関シ諸方ヨリ問合セアリタルニ付当店［ロンドン支店――引用者］分ニ関スル範囲内ニ於テハ取引上別段変リタルコトナク又本部ヨリモ別段alarmingノ報道ニ接シ居ラサル旨ヲ答へ置キタリ、然ル処本日鈴木商店支配人来店右風説ニ関シテハ當行其他Oriental Bankニ問合サレ度旨得意先ニ申置キタルニ付可然回答相成度旨依頼アリ、右様ノ次第ナレバ當店参考ノ為実情至急電報セヨ」(11)と記録されている。すなわち、すでに一九二二年秋には、鈴木商店の経営が変調であることがロンドン市場の取引先にも伝わっていたものと見られる。これに対して鈴木側では横浜正金銀行ロンドン支店に対して取引先に安心を与えるような情報を流すことを期待し、他方で、ロンドン支店の側では、何か問題が発生しているのではと疑って本店に関係情報を求めていたということになる。敬三がロンドンに着任したのはちょうどこの頃のことであるから、若輩ではあっても日本の情報をもっているはずと、敬三がロンドン支店でいろいろと聞かれた可能性もある。推測に過ぎないが、そんな関係もあってか、前述のように帰国直前の書翰で、敬三は鈴木商店の問題に触れており、その間、ロンドンの窓から見える限りこれらの関係先の信用状態は必ずしも芳しくなかったことが知られる。この不安材料が、帰国して間もない敬三を銀行取り付けというかたちで見舞うことになった。

3　金融恐慌

取締役として入行したとはいえ、第一銀行の業務には不案内だった敬三は、「営業部、続いて業務部の審査課、さらに頭取室などに机を置いて重役としての見習をした」という（上、七六三頁）。一九二七年三月一五日に片岡大蔵大臣の失言をきっかけに金融恐慌が勃発し、一五日から二三日にかけて第一波の預金取り付けが東京を中心に発生した。それは二三日に震災手形法案が議会を通過するとともに日本銀行の非常貸出によって鎮静化した。このときには第一銀行など大銀行への直接的な影響は小さかった。この二三日、日本銀行はロンドンとニューヨークに向けて「金融不安全く一掃」と打電したといわれている(12)。取付け騒動が一段落するのを待っていたかのように、三月二四日から三〇日にかけて敬三は、豊橋、名古屋、四日市の各支店の視察に出かけている。何らかの不安要素が支店にあったのか、もともと新任の取締役に支店の様子を見せるために計画されていたものなのかはわからない。

いずれにしても、帰京した敬三の眼前で四月以降展開したのは、第一銀行をも巻き込んだ第二波の大規模な銀行取り付けだった。四月初めに台湾銀行は鈴木商店と絶縁することを明らかにし、これを受けて鈴木商店は倒産、整理に入ることになった。このニュースは金融市場に衝撃を与え、全国的な預金取り付けへと発展した。関西の有力銀行であった近江銀行、宮内省金庫としても知られていた十五銀行など全国で四〇近い銀行が休業し、政府は日本銀行から大規模な非常貸出を行うとともに、モラトリアム（支払猶予令）を発布して鎮静化に努めた。四月初めに一二億円であった日本銀行の貸出残高は、この非常貸出によって短期日で二倍を超え、焼却予定の古い紙幣や片側印刷だけの「裏白」の二〇〇円札や五〇円札が準備されたほどの混乱であった。

十五銀行が休業することになった四月二一日に第一銀行も預金の取付けに遭遇し、地方支店への回金や営業部の資金需要が同日までに合計六三八五万円に達し、営業部の資金需要も二一日には三七〇〇万円に及んだ。その結果、二七〇〇万円あった日本銀行への預け金は僅か一日で残高ゼロとなり、反対に二一日には日本銀行借入金が七三〇〇万円に達した。一億円の資金が一日で各営業店に送られていた（上、七六八〜七六九頁）。ただし混乱は短期間で収束に向かった。翌二二日に支払猶予令が公布され、日本銀行の追加資金供給が公表されたことから、二五日に開業したときにはようやく落ち着きを取り戻した。

この時の印象を敬三は後に次のように語っている（上、七七〇頁）。

あの時は入り立てで、銀行のことはよく知らないで、昭和二年の取付、ほんとうに起ったのは四月ですが、その前に一ぺん、中沢銀行、渡辺銀行等がつぶれ、それから川崎銀行は京都で始まった。それからいよいよ来たのは台湾銀行、あれの影響が起って一時大変なことになっちゃった。その時、いわゆるパニックというのはこういうものかということを体験しました。どんどん持って行きましたが、滑稽だったのは、支店から出して本店に入れるのがおる。三菱から出して第一銀行に持って来たり、本店から出して、自分の住いの近くの支店に持ち込んだり、何のことやらわけがわからない。出してから、これは銀行に預けないで支店長に預けるから、金庫に置いてくれと言うやつが出て来る。あの混乱状態はおかしいものですね。ほんとうにパニックというのは妙なものですね。あの時泰然自若としておったのは、佐々木さん一人だった。あの度胸というものは、普通ではできない。真に感心しました。……（普通は――原注）狼狽というわけじゃないけれども昂奮するのです。方々の支店から幾ら送れと言って来る。日銀へ公債を持ってかけつけて金を借りて来る。そのうちに日銀の方が怪しくなって、震災で焦げた札まで出て来ると、あっちも怪しいということになる。おかしなものだった。……しかし、いやなものですぜ。あんな嫌な気分のものはないね。……何もしょっちゅう店を見て歩くわけでもないし、報告だけですけれども、とにかくこっちの金はカラカラでしょう。それで日銀へ行く。そのうちになくなって来る。限度がどこで止まるかということです。どっと出て行く、心臓がツーンと痛くなるような気がする。……（原資料は、「金融史談会渋沢敬三」三〇八頁）

この回想からうかがい知るように、敬三自身が取付け騒動のなかで預金者対応や資金調達にかけずり回る立場には居なかったようである。パニック状態の銀行のなか、預金者の行動などを俯瞰的に観察しているような回想である。預金者の奇妙な行動をおもしろがっている敬三にはそんな第三者的な視線を見出すことができる。もちろん銀行家として「心臓がツーンと痛くなる」とも話しているから、観察しながらも自行の取付けを全くの他人事と突き放してみていたわけではない。心中の興奮があり、そうだからこそ、銀行内で一人泰然自若としていた佐々木の姿に感服している。そこには自らの心に生じた動揺を省みている敬三の姿も見出すことができる。ただし、取付け騒ぎの前か後かは判明しないが、敬三は、四月に「北九州の下関・長府・門司・小倉の各支店を巡察、次いでに小倉製鋼、日本ゴム、国武藍染工場、癩病院・三菱長崎造船所・諏訪神社・シーボルト旧跡等を見学している」（上、七七一頁）。名古屋などの支店視察から帰ってきたのが三月三〇日であり、当時の交通事情と視察先を考慮すると一週間以上は必要とする視察だから、四月二一日の取付けより前のことであった可能性は高い。とはいえ、四月上旬には台湾銀行と鈴木商店との絶縁が明らかにされているから、重役が本店を離れて視察に行くタイミングとしてはやや不可解である。なお、このような見学旅行は、同年八月にも行われている。この時には三週間にわたり北海道函館・小樽・札幌の各支店を視察するとともに、樺太にわたってダムや大川平八郎が経営スル製紙工場を見学し、さらに釧路・根室の支店を巡回している（上、七七二頁）。取締役の敬三に銀行の隅々まで知って貰うようにとの配慮が働いていたものと思われるが、同時に旅好きの敬三にとってこのような業務は歓迎すべきものであったことは疑いないだろう。

4　本店建築と大部屋制度

渋沢敬三は、一九二七年八月に本店新築の建築主任を命じられ、設計から細部に至る建築に関わり、敬三らしく基礎工事からのすべてを写真に撮って記録として残した。建築着工は一九二八年一月、新築なった本店へ移転したのは、一九三〇年一一月であった。

この仕事で敬三が出した新しいアイディアが、頭取以下の重役が一部屋で業務する「大部屋制」の導入であった。これは、敬三によれば、「無理やりに通したこと」であり、そこに敬三の並々ならぬ意欲が現れていた。その狙いについては、「重役が皆夫々《それぞれ》小部屋にいて、一人一人部屋を持っておりますと、どうしても連絡が悪くなる。それから下の人との関係で、ある重役にはこういうことを言ったが、こっちは言わなかった。言い方が違ったり、あるいはその重役だけに言ったり、いろいろなことが起る。これは公けの仕事をする上において一番まずい」と語っている。自らの人格形成について親戚間の確執に言及した敬三の考え方もこの説明が重なってくるが、これは業務の効率化を図る方策と説明されている。大部屋制になったことで、「たとえばある書類を決裁すると

第一銀行事務室にて（昭和11年、渋沢史料館提供）

いう場合に、頭取のいる別室に持って行って判を押すということをしない。そこでポンポンとってしまう。頭取がおかしいと思ったら、これは何だい。それはこうだと言えるから早い」（上、七七五頁）と説明している。(13) 横浜正金銀行のやり方に学んだこと、そして、一九二五年に帰国途上に立ち寄ったアメリカのヴァイス・プレシデント銀行も同様な方式を採用していたことも影響したといわれる。

5　調査・審査の充実

本店への移転を控えた一九三〇年五月に第一銀行は機構改革を実施し、業務の合理化を推進することとした。新本店と機構改革のレールを敷いて佐々木頭取は、一九三一年一月に勇退した。さらに一九三一年一一月には祖父渋沢栄一がその生涯を閉じた。第一銀行も渋沢家も大きな変わり目にさしかかっていた。

機構改革で新設された調査部を取締役として主管し調査部長となったのが、敬三であった。しかし、その新設当初に敬三は十分な働きはできなかった。祖父の看病に多くの時間を割かなければならなかったからである。そして、祖父の葬儀などの多忙な日々のなかで過労から三一年一二月に敬三は急性糖尿病を患い入院を余儀なくされ、その後三二年一月から五月にかけて伊豆の三津浜で療養生活を送った。東京では、その間に血盟団事件によって二月九日に前大蔵大臣井上準之助が、三月五日に三井合名理事長團琢磨が暗殺された。五月一五日には軍縮条約に不満を持った海軍将校が首相官邸を襲撃して犬養首相を暗殺した（五・一五事件）。

首都東京の血なまぐさい喧噪と離れて、敬三は療養先でその地方の膨大な漁民資料を発掘してその整理・編纂に取りかかった。これが敬三の研究成果として代表作の一つとなる『豆州内浦漁民資料』との出会いであった。

療養生活では漁民資料の調査に日々を費やした敬三は、一九三二年五月に銀行業務に復帰し、七月に常務取締役に就任し、業務部長として再び銀行業務に多くの時間を割くことになった。

業務部長へと業務が変わったといっても、調査部において一般経済情勢の調査と企業調査を充実させてきた敬三の銀行業務への取り組み方は大きくは変わらなかった。貸出先の信用調査を念入りに行い、その将来性を図って貸出の可否を判断することに、敬三は強い関心を示していた。銀行の仕事について、敬三の考え方をよく示しているのが、次のような言葉であろう(14)。

銀行屋というものは、小学校の先生みたいなものです。……いい仕事をしてフォスターして、だんだん育てて成長した姿をみて、嬉しく思うというのが、本当の銀行屋だと思いますね。えらくなるのは生徒です。先生じゃない。

のちに再びふれるが、敬三は「銀行の仕事は一度も面白いと思ったことがない」とも言っているが、他方で、敬三の長男渋沢雅英によると、中学から大学までの後輩でもあり、長く仕事の上で深いつながりがあった山際正道（大蔵省次官、日銀総裁を歴任）が敬三の仕事ぶりについて「渋沢さんは事業を育てるということについては随分興味を持っておられたし、誠心誠意つくされたように思う」と語っていたという（上、七一七頁）。貸出先を育てる意識を持つことで、銀行として預金者から預かった資金を社会的に有効に使うことを使命と考えていた敬三が、その貸出先を見る目は、「ぼくはどうしても生物学的なんです。生物学的人生観ということが許されるならば……。だから経済のことを扱ってもどうしてもそう見えてしょうがない。銀行でも生物学的に考へる。つい生物学的な観察になる」（上、七一七頁）というように、企業として成長していく様を見ることが好きだったのではないかと推測される。

貸出にあたっての敬三の態度は、借り手の視線を共有していたことに特徴があった。敬三自身の言葉によると、「ぼくは業務部長ですから、ほんとうの貸金をやった。その時には電話でどんどん相談してやる。少しおかしいものは審査部にまわす。そうしてすぐ返事する。そういう話を皆が聞いておることがよいのです。それから支店長が来ても、来給えと大きな声を上げて誘って皆に話を聞かしてやる。それが一番よいのですよ」と大部屋での業務の効用を強調しつつ、「第一銀行としてはお客に返事を早くするということを非常に心がけた。貸金というものは、申し込んでからうんとたって返事されても何にもならぬ。できるならば即座がよい。少くとも一日か二日で返事してやる。いけなければいけないと言ってやれば手当がつく。銀行というものは非常に早く返事をするということが大切だ。断られてもよいから早くした方がよい。それに対しては非常に注意を払って居りました」と語っている（上、七九三頁）。

このように敬三は、「電話ですむ場合は支店長から直接電話で貸出についての用件を申し出させ、多くはその場で即決した。また、まず複雑な貸出の場合は、支店長に重役室に来て、重役たちがいるところで説明してもらって決定した。場合によっては審査（部）で審査して決めたが、いずれにせよ、できるだけ早く決定するよう心がけた。こうした方針は、貸出先にも支店長にも歓迎され、新しい得意先を獲得することにもなった」という（上、七九四頁）。

貸出先の都合にも配慮して即決する敬三は、同時に部下の判断に全幅の信頼をおく上司でもあった。ある支店長は、第一銀行ではどうしてそんなに早い返事ができるのかと取引先に驚かれたエピソードを紹介しているが、その時の敬三と支店長の融資案件に関するやりとりは、支店長の説明に対して、敬三から「君大丈夫かね」と聞かれ、「大丈夫です」と答えると、「そうか、君やりたまえ」というものだったという。これだけ信頼されれば、部下もそれに応えなければならなかっただろう。調査・審査の充実を図ってきたことに自負がある敬三にとってみれば、ある程度の判断は任せても十分なくらいに行員の資質が向上しているとの判断もあったのではないかと推測される。

もう一つ、敬三が貸出に関して強調したことがあった。それは、「資金の貸借にあたって道徳的観念を入れるべきではない」ということであった（上、七九六頁）。

もう一つ主張したのは、支店でわれわれがよろしいと言ったが、時々約束通り返って来ないことがある。支店長がこっちに対して非常に引け目を感じて申訳ないと思うから、貸金の相手方に対してけしからぬという言葉をよく使う。使いやすいのです。それを使った時には必ず小言を言った。

叱りつけたわけじゃない。けしからぬという言葉を使っては困る。向うが詐欺をしたとか、ほんとうに悪意をもってだました時には、道徳的観念を入れてもよろしい。それでなくしてまったく先方に悪意のないほかの条件から、手形の切換になった場合には、困っただけにしろと言った。そこで道徳的のけしからぬとか、人格的に侮辱するような言葉を使ってはいかんということをやかましく言った。一生懸命になってもできないことがあるのですから、貸した以上はこちらにも責任がある。借りた方だけが責任を持っておるという考え方は間違だという議論です。銀行というものはお互のものなんだ。貸したら貸した者がいばっておるという態度はいけない。借りるのだって、借金をして何とか自分で救われたいために借りた金ぢゃない。ほんとうの生産に使おうと思って借りた金である。卑屈な態度で借りるべき理由は一つもない。借り手がなければ銀行は成り立たない。ほんとうに通貨を有効に使うための金だから、借りる貸すという間に道徳的の差は絶対ないのです（原資料は「渋沢敬三氏金融史談」三〇六頁）。

「金を出す」側にはともすれば「上からの目線」になりがちだが、敬三はあくまで対等な関係で貸出先を見つめ、その借り手の事情にも配慮する銀行家だった。「ほんとうの貸金をやった」と自ら語り、「育てることに喜びを見出す」敬三の態度は、現在、金融業に従事する人たちにはどのように見えるだろうか。

おわりに

渋沢雅英によると、敬三は雅英に向かって「僕は銀行では本当に心からぞっとするようないやな目に会うこともあるんだよ」と言ったことがあるという（上、七三〇～七三一頁）。山口和雄は、この言葉を銀行上層部から敬三が銀行に「デヴォート」していないと見られていたことによるものだろうと推測している。本人の意思に関わらず、いずれは頭取となると目されていた敬三にとって、そうであるが故に第一銀行はそれほど居心地が良い場所ではなかったことが知られる。

第1章でも紹介されているが、敬三はこの事情を次のよう説明している。

ぼくはある意味では、銀行家としてはなまけ者と見られていた。なまけ者というよりは、よけいなことをしておるように見られた。……それでアティックなんか一生懸命になっておる。いかにも銀行の精力をそこに分けちゃって、銀行にデヴォートしていないような感覚をもつ人がいましたね。併しそれに対しては、その時間を比較してみようとよく云った。碁を打っておる時間、ゴルフをやっておる時間、マージャンの時間を通計して、ぼくのそれとどっちが多いか、通計したらぼくの方は少いじゃないか。その代りぼくはそっちをやらない。……もっぱらアティックでした。旅行でした。ぼくはそういう意味では完全に遊んでいる。だから、なまけ者と云われても抗議はしない。しかし仕事は面白いと思ったことはないけれども、一生懸命やっておりましたよ（原資料は、「金融史談会渋沢敬三」三〇七頁)。

敬三の主張に理があることは間違いないだろう。「仕事は面白いと思ったことはない」と言い切る敬三は、アティックの関係の時間はこの上もなく面白いことの連続であったのだろう。だから、週末を利用して調査に出かけていたが、それが批判を浴びていた。しかし、敬三は、決められた時間、求められた仕事をきちっとこなしているし、それ以上に第一銀行の経営刷新に重要な役割を果たしてきたことも、改めて強調する必要もないほど明白だろう。見事なほどのワーク・ライフ・バランスのとれた生き方であり、偉大な「なまけ者」であった。

ただ渋沢敬三には、一歩引いて観察者となる習性があったというべきかもしれない。その場に立ち会いながら、必要とされなければ進んで自ら積極的な役割を果たそうとはしないことは、日本銀行に移っても、大蔵大臣になっても変わらなかった。(15) 筆者が敬三を「歴史の立会人」と表現したのは敬三のそうした側面に注目してのことであった。敬三は宮本常一に次のように語ったことがあるという。(16)

大事なことは主流にならぬことだ。傍流でよく状況を見ていくことだ。……人の喜びを自分も本当に喜べるようになることだ。……自分がその場で必要を認められないときは黙ってしかも人の気にならないようにそこにいることだ。

このような敬三の考え方は、敬三周辺に居る第一銀行の人たちにとってもどかしく感じられたのかもしれない。しかし、このように大きな状況の変化に直面しながら、自然体でその場に寄り添うのが、敬三の真骨頂だったように思われる。銀行家として貸出先の企業に寄り添うように見守り、それを育てる、成長を期待する敬三の姿は、民俗学を志す若い人たちに学資を提供し、地方の志ある人たちを見出して援助する姿と共通する。

貸出された資金は生産のために使われる。そうした生産的な活動があっての銀行業であることを強調する敬三の考え方は、常民たちと目線の高さを合わせて彼らに温かいまなざしを向けている常民文化の研究者としての敬三の姿勢に重なっていく。普通の人たちの日常的な営みのなかに、その生活の現実のなかに、国の基礎となる力が備えられていることを敬三は見抜いていたのではないだろうか。民具を集めて民衆生活の記録を残そうとした敬三は、そこにまがいものでない人々の営みを見出していた。生活用具にはそれを使った人たちの汗や涙が、作ることの喜びとともにしみこんでいた。比喩的に言えば、そうした人々の生活の臭いの残る生活水、食物を育てた農業水などが地下にしみこんでいく先に地下水脈を作り出すのがアティックの人々の収集事業であり、この地下水脈に井戸を掘る仕事が、民俗学の研究であり、収集品の公開であった。それは、日常的な生活の余裕が預け入れられた零細な預金を、資金が必要な人たちへと社会的に有効に利用できるように橋渡しする銀行家の仕事にも通じる面がある。敬三はその意味でたぐいまれな銀行家としての資質を備えていたが、その生き方そのままで無理なく仕事以外の時間にも自然体で好きなことに全力投球していたのであろう。敬三にとって銀行家という表の顔と、アティックに関わるもう一つの顔とは、別々のものではなく、別々の生き方でもなかった。敬三は、そうした区別を超えて一つの人生を歩んでいたのではないかと思われる。

（1）本稿は、二〇一三年一〇月一三日に国立民族学博物館で開催されたシンポジウム「渋沢敬三を語る――偉大なる学問の庇護者」における筆者の報告「銀行家　渋沢敬三」で示した人物像を中核的なアイディアにしながら、『渋沢敬三伝』上下、一九八一年によって第一銀行時代の敬三についてさらに資料を追加し新たに稿を起こしたものである。シンポジウムを主催した国立民族学博物館ならびに本稿執筆の機会を与えてくださった『歴史と民俗』編集委員会に心から感謝する。なお、銀行家としての人間的な側面を中心とした素描は、国立民族学博物館編『渋沢敬三記念事業　特別展　屋根裏部屋の博物館』（二〇一三年）に「実業家・渋沢敬三――日本銀行時代の横顔」として発表している（本書第3章に加筆のうえ収録）。また、日本銀行時代以降の渋沢敬三については、二〇一二年九月一五日の渋沢史料館における渋沢敬三記念事業シンポジウム「戦時戦後史の立会人　渋沢敬三」で報告している（報告論文は加筆修正して第三部に収録）。同シンポジウムの様子は、http://shibusawakeizo.jp/event/event01.html において映像で公開されている。

（2）『渋沢敬三伝』上、渋沢敬三伝記編纂会刊行、一九八一年。以下、同書からの引用は本文中に（　）書きで頁数のみを記すこととする。

（3）「渋沢敬三氏金融史談」、日本銀行調査局編『日本金融史資料』昭和編、第三五巻、一九七四年、三〇二頁。なおこの聞き取りは一九五一年九月から一二月にかけて行われたものである。

（4）同右。

（5）一九二〇年代の世界経済については、その古典的研究であるが、大島清編『世界経済論』勁草書房、一九六五年、楊井克巳『世界経済論』東京大学出版会、一九六五年、宇野弘蔵監修『帝国主義の研究2』青木書店、一九七五年、H・W・アーント『世界大不況の教訓』東洋経済新報社、一九七八年などを参照されたい。

(6) この時敬三は、「正金の一書記より直に重役候補者に立つは第一の重役たる職を軽んずる事となり、又叔父上明石氏の同行営業部支配人を超えて就職するは敬意を失する事」と説明している。

(7) しかし、その大森支店長も、神戸を訪れた敬三に会って「コロッと渋沢さんに参ってしまった」と回想している(上、七六五~七六六頁)。

(8) なお、半年の猶予期間に渋沢敬三は、親類の石黒忠篤が農林大臣代理として台湾の米穀大会に出席するのに随行して台湾と沖縄に旅行した。その旅行記は「南島見聞録」と題して大正一五年夏から昭和二年春にかけて『龍門雑誌』に連載されている(上、七五九頁)。

(9) 酒井杏之助の回想による(上、七六五頁)。

(10) この時期の日本経済については、橋本寿朗『大恐慌期の日本資本主義』(東京大学出版会、一九八五年)および武田晴人『新版日本経済の事件簿』(日本経済評論社、二〇〇九年)などを参照。

(11) 原資料は横浜正金銀行『頭取席要録』一九二二年、一五四号。これについては武田晴人「横浜正金銀行史資料　解題」『横浜正金銀行　マイクロフィルム版』丸善、二〇〇三年、後に武田晴人編『横浜正金銀行史料仮目録』東京大学経済学部図書館資料室、二〇〇八年に収録。

(12) 武田晴人『帝国主義と民本主義』集英社、一九九二年、二六九頁。

(13) 原資料は、「金融史談会渋沢敬三」三〇五頁。この建築では、地震に対する対策をとるなどの設計上の工夫も払われたという。

(14) 前掲「渋沢敬三氏金融史談」三〇七頁。

(15) 前掲「歴史の立会人　渋沢敬三」参照。

(16) 前掲『旅する巨人』六七~六八頁。

第3章　経済人としての渋沢敬三

武田晴人

はじめに

前章に引き続き本章では、日本銀行の副総裁に就任した後の渋沢敬三の経歴に沿って、日銀副総裁・総裁、そして戦後の大蔵大臣時代、さらには金融制度調査会会長時代に照明を当てて、渋沢敬三がこれらの公的な職務にどのように向き合い、どのような役割を果たしたのかを考えてみたい。「経済人」と表現したのは、ここで取り扱う時代が渋沢敬三の実業家・財界人としての活動というよりは、それをはみ出した公的な職務に比重があることを考慮しているからである。祖父の渋沢栄一の場合には、実業家・財界人という表現が適切なことは疑いないが、渋沢敬三は民でもあり、官でもあり、その両面で果たした重要な役割があることに特徴があり、それらをカバーするために「経済人」という表現を用いている。

本章で焦点を当てる日銀時代、大蔵大臣時代、金融制度調査会会長時代という三つの時期は、日本の経済発展という視点で見たとき、重要な転換期にあたっており、そこで渋沢敬三が果たした役割を問うことが主題である。ただし、あらかじめ断っておくと、一九八一年に山口和雄がまとめた「敬三の経済活動」(1)でも、その役割が必ずしも明確にされているわけではなく、本章ではその記述を素材として読み解きながら、少なくともその場にいたことは間違いないことから、「立会人」という視点で経済人としての渋沢敬三を特徴づけて考えていくこととしたい。

一　日本銀行時代

1　副総裁就任

渋沢敬三は、一九四二年三月一六日に四六歳で日本銀行の副総裁に就任した。この就任劇の舞台裏では三井財閥池田成彬や元山下汽船社長山下亀三郎が推進役として動いていたといわれる。山口和雄は、後に日本銀行総裁となった佐々木直が、「渋沢さんが副総裁になられる裏には、池田成彬さんが総裁として入って日本銀行というものを観察されたその結果が現われておるのじゃないですか」と語っていることなどを参照しながら、「池田成彬が中心的な推薦者であったことはほぼまちがいないところであろう。結城日銀総裁は積極的には動かなかったが、賛成であったという。いま一人、敬三の日銀入りを側面から押し進めたと思われる人に元山下汽船社長山下亀三郎がいる」と書いている（下、七三二～七三三頁）。

日本銀行副総裁就任に際して（綱町邸にて、昭和17年、渋沢史料館提供）

第1章で紹介されているように敬三の友人であった土屋喬雄は、敬三の人物像を「名門の子弟らしいおおらかさをもちながらも、至って庶民的であり、民主的であった」こと、「私利、私欲から超越していた反面接する人だれに対しても、謙虚で親切という特徴」をもっていたこと、そして「高い知性と聡明さ」「豊かな文人的・芸能的センスないしタレント」をもっていたと評した（下、二四八～二五一頁）。単に渋沢栄一の後継者であったということではなく、その人柄への高い評価があり、そして第一銀行後の行内の評判も良かったこともあって、財界の長老たちは、次の実業界を担うリーダーの一人として敬三に期待するところが大きかったのであろう。その期待の表れがこの副総裁への就任要請であった。

渋沢を財界の中で引き立てようとした人物の一人である池田成彬は、三井銀行の筆頭常務として同行の発展を指導し、一九三二年からは三井財閥の実質的な責任者であっただけではなく、三七年からは日本銀行総裁、翌年には近衛内閣で大蔵大臣兼商工大臣を務めるなどの当時の財界を代表する人物であった。敬三の学友だった中山正則は、「池田成彬さんが渋沢さんをあらゆる面で引き立てようとした。……いろんなことをやっておきなさいよということをしきりに勧めているのですね。池田さんはそんなわけで引き立てよう、引き立てようとしたが、渋沢さんは引っ込もう引っ込もうとした」と話している（下、七三二頁）。

敬三自身も、第一銀行の経営者への道を歩んでいた敬三を日本銀行の副総裁に引っ張り出したのは池田であったと証言している。「（日本銀行副総裁の話は）その裏を私はよく存じませんけれども、池田成彬さんがね、どうも進めたらしいんですね。大分前から池田さんは目を付けて、私をいろんなものに仕様《ママ》とした、私、皆お断りしていた、これも完全にお断りしたんです——そうした所が、どうも済みませんでね、それで、とうとう……」と敬三は語っている（同前）。

もう一人、元山下汽船社長の山下亀三郎も敬三を副総裁に推薦したと伝えられている。日本銀行の理事を務めた柳田誠二郎の回想に、山下が「日本銀行というところは、総裁でも副総裁でも神だなに祭るような人でないと困る」といい、「渋沢さんなら神だなに祭れるのじゃないかと言うんで、それで渋沢さんが日本銀行の副総裁になったんですよ」と語っている。「神だなに祭れる人、みんなが手を合わせて拝む人」という評価は、柳田によれば、「渋沢さんの一面をあらわしている話」だという（下、七三三頁）。

庶民的といわれた敬三を「神だなにまつれる人」と捉えるのは、ずいぶんと異なる人物評のように見える。しかし、敬三の血筋の良さ、公正無私な態度は、だれからも尊敬されるに足るものだったから、「棚上げにする」ということではなく、むしろそうした人物を副総裁に迎えることで金融行政の円滑な推進が図れるという判断があった。

池田が敬三を推薦した背景には、日本銀行には「外から人を入れなければならない」と考えてのことだと佐々木直が指摘していること、大蔵省銀行局長だった山際正道も、賀屋興宣大蔵大臣から尋ねられて敬三を推薦していることなどから考えると、政府は民間からの人材を求めていた。とりわけ戦時経済体制が一日一日と鮮明になってゆくなかで、戦時金融統制の正否は民間金融機関の協力にかかっており、これをスムースに実現できるパイプ役が日本銀行副総裁には求められていたからではなかったと思われる。

白羽の矢を立てられた、当の渋沢敬三は、この推薦に困惑し、固辞するつもりだった。「完全にお断りした」という言葉がそれを表している。渋沢栄一から渋沢家の事業を託された敬三にとって、経済界で栄達することは視野の中に入ってはいなかった。日本銀行の副総裁といえば、金融行政の頂点に立つことを意味していたが、銀行家として第一銀行の経営に責任を負う敬三は、これに専念することを期していたように見える。

しかも当時の日本銀行は、現代の感覚で捉えられるような金融界の頂点というものでもなくなっていた。一九四一年一二月に始まった太平洋戦争の戦局は、なお赫々《かっかく》たる戦果を上げているように報じられていたとはいえ、戦争体制の維持のための経済総動員は一段と強められる必要があり、日本銀行も敬三の副総裁就任直前の一九四二年二月に行われた日本銀行法の改正によって大きくその役割を変えようとしていた。

日本銀行法改正の要点は次の四つであった（下、七三五〜七三六頁）[2]。

①株式会社から特殊法人とする。出資総額一億円中、政府出資は四五〇〇万円を限度とし、配当は年五％以下に制限する。出資者総会など出資者が業務に関与できる制度的な保証を撤廃する。

②役員の任命権は政府にある。あわせて解任権も留保し、職員は公務員とみなされる。重役による多数決制を廃止し、業務を総裁が「統裁」する。

③従来の商業金融中心主義を放棄し産業金融の調整にもあたること、市場操作を積極的に行うこと、国際金融取引を支障なく行い得ること、金融機構の破たん防止と特定の信用制度の普及を行うことなどの業務が規定され、さらに政府に対する無担保貸付や国債の応募引受を新たに業務の中に明記した。これは日本銀行が財政資金の供給者となることを意味した。

④管理通貨制度を恒久的制度として採用し、「日本銀行兌換券」は「日本銀行券」と改められた。

伝統的な金本位制度が通貨制度としては最終的に放棄されて管理通貨制度に移行することになったが、そのような改正は、戦争の経費を支弁するためには中央銀行の発券制度に歯止めがないほうが良いという判断が働いていた。しかも、この法律改正で日本銀行の役員については政府が任命権をもつことになり、日本銀行の金融政策に政府の意向が強く反映されるようになった。政府の優越的な地位の明確化は、日本銀行に広範囲の産業金融等の金融業務を行いうるようにするとともに、戦時に急増する軍事費支出増大を日銀の発券が支える方向を明確化するものであった。

言い換えると、日本銀行が現代のように通貨の番人として、物価の安定などの配慮した金融政策を実施し、政府の実施する財政面からの景気調整政策とのバランスをとるというような、平時の日本銀行とは全く異なる役回りを期待されていた。そして、それは金融の安定とか、融資を通した経済の中期的な発展を期するような、本来の銀行家としての社会的な責任とは異質な役回りを期待するものだった。

だから、仮に敬三が金融行政に抱負をもっていたとしても――実際、前章でみたように第一銀行の融資審査に際して、敬三は将来有望な企業の発掘などに腐心していたが――その実現の可能性は限りなく小さく、政府の意向に沿った行動を強く求められるだけという意味で進んで引き受けたい仕事ではなかったという側面もあろう。『第一銀行史』でも、副総裁就任の要請について、「渋沢副頭取にはもとよりその意思がなく、当行に在って尽力することが奉公の道であるとし、当行としても挙げて反対した」と伝えている(3)。

しかし、それでも結局、敬三は「サーベルをガチャガチャさせて」就任を求める東条英機首相に押し切られるかたちで不本意ながら日本銀行に移り、副総裁に就任する。敬三は、改正法に基づく日本銀行の新たな役割の執行者として選任されたことになる。

表1　太平洋戦争下の国債発行高と消化高

（単位：100万円）

年次	発行高	引受高		日銀純売却高	消化高	消化率（%）	日銀の貸出増	純消化高	純消化率
		預金部	日銀						
1942	13,321	3,000	10,321	9,818	12,818	96	1,023	11,795	89
1943	18,299	4,700	13,599	12,371	17,071	94	1,815	15,256	83
1944	26,993	9,150	17,943	15,869	25,019	93	5,301	19,718	73
1945	20,960	6,900	14,060	15,346	22,246	106	21,407	839	4

注：原資料は日本銀行調査局特別調査室『満州事変以後の財政経済史』『日本金融史資料』昭和編27巻、233頁。

再び山口によれば、「敬三自身も、戦争を完遂するためには、国債の増発とその日銀引受けもやむをえないと考えていたようである」として、表1により、敬三の副総裁時代（一九四二〜四三年）について、国債発行高一三三億円から一八三億円に増加したのに対して、日銀引受高は一〇三億円から一三六億円であり、純消化率も八九％から八三％であったことを指摘している。日銀の市中消化促進の努力によって純消化率はかなりの水準となっていたが、次第に低下していた。このような状況はさらに悪化の途をたどっており、一九四三年下期以降には企業整備資金措置法、軍需会社法などにより日銀券増発が決定的となり、一九四四年はじめには軍需会社指定金融機関制度が採用されることになった（下、七三七頁）。

2　金融統制の推進者としての渋沢副総裁

もちろん、引き受けた以上、その役割を果たすことに躊躇はなかった。

副総裁としての仕事では、まず、金融統制会副会長として金融統制の先頭に立つことになった。一九四二年四月総動員法一八条に基づいて全国金融統制会による統制が強化されることになり、その推進役が同会副会長としての渋沢の任務となった。これについては、一九四二年四月に開かれた日本銀行部局長支店長会議の冒頭に挨拶にたった結城豊太郎総裁が機構改革についてふれ、「此の際申上げ度事は渋沢副総裁を迎え、副総裁に特に金融統制に関することをやって貰ふことになった」と説明していることからも確認できる。(4) 他方で、結城総裁は秘書、人事、審査、検査を総裁直轄とし、さらに審査部長をつうじて各支店長を総裁直属とするなど、総裁への権限の集中を強調している。結城総裁から見れば、日本銀行の業務に経験の無い渋沢副総裁には、重要な役割を任せきれないと判断していたのかも知れないが、同時に金融統制という民間金融機関との連携面では期待するところが大きかったともいえよう。(5)

金融統制会の主要な任務は、各金融機関の資金吸収を促進し、貯蓄奨励計画の達成に努めることであり、他方で、資金運用面では公債消化の具体的計画を推進することであった。山際正道によると、「渋沢さんの性格から言って、なすべきものは思い切ってやるというような性格ですから、わりあいスムーズに政府側の意向を受け入れて金融界に伝えていただいて、金融界をそれでまとめることについては非常に骨折りを願ったと思います」(下、七四〇頁)(6) と語っている。

六月二十九日に日本銀行で開催された全国金融機関統制会の第一回評議員会では、統制規定に関する説明を渋沢副会長が行った。(7) また、日本銀行のアーカイブに残されている記録の中に、たとえば一九四二年一〇月二二日に開かれた「全国金融統制会常議委員会」の記録があるが、そこでは総裁の簡単な挨拶のあと渋沢副総裁が統制会事業の経過――具体的には政府起債計画、金融債発行調整、社債引受団の拡大、資金蓄積目標と国債消化目標の指導、資金吸収及び運用に関する計画書の徴求、共同融資問題など——について詳細に報告し、今後の方針について協力の要請を行っている。また、同年一一月一九日には渋沢副総裁が金融統制会副会長名で、貸出金利の協定の尊重をもとめ「貸出競争ノ弊ニ陥ルカ如キコト無之」ようにと「各種金融機関協調シテ産業金融ノ円滑化ニ資セラルル様」に求めていた。(8) こうした金融統制の具体的な措置を執行する役回りが渋沢副総裁の仕事となっていた。

この金融統制を行うにあたり、都市銀行と地方銀行とを一つにまとめることには苦心が必要であった。統制会は普通銀行、地方銀行、貯蓄銀行の三つに分かれており、そのためにそれぞれの統制団体が「利益代表的な感覚」で動いたためであった。その背景については敬三は次のように説明している。(9)

……基盤的に、中央の都市銀行、市中銀行と普通言われる大きな銀行と、地方銀行には、根本的の性格の差がある。それから地方銀行の頭取なんというものは、一国一城の主で、その地方の名望家であり、そうして長い間その地方でいろいろパブリックのサービスをした人であり、また同時に銀行業務以外の面の非常にたくさんある人です。時によると産業家である場合もある。ところが市中銀行の首脳者というのは、もはや金融技師です。それ以外の何ものでもない。そこに非常に差がある。……しかもその時分の金利なり貯金の集まり方なり、その貸出の金額なりの比率というものは、市中銀行が貸出が多くて、地方銀行の方が預金が多いという格好です。そうするとそこに持って行って、政府なり日銀の政策としては、できるだけ国債を持ての、やれ戦時金融債券を持てのと言って賦課して行く量が、地方銀行の方がパーセンテージが多くなった。そうすると利益が減るので面白さがない。従って何か地方銀行から見ると、市中銀行だけうまい汁吸って、お膝元のものは大きないい会社に楽な貸付をして、おれたちは単に助けているのだという観念になって来るとか、多少何かわかれて来る。昔は地方銀行は小さかったが、だんだん貯蓄奨励で力がつくと、市中銀行の駆使に甘んずるのがいやになって、おれだってということになります。

このような背景もあってか、地方についてはそれぞれの事情に応じながら、自発的に統制に従うように促すことになる。たとえば、一九四二年一一月一九日には渋沢敬三金融統制会副会長名で以下のような通牒が発出されている。(10)

統産第十四号

昭和十七年十一月十九日

全国金融統制会　副会長　渋沢敬三

各業態別統制会理事長宛（特銀及金庫ニモ同趣旨ノ通牒致候）

近時企業統合ニヨリ各種ノ統制会社営団等ノ設立ヲ見中央地方ニ亘リテ之カ金融ヲ行フ場合多キヲ加ヘ候處地方ニ組合銀行貸出利率協定ノ存スル場合ニ於テハ其ノ協定ニ加盟シ居ラサル金融機関ト雖モ同業連帯ノ精神ニ則リ充分之ヲ尊重シ貸出競争ノ弊ニ陥ルカ如キコト無之ヤウ致度又協定無

之場合モ同様ノ趣旨ヲ以テ各種金融機関協調シテ産業金融ノ円滑化ニ資セラルル様致度候間此ノ旨貴会会員ニ徹底方御配慮相煩度此段及通牒候也

3　三井銀行と第一銀行の合併

また、金融機関の合併統合問題についても、重要な役割を果たしたと言われている。三井銀行と第一銀行の合併にもかかわり、この合併では敬三は仲介役を務めることになった。両行の合併は、一九三八年に三井銀行会長万代順四郎が三井家主人や池田成彬の了承をとりつけた上、非財閥銀行で最有力銀行であった第一銀行に、結城日銀総裁を通じて合同の申入れをしたのが発端であった。この時は第一銀行側の同意を得ることができずに不成立に終ったが、この問題が一九四二年末に再燃した。四二年一二月一七日に結城日銀総裁と会談した万代は、結城の「君のところが第一と一緒になってはどうか」との打診に対して直ちに「僕のほうは、第一のほうで立ち上ってくれば、いつでもやる」と答えたと回想している。翌日、万代は渋沢に面会して「世話役を引き受け」るよう依頼すると、すでに結城からも話があったものか、その場で渋沢はこれを承諾したという。こうして渋沢副総裁を仲介役として、二二日には万代と第一銀行の明石との会談があり、二五日には敬三の立会で合併条件について大筋合意にいたった（下、七四〇～七四三頁）。すでにレールは敷かれていたので、合併にかかわる重要な事項は二時間あまりの協議でまとまった。万代会長は、「このような大銀行の合併条件が、二時間で決ったということも、おそらく新記録であろう」と語っている。

両行の合併は、一九四三年四月に実現し、新銀行名は帝国銀行となった。祖父の創業した第一銀行の名前が消える合併の「世話役」を敬三は、どのような気持ちで進めたのかを知ることはできない。時代の要請に従って、これを受け止め、与えられた役割を淡々と果たしたように見える。このとき第一銀行は、明石照男頭取が経営の責任を負っていた。そして、この明石頭取と万代会長とが合併に合意することになったが、その前に明石は、副頭取や相談役など第一銀行の有力な幹部と相談し了解を得ていたことが『第一銀行史』に記載されているものの[11]、その相談相手のなかに敬三の名前はない。有力株主として発言することはおかしなことではなかったかもしれないが、日銀副総裁という立場上、国策として推進されている有力銀行の合同計画に異論を言うことは考えられなかったし、明石頭取なども敬三の心事を慮って、あえて聴くこともなかったのかもしれない。もちろん、敬三の性格から推測すれば、明石頭取に委ねて日本銀行へと出た以上、彼らの判断に異論を申し述べることは考えにくかった。「なすべきものは思い切ってやる」といわれた敬三ならではの対応であったかもしれない。これに関連して、渋沢敬三は、祖父栄一が「第一銀行なんか家業と思っていない」と受け止めていたことは銘記しておくべきだろう。従って「家業を失う」という捉え方はなかったと考えられるが、「私のもののごとく愛せ、併し、私有物の感を持ってはいかん、これが祖父のモットー」と語る敬三にとって、銀行名が消えることに何らかの感懐があったのではないかと思わざるを得ない[12]。

このほか渋沢副総裁は、南方開発金庫（一九四二年三月一八日設立）と戦時金融金庫（同四月開業）の首脳人事にも盡力したことが明らかにされている（下、七四三頁）。

4　総裁就任事情——一九四四年三月一八日

渋沢敬三は一九四四年三月一八日に日本銀行総裁に就任する。その間の事情について、『昭和大蔵省外史』（中巻、五三三～五三四頁）によると、

石渡（荘太郎）が蔵相となるとすぐひとつの問題があった。それは結城日本銀行総裁の進退のことであった。結城は昭和十二年七月池田成彬に替って就任して以来総裁在任足かけ八年に及んでいた。その間……七代の内閣が替り、満六年七ケ月にわたる在任は時局の変転甚だしい当時にあって非常に長く感ぜられ、事実更迭を必要とする時機にいたっていたので石渡も総裁更迭の人事決行の肚をきめ、結城に会いその意向を伝えた。

ところが結城はいささかも辞任の気がなかった。むしろ石渡から話を受けたとき「自分が辞めたら日本の金融はどうなる」と、留任の意向を表明した。

結城は、日銀総裁就任に際して「死ぬまで日銀総裁をやりたい」との決意を表明し「戦時非常の際、中途で任務を放棄することは無責任」と考えていたという(13)。この結城の抵抗を押し切って渋沢総裁を実現したのは、石渡である。山際によれば、「総裁に彼を引っこ抜いたのは石渡大蔵大臣ですよ。その時にやはり主役を演じたのは池田成彬ですよ」と証言している。敬三は、「あまり突然

でびっくりしたし、私はこのままでどうか適当な方に総裁に来ていただくようにといろいろお願いしたが、例の調子で言葉数は少ないが頑として耳を籍さず、半ば命令的に押しつけられた形であって観念」したと語っている（下、七四八〜七四九頁）。

総裁に就任した渋沢敬三は、一九四四年四月に三回に分けて開かれた部局長支店長事務打合会の席上で就任の挨拶を幹部職員に対して行った（本章付属資料1参照）。この打合会は、例年であれば開かれるはずの部局長支店長会議について時局柄開催が難しくなったことからこれに代わるものとして開かれたものであった。この中で渋沢新総裁は、疎開などの影響もあって「何となく人の気持ちが落着かず、其の間無稽の流言が伝へられて憂慮すべき状態と考へます。我々としては努めて人心の安定を図る様夫々の地位に於て努力すべきであります。従来金融機関は一番嘘をつかぬ機関と思はれて居るのであります。其の点を上手に利用して人心の安定を図る様にし度い。金融機関から人心を不安定にする様なことがない様厳に注意すべきは勿論、積極的に人心の安定を齎《もたら》す様に努力すべきであります」と述べている(14)。また、日本銀行の役割と仕事の進め方について、次のように語り掛けている。

日本銀行総裁として（谷口副総裁とともに、昭和19年、渋沢史料館提供）

　本行は政府と表裏一体の関係に於て専

ら国家目的の達成を使命として運営せらるべき公共機関でありますから、其の業務が極めて公正に行はれねばならないことは申す迄もない所であります。併し乍ら本行の政策は権力を以て強ふるものでなく世間の信頼の下に行ふべきものでありますから、日常外部に接する態度に付いては単に公正であると云ふ丈では足りないのであって、充分に親切であり親心があって欲しいと思ふのであります。指導者の側に立つ者の態度は往々にして官僚的になり勝ちであります。戦局の緊迫に伴ひ経済事情は益々困難を加ふる際でありますから、統制を行ふ者は相手の身にもなって考へて懇切に指導することが肝要であります。此点各位に於かれては無論御如才のない所でありますが、本行の政策を円滑に且つ効果的に行ふ為め今後共一層ご留意を願ひ度いと存ずる次第であります。統制経済は或る意味で書類経済とも言はれて居る様に申請や報告の書類が甚だ多い。書類の審査を早くすると云ふことが必要であります。人手等の不足に藉口して仕事が早く出来ぬと云ふことは許さるべきではありません。

「統制を行ふ者は相手の身にもなって考へて懇切に指導することが肝要」などは、第一銀行時代の貸付先への態度などを思い起こさせるものである（第2章参照）。このような考え方は、たとえば金融報国団の結成に際して「皇国金融人の誓」をまとめたこと、この「誓」は当初案の「金融訓」が「上から下への訓示の様で面白みがない」と考えたこととも共通し、敬三の人柄を示すものということができる。

5　インフレをどう回避するのか

総裁時代の日銀は、軍需会社法に基づく軍需融資指定金融機関制度による円滑な資金供給が中心業務であり、国債の市中消化率は低下し、日銀券発行額が累増した。求められた金融行政の担い手としての役割を淡々と果たすという敬三の姿勢は、日銀総裁に就任後も変わらなかった。戦局が思わしくなくなり、航空機を中心とした軍需生産への一段と傾斜した資源・資金の配分が求められるなかで、政府は軍需省を設置し、さらに軍需会社法の制定、軍需会社指定金融機関制度の実施など、経済統制を強めていった。このとき日本銀行に求められたのは、軍需産業に必要な資金をできる限り潤沢に供給することであった。そのため、日本銀行の貸出高は急増し、また戦費調達のために発行される国債も激増した。この国債の引き受けと市中消化を計ることも日本銀行の重要な責務だった。

この時期について、渋沢敬三は、次のように回想している。

渋沢　この前お話したように、ぼくの日銀時代は戦時下の日銀ですから、昔の観念の日銀とは違って、……（戦争の見通しについては）全体としてはだめだということを想像できたけども、だめだと言えない位置にいたし……。だめだということはわかっておった。……

楫西光速　日銀の指導的な地位というようなものは、全然なかったのですか。

渋沢　もうその時分は指導といっても、いかに戦力を増強するための国民運動といいますか、手段があるか、インフレーションをどうして回避するかということ以外は、仕事がない。それからもう一つは資金調整、これはこの前お話したように、資材調整ということだけでした。……

土屋　それから共同融資銀行、資金統合銀行、つづいて外資銀行ですね。

渋沢　この一連の作業というものは、日銀が指導的じゃない。ほとんど全部受身です（下、七五五〜七五七頁）(15)。

敬三自身が厳しい見通しをもっていたこと、しかし、「全体としてはだめだということを想像できたけども、だめだと言えない位置にいた」こと、しかも、日本銀行としてやれることは少なかった。

敬三の説明によれば、日本銀行が行っていたのは、貯蓄奨励などの国民運動を推進することや、「インフレーションをどうして回避するかということ以外は、仕事がない」、資金の調整は重要な業務ではあったが、これらは「ほとんど全部受身」でやらされている。だから、「結局あらゆるものを一つの方向に向けてしまえという一つの運動ですから、その中で日銀だけが右を向いておることはいけないということであって、同じ方向を見てできるだけそれを緩和するにはどうするかという程度、また逆効果が来ないようにある程度考え得るかということが、研究課題なんだ」という(16)。

このような渋沢総裁について、元日銀総裁で、当時枢密院顧問官だった深井英五は、

「普通銀行側より転じて日本銀行総裁に就任せる渋沢敬三子は、通貨の価値又は通貨に対する信

用を維持すると言ふが如き発券銀行職能上の重要問題に関して当初全然理解を欠き、稍々時を経たる後も関心濃厚ならず、豊富なる発券銀行の資力を利用し、金融流通の便を図るを以て能事了れりと思料したるものの如く、其の気分は軍部及び事業界の要望と合致し、茲に滔々として所謂資金軽視、融通放漫の風潮を生じ、軍事費支出と物資欠乏とにより不可避なるインフレーションの大勢に拍車を掛け、之を激成したり(17)」。

と酷評している（下、七五八頁）。また、吉野俊彦はこの点に関し、

「渋沢が日本銀行総裁に就任した当時、太平洋戦争は明らかに敗戦にむかっており、彼としては軍の圧力によるインフレーション政策にすくなくとも結果としては唯々諾々としてこれ従うよりほか仕方がないという状態であった(18)」。

と述べている。このほか『日本銀行総裁結城豊太郎』を書いた八木慶和も、「渋沢は中央銀行総裁でありながら、通貨価値維持の問題について理解をもっていなかった」と指摘している。八木によれば、渋沢総裁が在任中の一九四五年一月雑誌『財政』に寄稿した「決戦の新春に寄す」と題する論文において「金融にはほとんど触れず、ひたすら声高に航空機の増産を呼号するだけである」と「悪性インフレーションの発生」は石渡蔵相と渋沢総裁の「安易な政策態度」にあると主張している(19)。

深井英五、吉野俊彦、八木慶和はいずれも日本銀行にルーツをもつ人物であり、後二者は深井に

心服していたから、基本的には深井の意見に従ったものと考えられる。しかし、置かれた状況を考えたとき、それではどのような対応が可能であったのかについて批判者に対案がない限り、このような批判は妥当とは思われない。すくなくとも、渋沢総裁が、「同じ方向を見てできるだけそれを緩和するにはどうするかという程度、また逆効果が来ないようにある程度考え得るかということが、研究課題」と回想していることを考慮すると、同時代に渋沢総裁の発言を今一度検証する必要がある。

政策選択の幅が限られる中で、渋沢総裁は「インフレーションをどうして回避するかということ」には注意を払っていた。敬三が残した手帳には、総裁就任直前の三月一四日から日本銀行券流通高と思われる数字が記載されるようになる。[20] たとえば一四日には「9924（百）万」、一五日には「9928百万」というようにである。この記載は、一九四五年秋に総裁の職を辞するまで続いている。

前述の部局長支店長事務打合会の挨拶でも、四月に実施された貸付利率の調整について、この措置は「多額の本行資金を継続的に使用する向に対し貸付利率の調整を行って貸付金が逐次蓄積資金を以て置き換へらるる様に仕向け、旁々世間の一部に於て疑念を持たれた様な過当の利益が生ずるのを抑制せんとする」意図のもとにあることを説明している。また、通貨膨張対策として大銀行を含めた貯蓄吸収の必要性とともに、「資金放出の側に於ける調節が必要」と強調していた。そのうえで、「軍需会社の一部には政府の前払金制度といふ特典に狎れて資金の使い方が放漫に流れる傾向が見られます。斯る弊害の是正には制度として又運用に於て考究すべき問題が多々ありまして金融の仕事を担当して居る者にとっては重要な問題」と指摘した(21)。

さらに軍需会社指定金融機関制度については、軍需会社と金融機関との関係をさらに密接にして融資方法を簡易化するとともに「軍需会社の金の使ひ方を合理的ならしめやうとする意図に出たもの」と説明している。そして、「私は本制度は普通銀行にとり軍需融資に関しては最後の線であると思って居ります。若し此の制度が行はれなかったならば恐らく軍需融資は他の機関に移行し普通銀行は唯資金吸収の機関にしか過ぎなくなって了ったであらうと思ひます。故に普通銀行も今迄の様にのらりくらりとやって居るのではいけない、本制度に失敗する様なことがあれば普通銀行は野垂死をして了ふのであらう」と警告していた(22)。

以上の説明が渋沢の独自の考え方というわけではないが、当時の日本銀行が、戦争経済という強い制約の下で通貨膨張にできうる対応策を講じようとする意図を持っていたことはうかがい知ることはできる。

このような態度は、その後も繰り返し表明されている。たとえば、一九四四年五月一九日の交易産業振興会招待席上の挨拶で渋沢総裁は、次のように民間企業に警告していた。

先づ最初に軍需金融に付てでありますが、……指定銀行制が採られ、……之に依つて一段増産が促進されることになれば我々金融業に携はる者として洵に本懐とするところで、如何なる努力を払つても本制度の趣旨を達する様に万全を期して居るのであります。只茲に一言附加へ度いと思ふことは、資金の効率と云ふ点に付て関係方面に一層の配慮を煩はし度い点であります。今迄でも軍需会社は資金に殆ど困らない。寧ろ資金は自然に随いて来ると云つた観念が相当あつて、其の使ひ方が合理的でないと云ふ面があつたことは各方面で相当問題になつて居ります。そう云ふ際でありますから、今回の措置に依つて資金調達が一層容易になるに伴れ、会社側が資金の問題に付て無頓着な気持ちになり、経営が放漫に流れると云ふことになれば、国家全体の見地からも頗る不経済なこととなり、此の制度創設の趣旨と著しく懸離れる結果に陥ることとになります。従つて指定銀行も単なる資金の放出口である許りでなく、軍需会社の経理に関する良き協力者として其の資金使用を最も適切妥当ならしめることが、融資協力団や資金蓄積に努力する国民への責任であります。此の意味に於て此の制度を動かして行く上に於ける金融機関の責務は極めて重いと考へて居る次第でありますが、同時に軍需会社も此の点を充分理解して金融機関の協力を更に活かして行くことが此の際特に肝要なことと云はねばならぬのであります。(23)

また、八木が渋沢総裁の「放漫さ」を証明するとして引用する「決戦の新春に寄す」でも、民間金融機関の資金運用の効率性を以下のように問題にしていた。

以上の如き生産隘路の打開に関連し通貨金融の部面に於ても亦考慮すべき点が尠からず存するのであります。政府支出が前渡金の交付とか調弁価格の引上とかにより従来比較的寛大に行はれ来つたことや、軍需融資指定制度によつて所要産業資金の調達が容易に確保され来つたことが、決戦戦力の増強に著しい寄与をなしたことは明かであります。然し其の反面に於て軍需会社の一部に資金調達の安易に狃れ資金軽視の風潮を生じ、或は設備資材労務に於ける過剰配置を助長した点のあることも亦否定し得ない事実であると考へられるのであります。斯様に軍需産業資金も其の運用の如何によつては却て企業の経営能率を低下せしめて居ることに対しましては、金融業者をして或る程度会社の経理に参与せしめ資金の効率的使用に関し査察をなさしめることも確に有効なる一策でありませうが、更に進んで金融機関と軍需会社との間に一体的な体制を整へ国家の策定したる国家資金計画の明示するところに従ひ、軍需融資に万全を期すべきであらうと考へるのであります。

此の資金放出に対する適切なる調整といふことは更に現下に於ける通貨の状勢から考へましても亦緊要なことであります。月々数億円にも上る通貨膨脹を見つつあることは決戦下或る程度已むを得ざることとは云へ決して楽観を許されない現象であります。特に最近に於きましては通貨は発行還収の弾力性を低減し、通貨の放出と収縮との間には著しい開きを生じて参りまして、其の膨脹率が異常に高くなつたことは最も警戒を要する所であります。今日生産力が所謂完全稼働に接近しつつある情況にあり、且労務資材の現状から致しましても増発通貨の生産性は著しく低下して居り、最早之に依つて戦争経済力の増強を刺戟する力は弱められて来て居ると見るべきであるのみならず、却て生産能率を低下せしめる結果ともなり、更に物価面に於ても配給面に於ても可成りの悪影響を齎して居るのであります。斯くては当面要請せられる決戦戦力の急速なる増強にも意外の支障を来さぬとは断言し得ないのであります。決戦の苛烈化に対応して通貨の膨脹は或る程度は不可避なことでありませうが、之が漸く悪性インフレーションに転化することを防止するが為には、現に実行せられてをる資金吸収の諸方策を整備強化するの要あると共に更に資金放出の面に於ても適切なる対策を講ずることの必要なるは云ふ迄もないのであります。金融業者のみならず産業関係者に於ても資金が生産と金融の両面に亙つて持つ重大なる意義を克く認識して一層其の効率的な運用に努力せねばならないのであります。(24)

このように日本銀行を代表して挨拶する機会が多かった敬三は、その機会を捉えて「資金の効率と云ふ点について関係方面に一層の配慮を煩わしたい」とか、軍需会社指定金融機関制度によって「資金調達が一層容易になるに伴い、会社側が資金の問題に付いて無頓着な気持ちになり、経営が放漫に流れる」危険性に警告を発していた。それは、与えられた権限のなかで、通貨の番人としての日本銀行が負うべき責任について、敬三が十分に自覚的だったからにほかならない。指摘されている視点がマクロの通貨供給というよりは、マイクロな企業の資金運用に視線が注がれているように見えるとはいえ、インフレの危険に対する警戒感が無かったということはできないだろう。(25)

6 臨時軍事費の支払

敗戦後、臨時軍事費の支払いのため日銀手持ちの銀行券が枯渇するかもしれないという危機に直面し、渋沢敬三は、「その時にぼくは一週間寝られなかった」と回想している。「それで凸版印刷、共同印刷、大日本印刷等でめちゃくちゃにつくらしたのが、あの百円札(ろ百円券様式改正分)です」といわれるように、印刷局だけでは間に合わないために民間印刷会社に高額紙幣の印刷を依頼した。しかも、「民間の印刷会社に製造させる段になると、終戦時のことであるので、つくるのに紙がない、機械が故障して電気が通じない、さらにつくってもそれを運ぶトラックが足りない、ガソリンが手に入らない、といった状態である。その調達に日銀総裁の敬三自らが奔走した」という(下、七六二頁)[26]。

ただし、山口和雄が指摘しているように、この積極的な支払は、「戦後インフレーション悪性化の最初にして最大の要因となった」ものであり、「昭和二〇年度についてみると、終戦後の支払額の方が戦争継続中のそれをはるかに上回るという事実は、看過できない点である。この点については、すでに戦争が終結していたのであるから、日銀総裁としても政府当局に働きかけて、なんらかの非常手段を採るよう努力すべきではなかったと思われる」と評価されている(下、七六二頁)。

なお、山口和雄は、日銀が銭幣館の貨幣コレクションを手に入れたことを総裁時代の重要な実績としてとくに強調している。渋沢も、「ぼくは日本銀行の時代には何にもしていない。ただ銭幣館の古貨幣のコレクション、あれを引き取って保存したことは、いいことをしたと思っておる」と語っている(下、七六三頁)[27]。

7　日本銀行の気風

こうした本来の業務の面だけでなく、日本銀行へ入った敬三が与えた影響も語り継がれている。

踊る（時期不詳、渋沢史料館所蔵）

四〇歳代半ばの副総裁就任は日本銀行に新風を吹き込んだからであった。

御承知だと思いますが、日本銀行プロパーの人間というものは、大体もっともらしい人間が多い。お互いの話でも一つの型にはまった点があります。そういう意味では渋沢さんのお人柄というものは特に若い連中にアピールした――と言っては悪いかもしれませんが、あったと思いますね……。

大体日本銀行の連中というのは、酒の席に行ってもあまりおもしろい顔をしないで、もっともらしくすわっておるというケースが多い。たとえば目上の人がいたり、副総裁の席なんかでは歌ったりすることはあまりやらなかった。そういうようなものを渋沢さんはある程度意識的にほぐそうとされたのじゃないですか（下、七四四～七四五頁）。

第一銀行に入行する際にも、その庶民的・民主的な人柄で若い行員たちの心を掴んだ敬三は、日本銀行に入ったときにも、その堅苦しい雰囲気をほぐすような影響力を発揮した。酒席で踊りや歌を披露したこともその一環だった。佐々木は、その結果「非常に気分がほぐれた」と回顧している（下、七四五頁）。

また、元日銀理事柳田誠二郎も京都支店長時代に来訪した敬三と食事をともにした際、敬三が「おれ一つ踊りをおどるから」といったことを紹介し、「日本銀行に新風を吹き込んだ人」と評している（同前）。

もっとも、こうした動きも当の敬三にとってはまだまだ道が遠いとの思いが強かったようであった。それは、一九四二年一一月に当時熊本支店長だった藤島敏男に九州視察中に漏らした敬三の言葉によく現れている。敬三は日本銀行の雰囲気を「何とも言えない重苦しい空気だ」と表現し、「ぼくはこれを何とか変えようと思って半年ばかりやって見た。だけれども君だめだね」「だめだと思ってあきらめたよ」と話したという（下、七四六頁）。渋沢敬三という洒脱で粋な人物にとっては、なじみにくい組織の伝統・組織文化が日本銀行には根付いていたということであろう。

二　大蔵大臣として

1　大蔵大臣就任――一九四六年一〇月九日

東久邇内閣に代って首相となった幣原《しではら》喜重郎の懇望により日銀総裁を辞し大蔵大臣に就任した。一九四四年七月の小磯内閣組閣時の就任要請に次ぐ二度目の要請であり、今回は引き受けた。同時に新木《あらき》栄吉副総裁が日銀総裁に就任し、大蔵次官山際正道が留任することになる。

その間の事情について、敬三自身は次のように語っている(下、七六四〜七六五頁)[28]。

幣原さんのお話の最初の部分は、ぜひ大蔵大臣になってほしい、その大蔵大臣たるや、今までの大蔵大臣はみな官僚出身であって、しかも多少たらいまわしをした気味がある、みなある意味では飽きておる人だ。それで新人ということが一つの目的、それから実業家出身であるということが一つの目的、それから何と言っても渋沢というのは、財界に通った名だ、渋沢がやるとなれば、一応みなが安心するだろう、だからひとつぜひやってくれ、こういうお話でした。

それで、それは違う、私が非常に力量があればよいが、力量がありません。だからそんなことを言われても無理だ、私はそんな身柄でもないし、また実は日銀をやっただけでも相すまぬと思っておる。これ以上そういうところに行く希望もなければ意思もない、これはぜひほかに適当な人があるだろうから、その方に願いたい、……

そのうちに幣原さんが、それじゃ私は正直に言うけれども実は陛下から大命を授かった時に、自分も実は御辞退したのだ。ところが陛下はこういうことを言われた。今のこの時に自信があってやる人が日本にいますか、おそらくだれも自信がないだろう、自信があってやるのじゃなくして、自信がなくてもやらねばならぬのが今ではないか、だからやれと言われた。これには参った。なるほどそうだと思った。自信あるなしにかかわらず、お召しがあればやらなければならぬのだという感じでお引受した。その言葉をもって、ぜひ君出ろと言うのです。あなたの自信あるなしには頓着せぬという言い方なんだ。自分もそうだから、お前もそういう気持でやってくれというお話です。あの時分は負けた直後ですからセンチメンタルな気持も多少あった時ですから、それじゃ一つ考えて見ましょうと言って、その時にはうんと言わずに帰って来た。

この間の事情については、これまであまり知られていない資料であるが、一九四五（昭和二〇）年一〇月三〇日の日本銀行部局長支店長会議に出席した際の大蔵大臣渋沢敬三の挨拶のなかでも詳しく説明されている（本章付属資料2参照）。東久邇内閣の総辞職が一〇月五日であり、敬三の手帳によれば、七日には「幣原男ヨリ交渉、返事留保」と記載がある。即答は避けたとはいえ、九日には組閣が終わり親任式が行われているので、幣原の説得を受け入れるまでにあまり時間はかけられなかったと推測される。この七日から九日の間に、敬三は旧知の山際大蔵次官と話し合ったとも伝えられている。前尾繁三郎によると、後述の財産税問題の発端が「渋沢さんが大蔵大臣を引受けるか、引受けぬかというようなことで、一晩次官と徹夜して色々相談をされたという話が伝えられた頃です」と証言しているからである。(29)

もっとも、引き受けるに際して財政問題についてとくに政策の目算があったわけではなかった。敬三の言葉をかりれば、「ですから戦後の財政をどうしようの、それから金融機関をどういうふうにしようというような抱負経綸なんて、一つもありやしない。事実考えようもなかった」という。(30)この時の渋沢敬三は、「これで臨時軍事費がなくなるから、金はいらん、――まだ進駐軍がこない時ですよ――臨時軍事費がなくなっちゃったからいいという感じを持った」と回想している。(31)流石に明敏な敬三は「とんでもない間違いだった」とすぐに気づくことになるが、当初はデフレになるかもしれないと考えていたともいう。むしろ敬三は、復員者、失業者の対策などが重要な課題になると考えていた。

2 軍需補償打ち切り問題と大内兵衛教授の「蛮勇論」

戦後の激しいインフレに対して、一九四五年一〇月一七日、大内兵衛教授は「渋沢蔵相に与う」と題するラジオ放送を行い、蛮勇をふるって一二〇〇億円の軍事公債を棒引きにし、軍需補償を打ち切れと呼びかけた。

もしあなたが、日本財政を殺さないようにしようと思えば、むろん戦争中に戦争の必要上行なった政府の約束などは、事情の変った今日そのまま守る必要はありません。そしてこれを実行する上に一部の人の非難を恐れてはなりません。そういう意味でわれわれは、大蔵大臣には蛮勇が必要であって、この蛮勇がなくては、この国民を戦争責任者のつくった借金から……免れさせることはできません。いま国民の要望するものは鉄腕、クロガネの筋の入った腕であります（下、七六八頁）。(32)

反響は大きかったが、大蔵省の幹部は大内の主張には反対であった。戦時中「あれだけ国民に協力を求めて金を集めておきながら、棒引きだ焼いちゃえというそんなむちゃなことは絶対にできないじゃないか」という雰囲気で、「一番強く反発を感じたのは、そのときに列しておった連中の中では、山際君と池田（勇人）君であったと思います」と国民貯蓄局長であった今井一男は回想している。[33]

3　戦後財政五カ年計画と財産税構想

大内の呼びかけに対抗して立案されたのが、「戦後財政五カ年計画」と、それを実現するために必要な軍事公債の償還財源としての「財産税構想」であった。この構想の具体案が作られていく過程について、山際は次のように証言している。[34]

幣原内閣が成立して、大蔵大臣は渋沢敬三さんになった。その当時から私どもボツボツ考えておったことは、財政の再建ということであった。その頃の主計局長は中村建城、主税局長は池田勇人さんであった。どうしても財政を建て直さなければならない。一挙に建て直すことは非常にむずかしい、大体五カ年を目標として財政の再建を図ろう、というので、戦後財政五カ年計画というのを立案した。……大体、五カ年で財政の収支を整え健全にする。その五カ年の間に、戦争によって惹き起こされた軍事公債を償還するという案を練っておった。そこで最も根本の問題になるのは、どうして軍事公債を償還するか、ということであった。

その時、私が考えたことは、どうしてもこれは財産税を起こして、一時に軍事公債の決済をする必要がある、ということだった。その理由は、戦争の結果、国民の間に社会的な差が生じた。つまり、幸福と不幸との差である。死んだ人もあり、生き残った人もある。また、家を焼かれた人もあれば、焼けずにすんだ人もある。企業整備で仕事を失った人もあれば、軍需産業で産をなした人もある。戦争の結果がもたらした非常な社会的不均衡が生じたわけであるから、これをそのままにしておくことは、将来社会不安を起こす原因になる。どうしてもこれを是正しなければならない。社会的な種々の方法もあろうが、その中で、財産の不均衡を是正するということを考えたのである。それを先に言った財政五カ年計画によって財政を均衡状態に持って来るため公債償還財源を必要とするということ――つまり社会的不安の原因を除くということと、財政の再建と、この二つの理由によって、大規模の財産税を起こす必要を考えたのである。

私は渋沢大蔵大臣に電話して、種々話し合った結果、渋沢さんも私と同じ気持で、この際大規模な財産税を起こす気持になった。期せずして意見が一致したのである。そこで従来あった財産税についての案をまとめて行くことにした（下、七六九～七七〇頁）。

こうして財産税は、①軍事公債償還と、②戦争による社会的不均衡を是正という二つの狙いを込めて具体案が練られていくことになった。この構想の発端について、渋沢敬三は「十一月初めじゃないか」と証言している(35)。

日にちは覚えていないのですけれども、この家で――官舎じゃなかった――山際君が次官として来て、一緒に飯を食べながらだと思います。期せずして二人が言い出した。とにかく非常に大きな預金がある。この預金はみなうそになっちゃった。裏づけが全然ないのだ。相当公債も出しておる。

この公債をこのままにして置いたら、インフレーションを起すだろう。これにはキャピタル・レヴイをやるより手がないのじゃないか。一ぺんにきれいに下剤をかけたら、あとはすっきりするだろう。その時にはまじめな気持で一億戦死だと言っておったじゃないか、まだそういう気分が残っておるころです。だから一ぺんみな死んだと思って、相続税を一ぺん納めることにしたって悪くないじゃないか、相続税と思って一ぺん出せばよいじゃないか、そうすればあとがすっきりする。その基盤には、財政がこんなに膨脹するとは思っていなかった。千億なら千億という公債をすっぽりとなくすれば、今度出すにも楽だし、そういうことを一ぺんやったらどうだろうと話合いをしたのです（下、七七二頁）。

文字通り受け止められないとしても、大蔵大臣就任当初はやや楽観的な見通しを持っていた敬三が、就任一月以内には財政再建について厳しい道筋を選択しようとしていた(36)。前述の大内教授の警告が重要なきっかけとなったのかもしれない。敬三は、前述の日本銀行部局長支店長会議での大蔵大臣挨拶によると(37)、「内閣に入ってから一番先に感じたことは日本はポツダム宣言を受諾した以上先つそれに応じた根本的な方式が決定されねばならなかったのであるが未だそれが出来て居ないと言ふことである。それは前内閣に於て為さる可きであったかも知れないが、前内閣は復員といふ大事業を背負って居って無事之に成功された。今回の内閣員は何の用意もなく集まったものであり同志的な結合がある訳でもない。ポツダム宣言の大綱に基いた方針も判然と持って居ない。それには資料の不足、之が蒐集にも困難がある。日本が日本を解剖し認識することは極めて不充分であり、従って米国に対しても科学的に日本の現状を提示して居ない」と現状認識の不充分さを痛感していた。そして情況が鮮明になるにつれて財政問題の克服に取り組むことを最優先課題とすることになった。この挨拶では、会議の開催が一〇月末でちょうど財産税問題の検討が進行中であったためか、「軍需企業補償の問題、在外資産の処理、数十億円に上る国債利払問題等何れも困難な重大問題で目下研究中」としており、財政問題には立ち入っていない。

さて、山際との話し合いの結果、主税局長の「池田を呼んで聞いて見ようじゃないか」ということになった。池田の返事は「できる」というものであった。そこで、「考えて見ろ」と具体案の作成が指示された。主税局側では、「財産税ということは、大蔵省でも平和の時代から研究しておりましたから、相当資料」があったことから、(38)「だれはどういう財産で、このくらいとったらああだ、こうだという」資料が直ぐに大蔵大臣に提出されたという。

この経緯については、敬三の記憶も曖昧なために不明な点が多い。引用されている「金融史談」は一九五一年一一月一日に行われているが、その時の敬三は「日にちは覚えていない」が直接会って話したとしており、一方山際は電話で話したと回想している。しかし、五一年五月八日に行われた戦後財政史に関するヒアリングの記録では、敬三は「大臣就任の当初でありましたが、私の宅で山際さんと二人きりで話したとき、いわゆる財産税が持ち上がりました。そして、財産税を徴収するということが果たしてできるかどうか、この点に非常な疑いを持ちつつ話をした記憶があります。

しかし、これを一つ研究してみようということになって、池田勇人（当時主税局長）に話してみました」と証言している。[39]半年ほど間にもかかわらず、敬三の記憶には微妙な違いがある。

また、前述の敬三の手帳には、一〇月二五日に「主税局」、二六日に「主税局長」との記載がある（ただし、二五日主税局は横線が引かれているので取り消された予定の可能性がある）。[40]これが財産税関係の会合だとすれば、敬三が一一月初めとしている構想の発端は、一週間ほど前になる。その後一一月一一日に「次、計、税、金、外、貯、房、木」の記載があり、これが大蔵省主要ポストの会合だとすれば、この時点で前記の五カ年計画や財産税構想が論じられたと推測することもできよう。

この財産税構想についてもっとも詳細な証言を残している渡辺喜久造は、一〇月二四日に主税局に異動になったが、その時には財産税についての「第一案」というべき構想（法人及び個人の財産税と個人の財産増加税）ができていたという。[41]従って事務当局ではすでに検討が進んでいた可能性があり、その構想と渋沢の独自の着想が一致したものか、あるいは、就任要請直後に山際次官と徹夜で話し合ったときに、期せずして一致した財産税の徴収によって財政のバランスをとるという考え方に従って、二四日までに主税局で財産税構想の第一案がまとめられていたことになる。敬三自身が財産税の発端を一一月初めとしていることを尊重すれば、前者の可能性、つまりこの構想に敬三の主導性は大きいとは考えにくいということになろう。これに関連して、『渋沢敬三』に収録されている山際の「談話速記」（下、三四四頁）によると、山際が財産税構想について、あらかじめ池田に財産税徴収の可能性を打診した後、「それで一応の筋書きができたから、それを持って私は渋沢さんの所へ話しに行ったわけです。渋沢さんはしばらく考えておられたが反対ではなかったですね」と話している。山際の側の証言も一貫していないのであるが、この証言では、着想は山際の側にあり、山際が渋沢に財産税への取り組みを促したことになり、ここからも敬三が主導していたとは考えにくい。先の「期せずして一致した」という山際のことばは学校時代からの先輩でもある敬三への配慮ではなかったと感じられるのである。

ただし、これ以上推測することは危険であろうから、今後、他の資料ともつきあわせて検討すべき課題である。重要なことは、渋沢敬三が大蔵大臣として、財産税構想にゴーサインを出し、その推進役となったことであった。構想それ自体が多くの反対をよびそうなものであったから、大蔵省の官僚たちが如何に必要と考えていたとしても、敬三のような人物を得なければこれを推進することは難しかったと考えられるからである(42)。

一一月一七日、敬三は伊勢神宮の参拝への車中で記者会見を行い、財産税や軍需補償問題について概要を明らかにし、それから一週間後の一一月二四日、GHQは覚書を発表し、戦時利得徴収のための租税措置を承認するとともに、軍需補償については、必要な立法措置が実施されるまで「軍需資材の生産供給に基づく債権、戦時損害、または軍需工場建設転換に基づく債権」について一切支払をしないとの方針を明らかにした(下、七七三頁)(43)。

その後、財産税構想は、課税上の技術的な問題にかかわるGHQの反対で一時頓挫しかけたが、渋沢大蔵大臣が職を賭してGHQと交渉して了解を取り付けることになった。この技術的な問題とは、現預金の捕捉をどのように行うかであったが、これについては山際次官が「無記名債券、現金に証紙を貼る案」を提示して打開を図った。そして、この証紙をはるという手法が、翌年の金融緊急措置に転用され、インフレ対策の主軸となっていくことになった。

ところで、一九四五年一二月三日の帝国議会衆議院予算委員会で昭和二〇年度追加予算に関連して「我が国財政の前途」に関する「所懐」を渋沢敬三は大蔵大臣として明らかにしている(44)。大蔵大臣は通例では、本会議で「財政演説」を行うが、議会の会期・解散などの事情があって渋沢大蔵大臣の財政演説は行われていない。それに代わるものがこの時の「所懐」ということになろう。

この「所懐」の冒頭で渋沢大蔵大臣は、敗戦後の日本が経済力消耗、広大な資源地帯の喪失、物資と通貨の不均衡（とくに食糧燃料の危機的情況）などに直面していることを指摘し、「我々国民は此の実情を直視し、此の際国を挙げて自力更生の精神を奮起し、凡ゆる努力を社会及び経済秩序の破綻防止に凝集し、進んで経済活動を促進せねばならぬと存じます、而して是が為には食糧及び燃料の確保増産、就業意欲の増進、民需品の増産方策等と共に、通貨価値の安定及び財政収支の均衡の回復方策とを併行致しまして、総合的に且つ強力に実施する外は途がないと考へられるのであります」と基本的な認識を示している。

そのうえで、「財政の現状及び見透し」については、「戦費の大部分を日本銀行引受の方法に依る赤字公債の発行」によってきたため租税収入比率が低いことから、「此の際徹底的なる構想の切替へを行ひ、革新的な手段を講ずるにあらざる限り、今日までに累積しました所の巨額の公債の処理は愚か《ママ》、今後赤字公債は更に累増致しまして、赤字公債の利子を赤字公債を以て賄はざるを得ない、延いて其の状況は循環的且つ破局的に累進しまして、国家財政を破綻せしめ、悪性『インフレーション』を昂進し、凡ゆる社会経済秩序を崩壊せしめるに至る虞が極めて大きい」と警告した。

そこで当面の措置として、昭和二〇年度予算については、価格差補給金や補助金の徹底的な見直しと行政整理を行うこととしたこと、しかし、それでも来年度以降には戦災復興費、食糧増産対策費、引揚邦人援護費などの歳出増加要因があることから、財政収支の均衡には増税が必要との判断を示した。

このような判断は、「国民経済的観点」からも次のように説明されている。

今日我が国民の財産総額は……仮に四、五千億円と推定致しますれば、其の中相当の部分は国債の累積等に基く、謂はば物資の見合ひなき財産と考ふべきものであると思はれる。……敗戦の結果国民経済全体と致しましては非常に貧困を極めて居るにも拘りませず、国民各自の懐ろには札が溢れて居ると云ふ矛盾せる現象となつて現はれまして、斯かるだぶついた札は絶えず物価面を攪乱し、闇価格を吊上げ、経済秩序を脅かして居る。

したがって、民需品の増産と通貨吸収が不可欠であり、そのため「政府と致しましては此の際、一面所謂産業経済の民主化を図りまして、経済振興の基礎を作りつつ二つの新税の設定、一回限りの課税をなしまして大凡千億円程度の歳入を得まして、之に依つて巨額の国債を銷却し、通貨価値の安定を図る」ことを考えているとされている。この二つの新税が戦時利得税と財産税であった。前者の目的は、「要するに戦争に基きまして極めて偏頗に発生せる利得を払拭することに依りまして、平和的、民主的勢力を助長すると共に、財産税と相竝びまして財政再建の基礎を置き、『インフレ』対策の根本を確立し、諸般の建設工作の出発点たらしめんとするもの」であり、後者の「財産税は専ら『インフレ』の防止及び財政経済再建を目的とするものであります」としている。(45) そして、この財産税の賦課のために、「現金を課税の対象と致しますに付きましても、新様式の日本銀行券を発行致しまして、現銀行券と強制的に交換せしむる措置を講ずる所存」と新円への切り替えがはじめて表明された。

他方で、「財政の破綻を防止する等の為め、……戦時中の一切の債権債務を破棄すべしとの提案」については、「軍需企業等に対しまする適正な補償を実行しまして、今まで混迷の姿であつた経済界に據るべき所を与へ、平和産業に転換し得るものは勿論、時には部分的に切離しても出来るだけ速かに其の方向に発足せしむべき」との判断を示し、軍事補償を行うとの方針を明らかにしていた。具体的には、厳格な査定に基づく補償を行うこととし、補償金額は「日本銀行に於きます所の封鎖勘定に預金」させ、「民需品の生産等の為の資金と致しまして必要なる額の封鎖解除を行ふ為に適切な措置」をとり、通貨膨張を回避しようとしていた。それは、これらの財政再建のための措置が、「立場を変へて申しますならば、即ち物価秩序再建の問題」という認識をもっていたからであった。

物価は「生産、輸送、配給、労務、貿易、賠償等国民経済の凡ゆる問題の総合的な指標」であり、経済の混迷混乱状態が物価問題として噴出しているとも説明されていた。

軍需補償については、「国家が大きなうそつきになるのはよくない」と考える一方で、財産税では「国家ノ未曾有ノ困難ニ際シ資産ヲ有スル人々ニハ夫々其ノ分ニ応ジタル寄与ヲ願フ」（下、七七八頁）というのが渋沢大蔵大臣の下での財政再建の基本方針であった。

しかし、財産税によって一〇〇〇億円の税収を得て財政再建の基礎を固めるとの構想は、一九四五年一二月に初めに提出された追加予算案、戦後財政五ヵ年計画案が国会の解散によってタイミングを失い、当初の構想から見ると大きく縮小された形で実現することになり、他方で、軍需補償については一九四六年五月に全面的に打ち切られた。

財産税の審議が議会の機能不全によって行われないまま、換物運動などが強まったことや食糧不足の深刻化からインフレが進行し、一九四六年二月一六日に政府は緊急勅令により、金融緊急措置令・日本銀行券預入令・臨時財産調査令を公布、即日施行した。その具体的な措置は次のようなものであった。

（一）昭和二一年二月一七日現在の全金融機関の預貯金を封鎖し、その払出に一定の制限を設ける。

（二）十円券（二月二二日五円券を追加）以上の既発銀行券、すなわちいわゆる旧券は二一年三月三日以降通用力を失う。

（三）旧券は二一年三月七日までに金融機関に預け入れしめ、（一）の預金と同様に取り扱う。

(四)　新様式の銀行券、すなわち新円券を二一年二月二五日から発行し、三月七日までに一定金額を限り旧券と引換を認めるほか、(一)の預金の払出も新円券によることとする(下、七八〇頁)。

この新円券の製造量不足をカバーするため、財産税の実施にかかわる方策としてかねてからGHQの承認を得ていた証紙を貼付した旧券(S券と称す)を新円券として通用させることになった。新円切り換え、預金封鎖という措置は、渋沢大蔵大臣が山際以下の大蔵省首脳部と推進してきたインフレ対策とは、異なるものとなった。一九四六年一月四日の公職追放令によって山際次官が追放となって信頼できる女房役を失っていた敬三は、事態の急展開に対して、方針転換を呑み込んだようであった。この点について、敬三は次のように回想している(46)。

新円切り換え（大蔵大臣室、昭和21年3月、渋沢史料館提供）

とにかくまだ議会はそのままで、あの時の議会の構成員で行くつもりでした。……そうしておるうちに一月四日(昭和二一年)にパージが行われて、そうして議会というものがなくなっちゃった。総選挙すると来た。それで財産税というものがたな上げを食っちゃって、議会できめられなくなっちゃった。この法案は次の総選挙で成立した議会においてきめるべきものだということになった。その時にぼくはよしちゃった。だから変なものなんですよ。しかも最初に申し上げたように、一月、二月になると食糧事情が逼迫するし、どんどんインフレーションの気構えが強くなって来た時分です。それで西原（直廉）君とか愛知（揆一）君とかが非常に心配しましてね。そのうちに大蔵省の官僚の中には、単なる通貨の切替という要素のほかに、この封鎖というものを利用して、つまり月五百円ベースというものを置いて、五百円生活という運動を起して、だれでも五百円以上使えないようにする。そうしてこの逼迫した食糧事情を切り抜けようというアイデアが混入して来た。これは確かですよ。初めはそうじゃなかった。しまいにその色合いが強くなって来た。少くともそういうことによって食糧を切り抜けようという考え方が、相当濃厚になりましたね（下、七八一頁）。

なお、渋沢大蔵大臣は「金融緊急措置等の発動に就いて」を『財政』一九四六年三月号に発表し、財産税の徴収は根本的な対策として「断固推進する」との決意を表明しつつ、目前の「悪性インフレ」に対処するための非常措置が必要であると、金融緊急措置の断行を説明している。そして、この悪性インフレという大病を克服する荒療治にあたり、「全国民諸君、農村と都市と、産業界と金融界と、企業者と勤労者と、将又老若男女とを問わず、挙げて耐乏と努力とに依って此の闘病に打ち克ち、以て明朗にして健全なる我国経済の快復と発展とを期そうではないか」と呼びかけた(47)。

こうして国民に対しては「五〇〇円生活」が強制されることとなったが、一連の通貨緊急措置は、物価面における対策を除いては、それに並行する総合的な対策が有効に行われなかったために効果が薄かった（下、七八三頁）。

4　財閥解体措置

話は前後するが、大蔵大臣就任直後の渋沢敬三は、GHQの求めた財閥解体措置にかかわることになった。前述の日本銀行での大蔵大臣挨拶でこの問題について敬三は、次のようにふれている。(48)

財閥は先方としては何うしても打倒する意向である。而も其の覗ひ方が極めて巧妙である。先つ安田を落し次いで三井を降しそれから三菱をやらずに大阪の住友に飛んだ。三菱は之に対するテンポが遅く斯様に個々バラバラにやられては非常に困るので三菱には何とかスピードをかける様に話して置いた。所が偶々吉田外相の談話があり其が誤伝されてマッカーサー司令部から厳重な抗議が出た。其處には蘇聯が日本管理に喰入ろうとしてマッカーサーは未だに財閥一つ片附け得ないと非難するのに対し、米国は蘇聯を入れまいとする事情から出て居る点もある。兎も角其の為に大蔵、商工両大臣の財閥問題に関する聲明と言ふのを為さざるを得なくなり、あの聲明が出た訳であるが甚だダラシのない話で残念に思ふ。全体として政府に於てポツダム宣言に基くプランが出来て居ればもっと巧く行く可きものが日々の現象に追われて末端で紛議を醸して居る。

財閥解体の自発的な措置が三菱がネックになって進んでいなかったのである。三菱の岩崎小弥太は、「総司令部は財閥は過去を反省して自発的に解散せよといふが、三菱は国家社会に対する不信行為は未だ嘗って為した覚えはなく、また軍部官僚と結んで戦争を挑発したこともない、国策の命ずるところに従ひ、国民として為すべき当然の義務に全力を費したのであって、顧みて恥づべき何ものもない。況んや三菱は社会に公開せられ、一万三千名の株主を擁してゐる。自分は会社に参加せられた株主各位の信頼に背き自発的に解散することは信義の上からも断じて為し得ない」と主張していた(49)。

こうしたなかでGHQのクレーマー経済科学局長は、三井を除く安田、三井、住友の三大財閥の解体を公表すると敬三に伝えた。これに対して敬三は、「びっくりして、三菱はどうするか、まだ手をふれていないと言うのです。ちょっと待ってくれ、幣原内閣の幣原さんは、三菱の親類だ。三菱だけ抜かしてあと三大財閥が自発的だということでは、国民が承知せぬだろう。幣原内閣としては、依怙贔屓したように見える」と困惑した。そのため「小弥太さんと児玉謙次さんとは前から懇意で、児玉さんが終戦連絡事務局の総裁をしておられたから、児玉さんに会って、一つ勧告してくれ、そうしないと事は厄介だ。それで幣原さんなり、われわれの意をくんで、熱海でヘルペスという病気で寝ておられるところへ児玉さんが行かれた。［最終的に小弥太は］しょうがないかも知れないが、アメリカ人に言われてやるのはいやだ、大蔵大臣でも言ったら考えようという話である。弱っちゃって、君一つお見舞に行っておやりなさいということになった、そこで行ったわけだが、大蔵大臣が言うならよかろうということになって、三菱も入っちゃった(50)」と回想している。

熱海で療養中の小弥太を訪問した印象を残すが、この点についての敬三の証言も一九五一年五月当時のものとは少し異なっている。大蔵大臣に言われたのであればという点までは一致しているが、五一年五月の証言では、「そんな話ならばいつでも大蔵大臣に会いに行く。病気だけれども、そう悪いわけでもないから、出て行く」と返事してきたので、三菱の社長室で会うことになったと語っている。そのやりとりは次のようなものであった。(51)

小弥太「君どうしたんだ」

敬三「これこれこうだ。しょうがないじゃないか。ここに来てぐずぐずすると、変なことになる。やることは悪いけど、そう決まった以上は、何といってもなるのだから、変に荒立てたってしょうがないから、やりなさい」

小弥太「君がやれというならやる」

敬三は療養先の熱海から上京した岩崎小弥太に東京の三菱本社で会い、財閥解体への同意を取り付けた。一〇月二四日のことであり、その日、敬三の手帳によれば小弥太に会った後、クレーマー局長や「財閥首脳者」とも会談したことが記録されている。これが財閥解体措置が実施されることになる最初の大きなステップであった。小弥太は一〇月二九日に病状が悪化して入院し、一二月二日に他界した。上京して大蔵大臣の説得を受けて同意するという小弥太の行動は、筋を通して財閥解体措置を受け入れるための、最期の命がけのものであったことになる。

こうして渋沢敬三大蔵大臣は、直接所管事項ではなかったが、財閥解体の推進に一役買うことになった。

他方で、渋沢家の事業はその内実から見れば財閥というべき性格のものではなかったが、財閥の指定を受けた。何らかの対応をとれば財閥解体措置を免れる可能性もあったが、敬三は、大蔵大臣としての立場から誤解を招くことを嫌い、とりたてて対応策もとらず、そのまま放置しておいた。財閥解体に不賛成ではなかったことがその背景にはあったと伝えられている（下、七八七頁）。

なお、大蔵大臣として敬三は、このほか文教予算の復活や軍人恩給の打ち切り問題などにも関わり、とくに前者では積極的に研究予算の復活を主導した（下、七九〇～七九三頁）。

その後、一九四六年四月一〇日の総選挙の結果、幣原内閣が二二日に総辞職し、渋沢敬三も辞任することとなり、五月二二日成立した第一次吉田茂内閣の大蔵大臣に就任した石橋湛山に職を引き継いだ。その直後、渋沢敬三は公職追放となった。軍事補償の打ち切りはこの石橋大蔵大臣の下で実行された。

三　金融制度調査会会長として

公職追放は、一九五三年三月に解除された。その間、敬三は、財閥解体措置に加えて財産税のためにそれまでの居宅を物納し、その邸宅の一隅にあった執事が住んでいた小さな家で暮らした。追放解除後は、国際電電の初代社長に就任したほか、国際商業会議所国内委員会議長などを務めた。これらについては本書第4章でふれられているので、本章では戦後史のなかでも重要な意味を持つ日本銀行法改正問題についてふれておきたい。この問題に就いて、敬三は金融制度会長として対立する意見の調整役として難しい立場に立たされることになった。

1　日本銀行法改正問題の背景

占領期から戦後復興期には、GHQの信任を背景として日本銀行は、一万田尚登総裁のもとで金融政策における自律性を保っていた。制度的にも、その独立性を保証するために政策委員会の設置を定めた日銀法改正が一九四九年に実現していた。これについて『日本銀行百年史』は次のように説明している(52)。

占領期間中、政治・経済その他いっさいの問題とともに金融政策の運営も連合国最高司令部の統轄下におかれたが、中央銀行としての本行に対する最高司令部の信頼感は極めて高かったので、当時占領行政は日本政府を通ずる間接金融統治方式がとられていたものの、通貨・金融の問題に関しては、しばしば政府を経由することなく、直接本行総裁の意見を徴求し、これを尊重した。このような事情を背景に、当時の民主化の風潮のなかで、政府ないし大蔵省に対する本行の位置は著しく高まり、金融政策運営上も高度の自主性を保持した。この点既述のように、戦時期において本行が行政機関化するなかで、政府・大蔵省に対する地位が著しく低下していたのと対照的な事態であった。

こうしたなかで、鳩山一郎内閣の大蔵大臣となった一万田は、一九五五年一月に日本銀行法の改正に意欲を見せる財政演説を行い、翌五六年六月に政府は金融制度調査会を発足させた。同調査会は、その検討課題の一つとして日本銀行制度の全面的再検討を取り上げることになった。日本銀行総裁として公定歩合操作など日銀の自主性・自律性を発揮して、さらに産業向けの資金配分に関しても日本銀行中心の調整を推進していた一万田は、立場を変えて大蔵大臣として大蔵省の金融政策にかかわる権限強化を図ろうとした。これは一万田の考えというよりは当時の大蔵省の基本的なスタンスであったと考えられる。日本銀行の強い権限に批判的であった大蔵省では、一九五四年五月に小笠原蔵相が「政府に非協力という理由」[53]で一万田総裁の辞任を求めていた。これに反発した一万田はその職にとどまったが、この日本銀行総裁更迭問題は、一万田の大蔵大臣就任によって自然消滅し[54]、新大蔵大臣として一万田は大蔵省の考え方に沿って日本銀行法の改正に乗り出したのである。

一万田の後任として石橋内閣の大蔵大臣となった池田勇人も、経済問題に対する考え方では一万田と距離があったにもかかわらず、石橋内閣の公約となっている積極政策の推進のために、国際収支や通貨安定などの視点から慎重な姿勢を見せる日本銀行に批判的であった。また、一九五五年頃から産業資金の配分に関しては、日本開発銀行などが財政投融資資金を基礎に長期資金を供給していることに対して民間金融機関から「財政投融資の見直し」が求められるようになった[55]。民間金融機関は、預金吸収によって融資能力を高めていたことを背景に、政策金融機関は質的に重要な分野にとどめ、量的面は民間銀行融資に委ねるべきだと主張し、これに関連して日本銀行の役割についても見直しを求めていた。

こうして財政投融資を基礎とする長期資金供給については、「質的補完への転換」が推進されるようになるとともに、前述の池田勇人大蔵大臣の批判を受けて公定歩合操作についても、形式的には日本銀行の決定事項であるが、実質的に大蔵省の所管事項になったといわれる[56]。実質的な変化が進むなかで、大蔵省の狙いは、日銀政策委員会を廃止し戦時期に制定された日本銀行法に規定された広汎な権限を再確認しようとする側面が強く押し出されることになったが、同時に戦時色の強い「目的規定」の改正や準備預金制度の導入などの新しい時代に対応できる制度改革を含んでいた。金融制度調査会による検討経過については『日本銀行百年史』に詳しいので、それに譲り、以下ではこの金融制度調査会会長となった渋沢敬三がどのような役割を果たしたかに関心を集中する。

2　金融制度調査会の発足

一九五六年七月、金融制度調査会会長に渋沢敬三が就任した。日銀総裁、大蔵大臣を歴任したことから、対立が予想される大蔵省と日本銀行との間の調整役が期待されていたと思われる[57]。実際の審議に向けた動きは翌五七年五月には新聞報道で六月から審議開始の予定と報じられ、実際には八月初めに第一回会合が開かれることになった。したがって会長就任から一年ほどは一万田蔵相の下で進められるはずの金融制度調査会における中央銀行制度の審議は着手されなかった。金融制度調査会では、準備預金制度および預金者保護に関する制度の審議を優先し、中央銀行制度の検討は一年間持ち越されていたからであった。(58)

もっとも日本銀行は日銀法改正が問題になることを前提にすでに準備を始めていた。この当時の日銀総裁は、敬三が大蔵大臣時代の女房役であった山際正道であった。一九五六年一一月に総裁に就任した山際は、一九四二年の日本銀行法改正に際してその起草にあたっていたが、就任時の記者会見で「私は現在の日銀法立案の責任者であるが、今後の金融制度や金融政策がどうあるべきかということは、日銀政策委員をはじめとする日銀内部の人とよく話し合って考えたい」と表明していた。(59)そのため、高梨理事を中心に内々検討を開始していた日本銀行は、五七年一月にそれまでの事務改善調査室を改組した特別審議室を置いて日本銀行法改正について独自の立場からの検討を進めた。「日銀の内部の人とよく話し合って」ということは、こうした日銀内部の意見に添うことを意味した。山際総裁は自己の立場を明確化していた。

一九五七年八月に審議を開始するにあたり、金融制度調査会は日本銀行法、銀行法、金利調整法の三つの委員会を設けて委員会別に審議を行うこととなっていた。(60)このうち日銀法の改正については、専門委員会を置いて九月から中央銀行制度に関する諸資料の収集作成を進めた。この委員会に提出された大蔵省側作成資料では、①中央銀行の目的、②通貨信用の調節、③中央銀行の中立性、政府と中央銀行の関係などを中心に制度の全面的な見直しを求めるものであり、それは中央銀行の金融政策を経済政策の一環として統一的に推進できるようにすることが強調された。[61] 中央銀行としての自律性・独立性を維持したいと考えていた日本銀行とは基本的に対立する点が多く、そのために審議日程に追われて「専門委員会は妥協して資料をまとめたといわれる」[62]。

専門委員会の資料とそこに内包されている対立状態を踏まえて渋沢敬三会長は、今後の審議を円滑に進めるために五七年一二月の調査会において特別委員会（中央銀行制度特別委員会）と常時企画委員会を設けることを決定した。[63] この検討組織再編の意図について、第一回中央銀行特別委員会（一九五八年二月二五日）における渋沢会長の説明によると、同委員会の審議に資するために企画委が資料を整備し「経過的なものでも随時各委員にお知らせしておいて、今まであるように、その回の少し前に、あるいははなはだしきに至っては、いらっしゃるとその前にある資料が置いてあって、さあどうだという、よくわからぬでそいつを大急ぎでそこで読みながら思いついたことを言うというような会でなくしたい」という意図に出たものであると説明されている。[64] 十分な実質的な審議を尽くしたいとの趣旨であった。

常時企画委員会は、五八年三月に大蔵省と日本銀行のそれぞれについて包括的な意見を求めることとし、下村治、松本重雄からの意見書が提出された。やや単純化すれば、大蔵省側の主張は「経済政策の統一性保持のためには、中央銀行を政府の最終的統制下におくべき」であるという点にあり、これに対して日本銀行側の主張は「通貨価値の安定が不可欠であり、……政府と中央銀行との関係は、チェック・アンド・バランスの考え方で行くべき」というものであった[65]。なお、これより先全国銀行協会では、市中銀行としての意見をまとめ専門委員会の審議に反映させるため公表していた[66]。

対立する意見について、特別委員会では立場の違いを強調しすぎるとの感想が数名の委員から出され「実際問題としてはどう考えているのか」との発言があったが、これに対して渋沢会長は、時間をかけて基本的な問題、実際的な問題についてあらゆる角度から検討していくことが大事だと強調していた[67]。

一九五八年五月三〇日に開かれた金融制度調査会特別委員会で渋沢会長は、開会にあたり「ようやく資料整備と問題点整理が終わったので六月から約一年がかりで本格的な審議を行いたい」と発言して、本格審議の開始を宣言した[68]。後日のことであるが、この点について、敬三は「これで解剖学の段階を終わり、これからは生理学的な勉強をする」段階に入ると表現したと伝えられている[69]。六月一二日に開かれた常時企画委員会での発言によると、今後の審議方針として、「①今までの史料をよく咀嚼して、その研究を続ける。これまでは医学で云うと解剖学にあたるものである。②そのような解剖学的な研究では物足りないので、生理学をやってみたい。戦後苦心して色々の施策をとって来たが、これを大きな目で振り返って眺めてみたい。そしてこの委員会で失敗史のようなものを書いてみたい」と発言している。渋沢敬三ならではの表現のように思われるが、そこに込められていたのは、日本銀行法、日本銀行制度という問題に関心が集中し、それについての理念や建前論に基づく日本銀行と大蔵省との対立関係を解きほぐすためには、金融の役割、財政の役割などについて実際の問題にも目を向ける必要があるということであった。「日本銀行だけを検討していたのでは判らない。もっと視野を広くして研究していきたい。……ちょっと考えてみても、政策委員会のあり方、国庫制度、公開市場操作、日本銀行の対象金融機関、長期金融の問題、生保・損保の発展との関係等非常に検討を要すべきことが多い。これらのことを全部やれば、生理的実態としての日本銀行のあり方が出て来る。そして法律はどうあるべきかを考えて見たい」と敬三は説明している。(70)

この方針に従って新設されたのが「実態調査小委員会」で、小委員長舟山正吉のもとで「日本銀行政策委員会、理事会の活動状況、窓口規制、高率適用制度の運用状況、経理の情況のほか証券市場、外国為替、国際収支、金融取引、産業資金等の問題について、日本銀行を始め大蔵省、市中銀行、地方銀行、証券会社等の関係者から説明並びに意見を聞」くなどして調査が行われた。この結果は、『日本銀行を中心とする戦後金融の実態調査』(71)としてまとめられることになり、日本経済の現状に即した金融の実態が検討の参考資料として供されることになった。

3　答申作成のための調整

こうしてその後約一年かけて問題別の審議などが重ねられ、必要に応じて小委員会を設けた詳細な検討が加えられた。その結果、五九年四月には中間報告がまとめられたが、その骨子は、「金融政策が時の政治の動きに不当に支配されることがないよう、日本銀行政策委員会を強化して、日本銀行の中立性を高めるべきだ」という方向性を打ち出すものであった。これには、審議会内部の意見だけでなく、経団連、全銀協、関経連、大阪商工会議所などの各種の経済団体から提出された意見が日本銀行の中立性を確保するために政策委員会の強化を要望していたことも反映していた。(72)

金融制度調査会は、五月二七日以降、①中央銀行の目的、②中央銀行の機能・権限および中立性などについて七回にわたりフリートーキングを行った。このフリートーキングの開始にあたり渋沢会長は、「此処まで参りましたんですから、どこまで行けるか、私自身確たる自信はございませんけれども、皆さんのお考えによりましては、一応まとめてみるということは無駄ではない、それが果たして成功するかしないかは今後の問題でございます」と意見集約に進む方針を明らかにした。(73)

六月末まで続けられた議論を経て、六月二八日に特別委員会は、起草小委員会を設けることを決定した。(74) 起草小委員会の委員長には舟山正吉が選ばれたが、舟山委員長は実態調査小委員会の委員長として小委員会報告に「日銀政策委のあり方にふれて執行部（理事会）と意思決定機関（政策委員会）を統合すべき」（カッコ内は引用者の挿入）との意見を盛り込んで注目されていた。(75)

この起草にあたって調査会において、渋沢会長と舟山委員から「従来の意見にこだわらず案を作成する」との意見が提出されたことは、それまでの審議経過から見れば極めて異例のことであったと言われている。(76) これより先、同五九年四月の報道によると、それまで金融制度調査会の審議に委ねる態度をとっていた大蔵省は、独自の立場からこの問題を検討し、秋までに成案を得るとの方針転換を行っていた。「大蔵省は小委員会報告が日銀の中立性を重視するあまり、経済政策において政府の果たす役割がふえつつある歴史的なすう勢を無視している点に疑問がある」という主張であった。[77] この動きに対抗するように日本銀行も四月二三日に日銀法改正問題に関する公式見解を井上副総裁名で公表し、前述の舟山小委員会（実態調査小委員会）報告における執行部と意思決定機関の統合論への批判を含めて、日本銀行の自律性を強化する必要性を主張した。[78]

七月下旬にインタビューに対して舟山起草委員長は「大蔵省の見解への安易な妥協は避けたい」としつつも、「立派な作文であっても、タナ上げされるような答申では現実味がなく、大蔵省がこの答申をもとに日銀法改正に着手できるような実際的なものにすべきだと思っている」と答えた。[79] この応答から、日銀の中立性など鋭く対立する問題について、ある程度妥協的、ないしは大蔵省の顔も立てた案が出ることは予想できたかもしれない。しかし、それまでの意見の大勢は、委員会の内外を問わず中立性の強化であり、大蔵省は孤立している感があったから、「従来の意見にこだわらない」というのは予想外の展開であったことは確かであろう。

ただし、『日本銀行百年史』に基づくこの記述については、この渋沢会長と舟山委員からの発言が起草に先立っての印象を与えている点に疑問がある。なぜなら、特別委員会の議事録には、このような発言があったことの記録は管見の限り見出すことはできない。また、新聞報道でも同様である。したがって『日本銀行百年史』の記述を裏付ける資料も、覆す資料もない。しかし、委員会速記録では一九五九年九月三日の冒頭の会長挨拶で、舟山試案の説明に先立って、この案について

「一種の感触」を持ったことから、それについて「今まで実は意見的なことはもうしませんでした。これはむしろ稲葉さんに封じ込まれて、何も言うなといわれておりましたから申し上げませんでしたが、ごく簡単に私自身の考えを申し上げてみたい」と発言し[80]、その後、一端速記を中止して発言を続けている。そのためにこの時に舟山案を支持し、これまでの審議経過から見るとやや方向転換とみられるようなとりまとめに関する考え方を示した可能性は大きい。つまり、起草にあたってあらかじめフリーハンドを得たのではなく、舟山案が固まっていく起草過程を見守りながら、敬三はとりまとめの方向について、一つの判断を下したのではないかと考えられる。

作成された舟山委員長の試案は、①政府の日銀に対する包括的な指示権を条件付きで認める、②日銀政策委員会は政策の決定だけでなく、事務の執行も合わせ行うものとし、日銀首脳と、広く学識経験者を委員に加える、③発券制度については特別の規定を設けないこととする、④日銀資本金を全額政府出資とするというものであった。新聞記事の解説によれば、「審議の途中で強かった日銀の中立性の強化論は、とくに①および②の点で後退、政府の発言権はほぼ現状通りに残される半面、政策委員会の改組、強化の点で、日銀の運営は現状より弾力的に、しかも強力に行われることになっている」と評価されている[81]。これは、大蔵省の「巻き返し作戦成功」と報じられた[82]。

舟山委員長は、とくに問題視された「指示権」について、経済政策という観点からは日本銀行の執行する金融政策だけでなく、より広い範囲をカバーしなければならず、これらの政策と日本銀行の政策が食い違った場合の「極限概念的な場合」を考え、指示権の発動の可能性がないかといえば

「ある」と答えざるを得ないとの判断にたっており、それは極めて少ないからこれまでの議論から外れるものではないと説明した。[83]このような説明があったとはいえ、舟山試案は、これまでの審議経過からみれば明らかに大きな方向転換に見えるものであった。日本銀行はもちろん金融業界からこの試案に対する反対が次々と表明され、新聞報道もいくぶん論調が変わるものもあったとはいえ、日本銀行の中立性が大きく後退したことについて疑問視する声が強かった。

九月初めに特別委員会に提出された試案は議論を経て修正が図られることになったが、結論を得るべく開かれた九月一〇日の特別委員会に参考人として出席した植村甲午郎経団連副会長も、堀武芳全国銀行協会連合会会長もともに試案に反対する意見を陳述した。渋沢会長は舟山試案を基礎に答申案をまとめようと努めたが、議論は平行線をたどったことから、同日の会議では結論を持ち越すこととなった。[84]こうした事態を受けて大蔵省は九月末には日銀法改正法案の通常国会提出を見送る方針を決定し、これを渋沢会長に申し入れ、渋沢会長もこれを了承した。「渋沢会長は、なお意見を聴いたうえで、いずれかの方法に決めて、なるべく早い時期に特別委員会を再開する意向である」と、国会提出が延期されたとはいえ、答申のとりまとめには、なお意欲的であった。[85]

一〇月末まで渋沢会長は各委員の意見を個別に聞き、「各委員の考え方がそれぞれ固まってきたので審議を再開、同調査会としての「最終仕上げ」に着手した。[86]この間、渋沢会長は、特別委員会の終了後に事務当局などの退席を求め、また速記も中止して出席委員間の率直な意見交換を図った。一〇月三〇日に開かれた特別委員会では、舟山試案の会長修正案ともいうべき案を示し、これを個別の論点ごとにではなく、「これは一つの統一的な考え方になっている案でありますから、統一体としてみるべきでありまして」とその修正案について全体的な視点に立った意見を各委員に求めた。この時、渋沢会長は最終的な結論を得るために多数決などの方法をとらず、「併記というか、あるいはどういうふうにするか我々の考え方にお委せ願って、それぞれご批判を仰ぎたい」とも発言している。しかし、この日の会合でも結論を出すことはできず、最終的には会長・副会長に一任の形で散会した。

渋沢会長は、特別委員会の審議を一〇月末で一応打ち切り、その後も舞台裏での調整工作を続けていたが、結局、一本化には成功しなかった。そのため、一九六〇年三月下旬に至り、金融制度調査会としては、対立点については二本立ての答申を行うことになった(87)。日本銀行の強い反発を宥和することはできなかった。この点について、渋沢会長は、「日本の現実がそうさせたので自然科学的には割り切れない」問題である。だから「答案としては不出来」なものだが、多数決という決め方もあえてとらなかったと説明したと伝えられている(88)。

こうして三月三一日に開かれた特別委員会において、渋沢会長から「答申前文」、「日本銀行制度に関する報告書要綱」が示され、前者を特別委員会報告、後者を「日本銀行制度に関する答申要綱」に改めて金融制度調査会に提出されることになった。問題の指示権については、指示権を認めるA案と議決延期請求権を認めるB案が併記されたものであった。金融制度調査会は、四月二一日に総会を開いてこの答申案を承認し、合わせて説明書を付すこととした(89)。

総会翌日の新聞報道によると、一本化ができなかったことの責任を感じていた渋沢敬三は、金融制度調査会会長を辞任する意向を表明した[90]。こうして三年余の歳月をかけて、長時間の会議を重ねた日本銀行制度改革にかかわる審議は、予定されていた「説明書」を一九六〇年九月に完成させ、完全に終結した。

答申を受けた大蔵省は、日本銀行法の改正については、国会提出を見送ることとし、その結果、明確な制度改革は行われなかった。答申内容に大蔵省が満足していなかったことがその背景にはあったという[91]。一九六〇年九月といえば、いまだ六〇年安保騒動の余塵が消えない時期であった。安保条約改訂反対を指導して支持基盤を拡げていた社会党は、金融制度改革に関しては日本銀行の中立性強化を求めており[92]、大蔵省の考え方に沿った法案を提出すれば、国会での紛糾は必至だとの見通しもあったからであろう。経済界では貿易為替の自由化が推進されており、自由主義経済体制を強化することに熱心であり、大蔵省の権限を強化する可能性のある動きに敏感になっていたという側面もあったかもしれない。しかし、結果から見れば、その後金融界は大蔵省の金融行政への依存を強め、日本銀行は池田内閣の経済成長路線のなかで金融引締措置に対する政府の反対を押し返す力を失っていったように見える。結果的には大蔵省の意向が実質的な制度のあり方に強く反映することになったのである。

繰り返しになるが、渋沢敬三は会長としての責任において舟山試案を基礎にして答申のとりまとめを図ったが、大勢を説得することはできなかった。敬三がどの程度の見通しを持っていたかは明確ではない。前述のように稲葉修三常時企画委員会幹事の助言があったことも影響して、特別委員会の審議のなかでは議事進行役に徹しており、審議の方向についての説明をするものの、滅多に自らの意見を表明しなかった。その代わりに出席委員に対してあまねく意見表明を求め、特定の議論に偏らないように努めていたようであった。そうしたなかで、日本銀行制度について理念的な議論に収れんしがちな議論を、日本経済全体を広く視野に入れて実態としての経済政策の機能のなかで見直すことを求めたこと、その実態調査作業を小委員長として担ったのが舟山正吉であったことを考えれば、敬三が舟山試案に同調することになったのも自然な流れであったかもしれない。日本銀行総裁として戦時色の強い日本銀行法の下で仕事をした敬三にとってみれば、そのような戦時体制の遺物を改める必要性は痛感していたようにも思われる。とすれば改正法案につながるような答申作成に意欲をもったことも十分に理解できる。もちろん、戦時下にインフレへの警戒感を表明して資金の効率的使用を要請した日本銀行総裁であり、戦後インフレに対して財産税を以て財政再建によって対処しようとした敬三が、通貨価値の安定についての認識が不足していたとは考えにくい。そうした問題認識があったからこそ、日本銀行に対する政府の指示権を認めるのは中央銀行の中立性を損なうとして、この一点に拘って答申全体に反対するのではなく、全体を見て考えて欲しいと特別委員会に求めていたのではないかと考えられる。それでも日本銀行などの原理的な主張を説得できなかったことは、調整役を期待されていた敬三にとっては残念なことであったであろう。しかし、これ以上敬三の心事を推し量ることはできない。

この時期の渋沢敬三について、大蔵省の谷村裕は、敬三の温厚な人柄にふれながら、「金融制度調査会の会長として、日銀法改正の問題などに取り組まれたときは、流石にニコニコしているわけにも行かなかったろう。それでも『みんな勝手なことばかりいってしょうがねえなあ』というような顔つきでよりにゆったりとしておられた」と回想している（下、二四七頁）。

おわりに――「歴史の立会人」渋沢敬三――

渋沢敬三が経済人として果たした主体的役割は何かと問いかけた時に、これに答えることは極めて難しい。公式の立場での発言はともかくとして、肉声の記録は少なく、与えられた職務を求められる職責に従って遂行しているという印象が強い。対応は概して受け身であり、何事かを推進するために主導的な役割を果たしたとまでは言い切れないからである。

しかし、その人物への信頼の篤さ、実業界を中心とした広い人的なネットワークのもとで、歴史の転換点で重要なポストに位置し、目前に展開する事態に冷静に対処していたことは確かであろう。そして、戦時期にはインフレへの警戒感を表明し、戦後財政の再建では大胆な財産税の実現に同意を与え、日銀法改正問題では、経済成長を志向する政策展開を重視して改正を推進する必要性を認識していたと考えることはできる。その限りでは、敬三は、時代の要請に対応した方向感覚は鋭敏であり、的確であったというべきだろう。その姿を第三者的な「立会人」と評価することが適切であるかどうかは、議論が残るであろう。しかし、昭和史の重要な転換点の渦中にある敬三の足跡を追っていくなかに見出すことのできるその姿は、自らの立ち位置すらも第三者的に見つめているような広い視野がある。銀行家として前章で見たように、資金の貸し手という立場からではなく、資金の借り手の都合や視線からも考えていた敬三は、国政レベルの問題でも同様に政策を立案実行する側だけでなく、それによって影響を受ける側までを視野に入れ、自らの立ち位置を外から観察するような志向を持っていたように思われる。そうした敬三の持つ第三者的なスタンスは、帝国銀行の設立、財産税課税などへの態度にも貫かれている。そこに見いだされる公正さ、公益性を優先する敬三のあり方は、祖父渋沢栄一の財界世話役としての役割を超える独自性を示すものではないかと考えられる。

資料1　昭和一九年四月部局長支店長事務打合会席上　渋沢総裁御挨拶要旨

『部局長支店長会議会計書類』（審査部）昭和一九年四月
本文中■の部分は日本銀行アーカイブによる黒塗り部分

此の度結城総裁の後を受けて私が総裁の重職に就くことに成りました。何卒宜敷く御願致します。今迄副総裁として仕事をして来た私でありますから此の更迭に因って本行の政策上著しい変化を生ずることはないのであります。御承知の如く私自身若輩であり経験に乏しくありますが、就任した以上一生懸命にやり度いと思ひますから皆様方にも御盡力を御願ひします。尚副総裁として今回谷口氏の就任を見ました。何卒宜敷く御願ひ致します。

御承知の通りの最近の情勢では支店長方全員に集って頂くことが無理になりましたので、今回は三回に分けて事務打合会を開くこととなった次第であります。会期も僅か一日でありますから従来の形式から離れて是非打合を必要とする問題からやって行き度いと思ひます。

戦局は愈々緊迫して来ました。欧州戦局も遅くも茲二、三カ月中に相当著しい動きを見せて来るでありませう。将来の情勢の変化を如何に判断するかは極めて困難な問題でありますが、我々としては各種の想定の下に夫々の対策を考えて置くべきでありませう。殊に金融当局者として此の点が極めて大切と考へられるのであります。日本の国力から言って今後は仲々容易ではない。今迄はストックがあってそれを食ってやって来たが現在ではそれがなくなって来ました。斯う云ふ情況の間にあって金融界としても種々考ふべき問題が多からうと思ひます。

我々国民としては此の際こそ正に宣戦の御詔勅に仰せられました通り各々の職場に落着いて其の本分を全うすべき秋であります。此頃の東京の模様を見ると疎開の為もありませうが何となく人の気持ちが落着かず、其の間無稽の流言が伝へられて憂慮すべき状態と考へます。我々としては努めて人心の安定を図る様夫々の地位に於て努力すべきであります。従来金融機関は一番嘘をつかぬ機関と思はれて居るのであります。其の点を上手に利用して人心の安定を図る様にし度い。金融機関から人心を不安定にする様なことがない様厳に注意すべきは勿論、積極的に人心の安定を齎す様に努力すべきであります。先般の鳥取の震災の時も金融機関の適切なる措置が人心の安定に寄与した所は大であった様に聞いて居ります。

日本銀行券の発行高も愈々百億円台が常態となって来ました。最近の通貨増加率は独、英、米に比し我国が最も多くなって居ります。今後空襲でも始まれば此の勢いは一層強くなることと思ひます。何も数字に脅える必要はありませんが、日本銀行として最も難しい時期に差掛りつつあることは各自が充分覚悟して居なければならぬ所であります。

非常時金融対策に付いては別に話がありませうが、既に相当以前から考究せられてゐた所でありますから各支店に於ても準備は一応完了して居ることと思ひます。唯融資命令関係で細かい手続の決定しない部分もあるやうでありますが、何れ決定の上通知せられるであります。結局最後のところになりますと支店長の判断に依る外途のない場合が生ずることと思ひます。殊に交通通信等の杜絶えた場合は一層困難な問題が起ることと思ひます。空襲等で通貨が沢山出る様な場合でも予想せらるる問題が所謂金融恐慌の場合とは性質が違ひ、金融機関の信用如何といふことでなく国民各自の現金需要に如何に対処するかに在るといふ点に留意せられ充分研究を願って置きます。

先般本行公定歩合を一部変更すると共に、[redacted]、[redacted]及[redacted]に対し貸付利率の調整を行ふことと致しました。其の主旨とする所は要するに公定歩合に於て軍需関係融資優遇の趣意を表明すると同時に、従前一銭一厘であった項目を整理して調整率適用の便宜に資し、一方多額の本行資金を継続的に使用する向に対し貸付利率の調整を行って貸付金が逐次蓄積資金を以て置き換へらるる様に仕向け、旁々世間の一部に於て疑念を持たれた様な過当の利益が生ずるのを抑制せんとするにあるのであります。従って今回の措置は時局下緊要なる産業資金の供給を抑制せんとするものでなく、又其の反面調整率適用先に対して国債消化割当を緩和する如き積りもないのであります。尚又今回の措置は本行の金利水準の変更を意味するものではないのでありますから、之が為め市中金利が少しでも高きに導かれる様な影響は無いと信ずるのでありますが、之等の諸点に関して一般に誤解のない様に各位に於かれても特に御注意の上前に述べました主旨に添ふ様市中金融機関の指導に御盡力願ひ度いのであります。

最近大銀行に対する本行貸出は常時相当多額に上って居ります。之れは軍需産業方面の資金需要が旺盛であることに主な原因がありませうが預金の伸びの思はしくないことにも原因があります。預金銀行としての性格からすれば預金に依り受入れた資金を以て国債の消化、産業資金の供給を行ふことが建前であり、継続的に中央銀行の信用に依存することは出来得る限り避くべきであります。預金の吸収には現在種々の困難が存しますが銀行としては凡ゆる手段を盡して其の増強に努力すべきでありませう。預金吸収に関して大銀行方面の今迄のやり方と云ふものは謂はば魚の居る所を狙って釣り上げてゐた様なもので網で全部的に捕獲するのとは異ってどうしても漏れるものが多かった。労力を掛けず大物を釣り上げんとする様な方法でありましたが、これではいけないと思ひます。地方銀行は之に比べると網で掬ふ様な工合にやって居た。今後は大銀行方面に於ても網を掛けて全部的に掬ひ取る様に預金吸収の方法を改むる必要があると思ひます。

通貨膨張対策としては右に述べた貯蓄の増強と同時に資金放出の側に於ける調節が必要であります。軍需会社の一部には政府の前払金制度といふ特典に狎れて資金の使ひ方が放漫に流れて居る傾向が見られます。斯る弊害の是正には制度として又運用に於て考究すべき点が多々ありまして金融の仕事を担当して居る者にとっては重要な問題であります。今度の軍需会社支払手形に対する本行貸出金利の引下も以て軍需会社の資金の使ひ方を更に緩かならしめやうとするものではなく、謂はば其の金融の方法を常道に持ち来さうとするものでありますから、此点は誤解の生じないやう指導せられんことを希望します。

今年初の軍需会社指定に伴って実施せられた軍需融資指定金融機関制度は、之に依り軍需会社と金融機関との関係を更に密接ならしめ且つ融資の方法を簡易化すると共に特に軍需会社の金の使ひ方を合理的ならしめやうとの意図に出たものであります。其の為には金融機関の側で親身になって会社の経理を考へてやるべきは勿論であります。之に関し私は本制度は普通銀行にとり軍需融資に関しては最後の線であると思って居ります。若し此の制度が行はれなかったならば恐らく軍需融資は他の機関に移行し普通銀行は唯資金吸収の機関にしか過ぎなくなって了ったであらうと思ひます。故に普通銀行も今迄の様にのらりくらりとやって居るのではいけない、本制度に失敗する様なことがあれば普通銀行は野垂死をして了ふのであらう、然るに大普通銀行の主脳部の中には之を恰も特権であるかの如くに考へて居る者があり、之れは甚だ認識の足らぬことだと私は密かに思ふのであります。それで此制度を大いに活用し大普銀がもっと国家的職能の中に融け込んで行かねばならぬと思ひます。

本行は政府と表裏一体の関係に於て専ら国家目的の達成を使命として運営せらるべき公共機関でありますから、其の業務が極めて公正に行はれねばならないことは申す迄もない所であります。併し乍ら本行の政策は権力を以て強ふるものでなく世間の信頼に下に行ふべきものでありますから、日常外部に接する態度に付いては単に公正であると云ふ丈では足りないのであって、充分に親切であり親心があって欲しいと思ふのであります。指導者の側に立つ者の態度は往々にして官僚的になり勝ちであります。戦局の緊迫に伴ひ経済事情は益々困難を加ふる際でありますから、統制を行ふ者は相手の身にもなって考へて懇切に指導することが肝要であります。此点各位に於かれては無論御如才のない所であますが、本行の政策を円滑に且つ効果的に行ふ為め今後共一層御留意を願ひ度いと存ずる次第であります。統制経済は或る意味で書類経済とも言はれて居る様に申請や報告の書類が甚だ多い。書類の審査を早くすると云ふことが必要であります。人手等の不足に籍口して仕事が早く出来ぬと云ふことは許さるべきではありません。

金融報国団の出来たのは御承知の通りであり、同時に「皇国金融人の誓」を一般金融界の人々に示した訳でありますが、之は始めは金融訓と云ふ名称であった。然し金融訓とすれば余りに上から下への訓示の様で面白味がない。今金融界の人は世の中より種々の点に於て軽く扱はれて居ることは何と云っても否めないことでありますから、そこで金融人の気持を力強く表明し自ら誓ふという意味、即ち下から盛り上る力としての意味で「誓」としたのであります。実は三月十二日に東京都下金融機関の職員七、八千人が集って大蔵大臣は勿論総理大臣にも出席して頂いて「誓」を高らかに唱へ尚出来得べくんば総理大臣より金融人に対し御褒めの言葉を頂き世間の金融人に対する見方を変へるやうにし度いと思ったのでありますが、偶々マーシャルの敢闘があり続いて大きな会合は許されなくなり且又日曜出勤が実施せらるることとなりましたので其の実行が出来なくなったことは返す返すも残念に思って居ります。今後適当な機会に日本銀行が中心になり之を実現し度いと思って居ります。各金融機関に報国団が出来てもそれが各々其の金融機関の自己擁護の為に働いて居る様ではいけない。横に緊密な連絡をとり同業一体の精神を昂揚することが願ひなのでありまして、この点を御考慮になって各金融報国団を指導して頂き度いと思ひます。今般日本銀行報国団が主となって東京都内金融機関の戦没職員の合同慰霊祭を執行することになりましたのも其の現はれであります。

私的生活は愈々切詰められ公の仕事は益々多忙を加へるので職員各位は洵に御苦労のことと思ひます。今日各方面で働く人々の能率低下を嘆く声を聞きますが、日本銀行の人は何と申しても他と比べて優れて居るのでありまして我々として日頃から感謝して居るところであります。今後共部下職員の公私両生活に対し充分配慮を加へられ戦時下御奉公に欠くるところの無いやう御指導を御願ひして置きます。

以上

資料2　渋沢大蔵大臣挨拶（昭和二〇年一〇月三〇日）

『部局長支店長会議関係書類（正）』（総務部）昭和二〇年一〇月

長い間日本銀行にお世話になりましたが其の間皆様から非常な御支援を戴き大過なく過ごすことを得まして厚く御礼申上げます。

戦時下の為私の在任中は度々支店長会議を開くことも出来ず残念に思って居りましたが、豫々今秋には皆様に御目に掛り親しく御話し度いと思って居た所でありました。特に戦災に遭われた支店に於かれては其の状況を伺ひ御奮闘に対し御礼を申述べ度い念願でありました。加之多少でも政局が安定しその閑が有れば戦災支店を巡り度いと心掛けて居た次第であります。然るに不図も内閣の更迭が起り組閣の大命を拝せられた幣原さんから入閣に関して呼出があり無論お断りする決心で出掛け一時間に亙りお断りしたが御聞入れがなかった。之は此の場限りのお話にして置いて戴き度いが、幣原さんも組閣の大命を拝せられた時に時局担当の自信が無いとて拝辞せられたが、陛下には現在時局を乗切り得る自信を持って居ると言ふ者が有らうか。何人も自信をもって居る者は無いであらうとの御言葉を賜ったので大命をお受けした次第であるが、畏多い事乍ら其の御言葉をその儘に貴方に御伝へすると言はれた。それでもお断りしようとしたが遂に御老体の御熱心にほだされて自分も大蔵大臣就任を御受けした次第である。実は御受けした後でもとんでもないことをしたといふ反省が益々強く起こって来る。兎も角私の大臣就任の経緯はそんな訳である。

就任後何分不馴れなことではあり暫く内部の事情等を色々と見聞して居たがマッカサーの司令部と我国の政府とが併存して居り中々難しい関係に在る。マッカーサーの司令部とても必ずしも統一されて居るとは言い難い。一部では日本を利用して対ソ戦に備へようとする者もあり、一部では日本が満州に於て為したと同じ様な意味で理想的な民主主義実現のテストをしようとする者もあり、又赤の活動を為さんとする者もある。本部と交渉する場合その当りはかなり軟いが末端では甚だ手厳しい。接する部面に依って夫々違って居る。然し根本的には米国の政策としてはポツダム宣言に依って定まって居る通りであり、それ丈けマッカーサー丈けでは出来ない所もあり其の背後にはトルーマン大統領が控へて居り、トルーマン大統領は又輿論に支配せられ或は蘇聯及支那等にも牽制せられて居る。更に其を強く動かして居るのが在日各新聞の記者であり多数の記者達が色々にアヂって居る。以上が現在の実情である。

内閣に入ってから一番先に感じたことは日本はポツダム宣言を受諾した以上先つそれに応じた根本的な方式が決定されねばならなかったのであるが未だそれが出来て居ないと言ふことである。それは前内閣に於て為さる可きであったかも知れないが、前内閣は復員といふ大事業を背負って居って無事之に成功された。今回の内閣員は何の用意もなく集まったものであり同志的な結合がある訳でもない。ポツダム宣言の大綱に基いた方針も判然と持って居ない。それには資料の不足、之が蒐集にも困難がある。日本が日本を解剖し認識することは極めて不充分であり、従って米国に対しても科学的に日本の現状を提示して居ない。そこへ米国はビジネスライクに事を運ばうとして居り面倒な問題が起って来る。問題は末端で処理せられつつあり、そこで議論が闘はされつつある。自分としては日本の現状を判然と先方に知らせ、之に基いて斯うして貰っては困ると言ふ風に伝へ度いと思ふ。

財閥は先方としては何うしても打倒する意向である。而も其の覗ひ方が極めて巧妙である。先つ安田を落し次いで三井を降しそれから三菱をやらずに大阪の住友に飛んだ。三菱は之に対するテンポが遅く斯様に個々バラバラにやられては非常に困るので三菱には何とかスピードをかける様に話して置いた。所が偶々吉田外相の談話があり其が誤伝されてマッカーサー司令部から厳重な抗議が出た。其處には蘇聯が日本管理に喰入ろうとしてマッカーサーは未たに財閥一つ片附け得ないと非難するのに対し、米国は蘇聯を入れまいとする事情から出て居る点もある。兎も角其の為に大蔵、商工両大臣の財閥問題に関する聲明と言ふのを為さざるを得なくなり、あの聲明が出た訳であるが甚だダラシのない話で残念に思ふ。全体として政府に於てポツダム宣言に基くプランが出来て居ればもっと巧く行く可きものが日々の現象に追われて末端で紛議を醸して居る。

もう一つ考へることは陛下の恩召に依り平和進駐を以て戦争が終結した為敗戦の感覚が充分に徹底して居ないことである。従って之を認識して居る者のみでやらうとしても必ずしも動かない。我国としては食糧難、失業等の問題が重要だったには違いないが、その間警察、情報宣伝等の問題には手が付かず、凡てマッカーサーに依って処理せられ国民としては何が何だか分らないと言ふことになって了った。マッカーサーとしては共産主義者は牢に入れて置く可きではない。出して大いに活動させればその反対も盛んとなるであらうと考へて居る。所が共産主義に反対する側の気勢が少しも揚らないので不思議に思って居る。併し彼の社会党等に対する認識は充分でない様である。均しく民主主義といふ言葉も米国に於けると日本に於けるとは似ても似つかない所がある。米国は大国としての誇り、民族としての自信を強く持って居り、基教民族通有の選民思想を持って居る。之に対し日本は本質的には完全に平等であり寧ろ時代に依り若干の変化が加わったものである。米国は本質的には階級的であり大衆的といふことと対蹠的な面を持って居る。斯様な点から言っても日本としては如何にしてアメリカナイズするか中々問題であると思ふ。

既にボツボツ資料も集まって居るが自分はマッカーサー司令部に好く日本の現状を説明して各種施策を活して行き度いと思ふ。問題は夫迄に時間が何れ丈けかかるか、その間カラカラと崩れないかといふ心配をして居る。私は日銀では呑気にして居たが財政の困難なことは多少知って居る積りで居た。所が実際諸計数を見て其の内容の余りにも悪いことに吃驚した。国が今にも崩れないかといふ感じで為に一週間位夜も眠れない程であった。日本を救ふ為には米国を利用しなければならぬ。而も食ふ丈けでは不充分で工業も興し、資金を獲得出来る様に日本を改造しなければならぬ。之が実行に付米国は日本の誠意を疑って居るので手取り早くは行かないが、私は相手の懐に飛び込む積りであって、其處迄行かぬと駄目だと思ふ。食糧の問題も中々困難で若し相当なクレディットが得られなければ餓死、従って重大なる国内問題を生ず可く、正に一か八かの状態に迫りつつある。

軍需企業補償の問題、在外資産の処理、数十億円に上る国債利払問題等何れも困難な重大問題で目下研究中であり、今の所何も言へないが研究の上方針が定まれば思ひ切って発表する積りである。軍需企業補償の問題に付て言へば其が全部インフレを起すものとは限らない。金融機関貸出等既にインフレートされた結果の尻拭ひである部分もある。兎も角此の問題は其丈けを切離して論ず可きではなく財政全体との関係に於て考へねばならぬ。賠償は未だ皆目分からないが財政として賠償を抜きにして辻褄を合わせることに努める考へであって賠償をも国民の負担に帰せしめることはその方法にも依るが全くひどい事になる。

日本銀行の支店長として各地で指導に当って居られる各位の御苦心は重々御察しする。之からの一般金融界の導き方は難しく辛くもあらうと思ふ。昔通りの説き方では得心せられないであらう。色々迷って居る向きもあらう。殊に警察力も軍隊も無い裸の日本となって了ったのであるから相当の問題だと思ふが何うか金融の面から破綻動揺を生じない様極力御協力を御願ひします。尤も諸会社の配当も中止させ金融も止って居る状態で中々難しい無理な注文かも知れない。配当の中止も補償の中止と共にマッカーサー司令部からの指示として出さうと考へたのであるが巧く行かず配当問題丈け大蔵省令を以て処理した次第である。

日本銀行でも人が殖えた様であるが之から真剣に能率を上げる様に努力して貰ひ度い。既に此處迄来て了ったら全国隈なく原子爆弾が落ちたと考へなければならない。海外の人々の身の上などと思ひ合せれば内地の人の考へ方は未だ甘いと思ふ。その辺好く呑み込んで居られるとは思ふが日本銀行だから特にといふ様な考へ方はされない方が好い。皆と一緒に或は相手の金融機関などに先んじて苦しむといふ考へ方が必要であると思ふ。

今日は財政に付て細かにお話しようと思ったが長くなるので止めることとする。私としては日本銀行を去ったことは心残りのことが多々あり皆様としても突然で吃驚されたことでせう。長い間御世話になったことを厚く御礼申上げます。同時に正副総裁共に日銀出身者から出られることは豫て私の望んでいることでしたが急に実現して喜ばしく存じます。何うか新総裁、副総裁の下益々の御努力を望んで已まぬ次第です。

（1）山口和雄「敬三の経済活動」、『渋沢敬三』下巻、渋沢敬三伝記編纂刊行会、一九八一年所収。以下、同稿からの引用は、単に（下、頁数）を本文中に挿入する。

（2）日本銀行法の改正について詳しくは、日本銀行百年史編纂委員会編『日本銀行百年史』第四巻、一九八四年を参照。また戦時の金融行政については、さしあたり、伊牟田敏充編『戦時体制下の金融構造』日本評論社、一九九一年を参照。

（3）第一銀行八十年史編纂室編『第一銀行史』下巻、一九五七年、二七一頁。

（4）「結城総裁開會の辞」『昭和一七年四月　部局長支店長会議関係書類』（審査部）日本銀行アーカイブ所蔵資料による。

（5）結城総裁と渋沢副総裁との関係については必ずしも明らかではないが、敬三は結城を評して「あれは非論理だね。たいした論理はなかった。あれはポリシー・メーカーじゃないと思うね」と回想している。引用は、前掲「渋沢敬三氏金融史談」三七五頁。

(6) 原資料は、「山際正道氏談話筆記」、『渋沢敬三』下、所収とされている。

(7) 渋沢敬三「全国金融統制会統制規定の趣旨」、『全国金融統制会報』創刊号、一九四二年八月（『日本金融史資料』昭和編第十巻、一九六四年所収）。

(8) いずれも『全国金融統制会関係書類』総務部、昭和一七年（日本銀行アーカイブ所蔵資料）、三二七頁。

(9) 前掲「渋沢敬三氏金融史談」三一三〜三一四頁。

(10) 前掲『全国金融統制会関係書類』三九七頁。

(11) 前掲『第一銀行史』下巻、三一七頁。

(12) 前掲「渋沢敬三氏金融史談」二九九頁。

(13) 八木慶和『日本銀行総裁結城豊太郎』日本図書センター、二〇〇七年、四二八頁。八木は同書で石渡の総裁更迭を日銀出身者を排除する意図に基づく大蔵官僚の「日銀乗っ取り」と評している。

(14) 「渋沢総裁挨拶要旨」、『部局長支店長会議会計書類』（審査部）昭和一九年四月。なお挨拶要旨の全文は、本章付属資料1として収録した。

(15) 原資料は、「渋沢敬三氏金融史談」、『日本金融史資料　昭和編』第三五巻、三二一〜三二三頁。

(16) 同右。

(17) 原資料は、深井英五『枢密院重要議事覚書』岩波書店、一九五三年、二一五〜二一六頁。

(18) 原資料は、吉野俊彦『歴代日本銀行総裁論』ダイヤモンド社、一九五七年、二九三頁。

(19) 前掲八木慶和『日本銀行総裁結城豊太郎』四二八頁。

(20) 渋沢雅英氏による手帳の書き起こしメモによる。このメモについてはこの作業に協力した神谷久覚氏からのご教示を受けた。

(21) 前掲「渋沢総裁挨拶要旨」、『部局長支店長会議会計書類』(審査部)昭和一九年四月。
(22) 同右。
(23) 『日本金融史資料　昭和編』第三三巻、八二四頁。
(24) 同右、三二巻、七二六頁。
(25) この問題についての現在の研究情況を踏まえた理解については、本書第三部の伊藤正直氏によるコメントを参照されたい。
(26) 原資料は、「渋沢敬三氏金融史談」、『日本金融史資料　昭和編』第三五巻、三一六頁。
(27) 銭幣館コレクションは、日本銀行金融研究所貨幣博物館の基礎となったものである。これについては日本銀行金融研究所編『日本銀行所蔵銭幣館資料目録』(一九九〇～一九九二年)などを参照。
(28) 前掲「渋沢敬三氏金融史談」三二三頁。
(29) 前尾繁三郎・渡辺喜久造講述「終戦直後の財産税構想と徴税問題」(戦時財政史資料)大蔵省官房調査課・金融財政事情研究会、一九五二年(東京大学社会科学研究所図書室所蔵)、二頁。
(30) 前掲「渋沢敬三氏金融史談」三二三～三二四頁。
(31) 同右、三一七頁。
(32) 原資料は、『大内兵衛著作集』岩波書店、一九七五年、第六巻、一九七～二〇一頁。
(33) 「終戦前後の財政秘話」、『ファイナンス』昭和四六年一二月号。
(34) 原資料は、『山際正道』山際正道伝記刊行会、一九七九年、三三九～三四一頁。
(35) 原資料は、前掲「渋沢敬三氏金融史談」三二六頁。
(36) この点については、本書第三部のシンポジウムに於ける浅井良夫氏のコメントに示唆を受けている。なお浅井氏は、大内教授の「蛮勇演説」について渋沢敬三が「仕掛けた」可能性を示唆しているが、ここではそれとはやや異なる通説的解釈に立っている。

(37)「渋沢大蔵大臣挨拶」、『部局長支店長会議関係書類（正）』（総務部）、一九四五年一〇月、日本銀行アーカイブ所蔵。

(38) 前尾繁三郎によれば、財産税については「昭和一三年に作った草案があり、また資料も残っていた」という（前掲前尾繁三郎・渡辺喜久造講述「終戦直後の財産税構想と徴税問題」三頁）。

(39)「元大蔵大臣渋沢敬三氏講述」（戦後財政史資料）大蔵省調査部・金融財政事情研究会、一九五一年（東京大学社会科学研究所図書室所蔵）、四頁。

(40) なお、関連して山口和雄「敬三の経済活動」には、大内の蛮勇演説以前に大蔵省内で大内の話を聞かせたことについて愛知揆一の証言を引用している。手帳に「大内」の名前があるのは、一〇月一四日で「大内、高田、官邸」との記載だけであるが、これがその会合を指すのかは明らかではない。なお敬三は、この演説が敬三と大内教授の会見直後のことであったことを証言している（前掲「元大蔵大臣渋沢敬三氏講述」一一頁）。

(41) 渡辺喜久造「戦時補償特別税・財産税について」（戦後財政史資料）大蔵省調査部・金融財政事情研究会、一九五一年（東京大学社会科学研究所図書室所蔵）一頁。

(42) 他方で、前述の前尾が渋沢と山際が徹夜で話して決定したと言われたと回想していることは、財産税構想について山際など大蔵省の一部で考えられていたものの、省内にも抵抗が予想されることから、山際の独自の案ではなく、渋沢敬三が大蔵大臣就任の条件としたと説明することによって省内の一致を図ろうとしたのかもしれない。

(43) 渡辺喜久造によれば、このGHQ覚書は一一月一六日に大蔵大臣から連合国軍最高司令官に宛てて終戦連絡中央事務局経由で「戦時利得ノ排除及国家財政ノ再建ニ関スル件」が提出されたことに対応したものであり、これによって法人についても戦時利得の排除が必要となり、財産税構想を中核とする税制改革が第一案から拡張された第二案への転換の契機となった（前掲渡辺喜久造「戦時補償特別税・財産税について」四〜五頁）。

(44) 衆議院予算委員会議事録による。なお同様の説明は一二月一三日に貴族院でも行われている。

(45) このほかに、継続的な財源確保のために、税制改正による「不動産、配当利子等資産所得に重課しつつ分類所得税を増徴すること、浮動購買力の吸収を図る為に酒其の他嗜好品等にも重課する、是等のことを眼目とします所の税制改正と、煙草の値上に依ります所の専売益金の増収等」が計画されていた(同右)。
(46) 原資料は、前掲「渋沢敬三氏金融史談」三二八頁。
(47) 渋沢敬三「金融緊急措置等の発動に就いて」、『財政』第一一巻三号、一九四六年三月。
(48) 前掲「渋沢大蔵大臣挨拶」、「部局長支店長会議関係書類(正)」。
(49) 岩崎小弥太傳編纂委員会編『岩崎小弥太伝』一九五七年、三五二頁。
(50) 前掲「渋沢敬三氏金融史談」三三〇頁。
(51) 前掲「元大蔵大臣渋沢敬三氏講述」四〇頁。
(52) 日本銀行編『日本銀行百年史』第五巻、一九八五年、四六七頁。
(53) 「日銀法改正の焦点」、『日本経済新聞』昭和五八年八月二八日。
(54) 日本銀行編『日本銀行百年史』第五巻、一九八五年、四六七〜四六八頁。
(55) この問題については、さしあたり宇沢弘文・武田晴人編『日本の政策金融:高成長経済と日本開発銀行』(東京大学出版会、二〇〇九年)を参照。
(56) 吉野俊彦の回想による(中村隆英・宮崎正康編『岸信介政権と高度成長』東洋経済新報社、二〇〇三年、一〇〇頁)。
(57) 「金融制度全般を再検討」、『日本経済新聞』昭和三三年五月七日。
(58) 金融制度調査会の審議経過については、「金融制度調査会資料」として印刷刊行されており、これによって詳細を知ることができる。確認できる同資料には、中央銀行制度特別委員会『中央銀行制度』一九五八年六月、同一九五九年五月、金融制度調査会『日本銀行制度に関する答申並びに説明書』一九六〇年一一月がある。また、特別委員会と企画委員会については、それぞれ以下のような議事速記録がガリ版印刷で作成されている。

すなわち、大蔵省銀行局『中央銀行制度特別委員会議事速記録』第一回～第四五回、金融制度調査会『常時企画委員会議事速記録』第一一回～第二三回（東大経済学部図書館所蔵分。なお、一部欠落がある）である。

(59) 黒田晃生「高度経済成長期における日本銀行の金融政策」、『政経論叢』（明治大学政治経済研究所）七八巻五号、四九四頁。

(60) 「日銀法練り直しへ」、『読売新聞』昭和三二年八月四日。なお前掲『日本経済新聞』の五月の記事では一九五八年一二月までに審議を終え答申を提出することが予定されていると報じられていたが、八月のこの記事では結論をえるまでに「かなりの時日を要する」とのみ報じられている。

(61) この対立については、新聞報道でも強調されており、翌年のことであるが「政府との関係がヤマ」、「政策委が目の仇の大蔵省」などの見出しで、ややセンセーショナルに伝えられている（いずれも一九五二年八月の『日本経済新聞』掲載の「日銀法改正の焦点」による）。

(62) 前掲『日本銀行百年史』第五巻、六二四頁。

(63) 前掲『日本銀行百年史』第五巻、六二四頁。

(64) 前掲『中央銀行制度特別委員会議事速記録』第一回、一九五三年二月二五日、二頁。

(65) 前掲『日本銀行百年史』第五巻、六二八頁。

(66) 「日銀法改正――市中銀行の意見」、『日本経済新聞』昭和五八年二月一八日。

(67) 前掲『中央銀行制度特別委員会議事速記録』第七回、一九五三年五月二三日、三七頁。

(68) 「日銀法改正問題を来月から本格審議」、『日本経済新聞』昭和五八年五月三一日。

(69) 「日銀法改正の焦点」、『日本経済新聞』昭和五八年八月二七日。

(70) 前掲『常時企画委員会議事速記録』第一三回、一九五八年六月一二日、三～四頁。

(71) 中央銀行制度特別委員会『日本銀行を中心とする戦後金融の実態調査』一九五九年。

(72) 「日銀の中立守れ――金融制度調査会が中間報告」、『朝日新聞』昭和五八年四月九日。このような意見にまとまった背景には「政府性悪説」的な見方が経済界などを中心に強いからではないかとの記事もあった（「金融制度調査会が中間答申」、『読売新聞』昭和三四年四月九日）。
(73) 前掲『中央銀行制度特別委員会議事速記録』第三四回、一九五九年五月二七日、一頁。
(74) 前掲『日本銀行百年史』第五巻、六三六頁。
(75) 前掲「金融制度調査会が中間答申」、『読売新聞』昭和三四年四月九日。なお、『日本銀行百年史』は起草小委員会の設置は六月二七日としているが、前掲『中央銀行制度特別委員会議事速記録』（九六～九七頁）では六月一三日の会合で舟山に起草委員を依頼することに合意している。
(76) これについては、前掲『日本銀行百年史』第五巻、六三六～六三七頁に、日銀の立場からの厳しい批判が記載されている。
(77) 「日銀法改正　大蔵省も取り組む」、『日本経済新聞』昭和三四年四月一八日、「いがみ合う日銀、大蔵省」、『読売新聞』昭和三四年五月二〇日、「日銀法の改正①」、『東京新聞』昭和三四年五月二〇日夕刊。
(78) 「日銀法改正　日銀発の公式見解」、『日本経済新聞』昭和三四年四月二四日。この見解について大蔵省は直ちに反論した（「大蔵省、日銀の主張批判」、『日本経済新聞』昭和三四年五月一三日）。
(79) 「ぐらついた日銀の中立性」、『産経新聞』昭和三四年七月二三日。舟山試案の詳細については、前掲『日本銀行百年史』第五巻、六三七～六三八頁。
(80) 前掲『中央銀行制度特別委員会議事速記録』第四二回、一九五九年九月三日、一～二頁。
(81) 「政策委を改組・強化」、『朝日新聞』昭和三四年八月一三日。
(82) 「日銀法改正の答申起草小委　きょう舟山試案検討」、『読売新聞』昭和三四年八月一日。
(83) 前掲『中央銀行制度特別委員会議事速記録』第四三回、一九五九年九月四日、一九頁。
(84) 「通常国会提出は困難」、『読売新聞』昭和三四年九月一一日。
(85) 「通常国会は見送り」、『毎日新聞』昭和三四年一〇月一日。

(86)「あす審議を再開」、『日本経済新聞』昭和三四年一〇月二九日。
(87)「二意見併記で答申」、『毎日新聞』一九六〇年三月二五日、「二つの意見を併記」、『読売新聞』一九六〇年三月二九日。
(88)「指示権で両論併記」、『東京新聞』一九六〇年四月一日。
(89)前掲『日本銀行百年史』六三九頁。
(90)「答申案に意見書」、『東京新聞』一九六〇年四月二二日。
(91)「日本銀行制度改正で答申」、『日本経済新聞』一九六〇年九月二一日。
(92)「蔵相の指示権認めず」、『毎日新聞』一九六〇年四月二一日。

第4章　渋沢敬三にとっての一九五〇年代

木村昌人

はじめに

本章は渋沢敬三の一九五〇年代における活動を分析し、敬三にとっての一九五〇年代の意味について考察するものである(1)。本稿の背景にある筆者の大きな問題意識は二つある。まず一九五〇年代のリアクション、「逆コース」、「揺れ戻し」とは、いったい何を意味し、どこへ向かっていたのであろうか。その中で渋沢敬三は戦後日本が目標とすべき社会をかつてのどの時代においていたのであろうかという点である。

アメリカの対日占領政策は米ソ冷戦の影響を受け変化する。すなわちアジアにも冷戦が波及し、一九四八年一月の「日本の非軍事化と経済自立」と題する米陸軍長官のロイヤル演説に見られるように、日本をアジアにおける共産主義の防波堤とする構想がワシントンに生まれた。またケナン

（米国務省政策企画部長）は、米ソ冷戦体制を前提とした政策ＮＳＣ13／2を提起し、トルーマン政権に承認された。

アメリカは日本経済の実情を調査した結果、日本の工業復興が経済の自立に必要であることを知り、財閥解体は緩和され、工業施設の撤去は中止となった。また労働組合の過激なストを阻止するため、公労法の改正が行われた。日本経済の安定に大きな効果があったのは、アメリカがＧＨＱを通じて日本政府に指令した「経済安定九原則」であり、またドイツにおいて財政再建に実績をあげたドッジを顧問として実施されたドッジ・ラインと呼ばれる緊縮財政金融政策とインフレ抑制策であった。さらに一九五〇年六月の朝鮮戦争の勃発により、政治的強化と日本の潜在的軍需生産力の活用が進められたのである。一方日本国内においても占領改革に対する見直しが始まる。このリアクションは旧勢力の復活につながるが、それは一九四〇年代への回帰を意味するものか、それともデモクラシーと国際協調を目ざした一九二〇年代への回帰なのか。これが関心あるテーマである。

一九四〇年代とは、ここでは一九四〇（昭和一五）年を頂点とし、総力戦を戦い抜くための国家総動員体制をさす。いわゆる「一九四〇年体制」と呼ばれる国家社会のシステムである。具体的には、①「日本型」の企業構造、②間接金融優位の金融システム、③「事業法」を通して民間の経済活動への介入を強めた官僚体制、④給与所得の源泉徴収制度導入などの財政制度、⑤「借地法・借家法」の改正により地主の権利を弱め、大衆社会を作った土地制度の五つが基本的条件である。(2)

次に、一九二〇年代、対外的には近衛文麿が指摘した「英米主導の国際秩序」の中で、国際協調の精神にのっとり、経済外交を進めていこうという考え方であった、国内的には限定的とはいえ普通選挙法に基づく選ばれた政党政治が実現し、デモクラシーが普及した。もちろん対外硬化は存在し、中国との関係は不安定であったし、一部の大都会を除いて地方は疲弊していたことを忘れてはならない。大正デモクラシー時代であった。一九五〇年代において、日本が講和・独立を達成した後に、占領政策における民主化に対してリアクションが起きたとされるが、それはどこへ向けてのリアクションなのかを問う必要があろう。これが筆者の大きな問題意識の一つである。

第二の問題意識は、公職追放該当者、とくに財界人の復帰がもたらした影響を探ることである。筆者は、全国の一一八市の商工会議所首脳に焦点をあて、公職追放の影響を探っているが、その結果から判断すると追放復帰後に勢力をとり戻す財界指導者は多い。従来の「公職追放は財界指導者の世代交代を促進した」という評価は部分的にはあてはまるものの、全体として考える場合にはケース・スタディの積み重ねが必要であると思われる(3)。

こうした二つの問題意識に立つと、渋沢敬三は興味深い人物である。渋沢については、民俗学・民族学の分野での著作が多いため、その分野では比較的研究が進んでいるが、経済人・政治家としての評価についてはあまり研究されてこなかった。つまり東条、小磯、鈴木、東久邇の四内閣で日銀総裁・副総裁を務め、幣原内閣で大蔵大臣に就任、その後、公職追放になった渋沢が公職復帰後、一九五〇年代にどのような活動を行ない、それをどのように評価すべきかということである(4)。

以下、敬三の経歴にふれた後、一九五〇年代の彼の活動を考察していく。そのうえで五〇年代の日本、とくに経済界で敬三の果たした役割を通じて、五〇年代の特色を浮き彫りにしたい。

一　渋沢敬三の経歴

一九五〇年代の渋沢敬三の活動を分析する前に、まず四つの観点から彼の経歴を紹介していこう。

1　渋沢栄一の嫡孫かつ後継者

敬三は一八九六（明治二九）年、明治・大正期に経済界の指導者として活躍し、「日本近代資本主義の父」と呼ばれた渋沢栄一（一八四〇〜一九三一年）の嫡孫として、東京の深川に生まれた。(5)

敬三の同年輩で戦後政財界で活躍した人物をあげてみると、

一八九四年（明治二七）年生まれ　松下幸之助
一八九六年（明治二九）年生まれ　岸信介　渋沢敬三　土光敏夫
一八九七年（明治三〇）年生まれ　藤山愛一郎　浅沼稲二郎　椎名悦三郎
一八九八年（明治三一）年生まれ　川野一郎
一八九九年（明治三二）年生まれ　池田勇人
一九〇一年（明治三四）年生まれ　佐藤栄作

などである。したがって敬三は、石橋湛山（明治一七）、吉田茂（明治一八）、石坂泰三（明治一九）、芦田均・片山哲（明治二〇）らより、ひとまわり若い世代といえよう。

祖父栄一にその才能を見込まれた敬三は、父の篤二が廃嫡になったため、家督相続人となり、巨大な渋沢一族の二代目を継承した。少年期より敬三は、生物学に興味を抱き、生物学者になることを夢見ていたので、銀行家になることには猛烈に抵抗した。したがって栄一が敬三を説得し、自分の後継者として銀行家の道を進むように承諾させるのに半年間もかかったといわれている。渋沢栄一という巨大な人物の後継者になったことは、敬三をして渋沢家の重みを担わせることになった。少年時代から栄一が目をかけ、かつまた敬三も祖父の影響を強く受けた。興味深いエピソードがある。中学時代のある日、栄一が書いた『慶喜公伝』の序文を、敬三は栄一の前で音読させられた。二〇〜三〇分読み進むうちに、敬三は突然嗚咽とともに泣き伏し、止めどなく涙が流れた。栄一の、主人徳川慶喜に対する思いやりの強さや、近代日本の歴史を正当に評価することに賭ける真摯な態度と意志に圧倒され、読むことができなくなったと回想している。この感動的なエピソードは、継承者としての敬三を考えるうえで重要である。これを見て、栄一は敬三がただの若者とは違い、自分の背負ってきた歴史を理解するだけの叡知と奥行きを持った人間であることを確信したことであろう。一方敬三も、自分が将来継ぐべき栄一という人物への尊敬の念を決定的なものにしたといえる。

一八歳の時、敬三は、人生の目標とする人物を二人採り上げ、小論を物にしている。一人は江戸時代後期、白河藩主として藩政改革に大きな成果を上げ、のちに老中として寛政の改革を実施した松平定信である。(6) もう一人は、一九世紀の英国を代表する銀行家エーベリー卿(Lord Avebury, Sir John Lubbock, 1834-1913)である。(7) 松平定信は、渋沢栄一が、徳川慶喜とともに尊敬した人物であった。一八七二(明治五)年東京養育院の創設時に、江戸町会所の七分積金を活用した栄一は、定信が一八世紀後半、町民に江戸の護る意識を育ませ、かつそれを支える資金積み立て方法を考えていたことに驚かされた。定信の著作や資料を読むうちに、栄一は、定信が道義を重んじ治世に尽力したことに感銘を受けた。栄一は、定信に関する資料を広く世に知らしめようとして、『楽翁公伝』の編纂事業を手掛け刊行した。さらに福島県白河市に定信を祀るため、南湖神社の創建に尽力した。若き敬三も、こうした定信の治世に対する真摯な態度と意気込みに感銘を受けたのであろう。

エーベリー卿は、銀行業の傍ら研究者として英国内外で活躍した。ダーウィンの進化論に共鳴したエーベリーは、考古学、生物学の分野で、自らの研究だけでなく国際的な学会活動を行った。(8) 銀行家と生物学者を両立していきたい敬三にとってエーベリーはあこがれの的であった。二人に共通していることは、銀行業を本業としながらも、学問を大切にし、幅広い教養を身に着け、実業と文化を結ぶステーツマンシップを持っていたことである。

このように中学時代より敬三は、渋沢家の中心としての自分の姿を模索していたように思われる。しかし、父篤二が廃嫡になり、正装した栄一から、後継者になるように懇請された時、敬三が大いに悩んだことは周知のとおりである。生物学者になる夢をあきらめ、どうしても好きになれない銀行家になることが一番の理由であったが、父篤二や叔父たちを差し置いて、栄一の後継者になることへの逡巡も大きかったのではないかと考えられる。

一九一五（大正四）年、栄一は渋沢同族株式会社を設立し、敬三は一九歳で社長となった。栄一と渋沢一族の存在はやはり若い敬三の重荷になった。その後父篤二と祖父栄一との関係がぎくしゃくし続けことも敬三にとっては悩みの種であった。篤二は、写真家としてすぐれた素質を持っていたが、栄一の実業を継ぐような性格ではなかった。一九三一（昭和六）年一一月の栄一の死後まもなく、叔母の穂積歌子、父篤二を相次いで失ったことは、敬三に、急性糖尿病で入院を余儀なくさせるほどの心労を与えた。栄一の後妻、兼子の生んだ兄弟や、尾高家、穂積家、阪谷家など親戚から受ける重圧の中で、敬三は苦しみながらも、同族会を維持したのである。

他方で、敬三が若いうちからこの巨大で複雑な家族関係を、栄一や穂積陳重・歌子夫妻に助けられながら経営していったことは、彼をして、若者らしからぬ深い思索、沈着冷静さとバランス感覚を育んだと思われる。財政金融家や財界のリーダーとしての敬三の人間としての幅を大きくし、栄一の実業の継承方法にも影響を及ぼした。

2　財政金融家

敬三の経歴の中心はやはり財政金融家である。一九二一（大正一〇）年に東京帝国大学経済学部卒業後横浜正金銀行へ入行し、ロンドン支店勤務を経て退職、第一銀行、東京貯蓄銀行の各取締役に就任する。一九四一（昭和一六）年には第一銀行副頭取に就任した。しかし一九四二年日本銀行副総裁に、続いて四四年結城日銀総裁辞任に伴い、総裁に就任、終戦を迎える。戦後は幣原内閣で大蔵大臣を務めた。敬三が日本銀行の副総裁に就任するにあたっては、相当悩んだといわれている。その理由は、吉野俊彦によれば三つある。(9) 第一は、第一銀行の将来を心配していたことである。栄一の創立した第一銀行に入り、取締役として銀行経営にあたっていた敬三にとって、戦時下における第一銀行の行末を懸念していたのである。第二は、「官」に仕えることへのためらいであった。渋沢栄一は明治初期に大蔵省を辞して以来、数々の誘いを断わり、一生民間人として日本経済の発展に尽くした。敬三もこうした栄一の生き方を尊敬しており、官へ仕えることは栄一の処世に反すると考え、抵抗したのである。第三は、大正デモクラシーの洗礼を受けた敬三は、池田成彬・結城豊太郎主導の体制の中に入り、軍部に協力することには気持ちが進まなかったと考えられることである。敬三はこうした理由から日銀副総裁への就任を再三固辞したが、最後は東条英機自らが説得にあたり、ついに敬三は就任を受け入れた。

こうして戦争末期から戦後混乱期に日銀総裁を務めることになった敬三は財政金融の責任者として日本銀行法の公布と、金融統制会、南方開発金庫、戦時金融公庫の一九四三（昭和一六）年中の設立に関与した。しかし四四年三月から四五年一〇月までの総裁時代の前半、すなわち終戦までの時期は、日銀は財政金融政策の立案・実施にあたり主導権はなく、戦力増強とインフレーションの回避、資金、資材調整に努める他になかった。つまり「太平洋戦争は明らかに敗戦にむかっており、彼としては軍の圧力によるインフレーション政策にすくなくとも結果としては唯々諾々としてこれに従うよりほか仕方がないという状態であった」のである。[10]

終戦後の敬三が直面した難問は、臨時軍事費の支払いであった。一九四五（昭和二〇）年八〜一一月の四カ月間に二六六億円に達し、戦後インフレ悪性化の最大の要因になってしまった。

同年一〇月、東久邇内閣に代って組閣することになった幣原喜重郎は、敬三を組閣本部に呼び、蔵相への就任を要請した。幣原は、敬三に依頼する理由として、①官僚出身ではなく実業家出身であり、新人であること、②渋沢という名前は財界に通った名であり、渋沢がやるとなれば、各方面も納得するという二つをあげたという。敬三は固辞したが、幣原に前大蔵次官の山際正道を留任、日銀副総裁新木栄吉を日銀総裁にするという条件で説得され、大蔵大臣に就任した。大蔵大臣時代は山際正道大蔵次官とのコンビで戦後財政の再建にあたった。主な項目だけ列挙すると新円切り換え、財産税、軍需補償、財閥解体、軍人恩給停止、文教予算の復活などであった。[11]

3　民俗学者

敬三は財政金融家であると同時にすぐれた学者であった。彼の学問に対する考え方はきわめて明快であった。視野の狭い蛸壺型の研究者をきらい、学者であれ、政治家であれ医者であれ、自分の専門以外に興味をもち、社会の一員として生きる自覚をもつべきであり、真の学者はそのような人格の形成の過程で生まれると考えていた。敬三が尊敬し、中学時代に一文を書いた松平定信やエーベリー卿はともに本業で多大な業績を残したのみならず、古今東西の学問に通じた人物であった。とくにエーベリー卿が生物学者としても優れた業績を挙げたことに敬三は興味を抱いたのである。

敬三の研究分野は、民族学、民具学、漁業史である。彼はアチック・ミュージアム――日本常民文化研究所を設立、主宰し、従来の学者が見落としていた分野での先駆的な役割と数々の業績を残した。彼の学問の特徴は、まず実証主義である。公務の合間に全国各地を旅行し、資料を収集した。代表的なものは「豆州内浦漁民史料」である。これは一九三二（昭和七）年に、栄一の死に至るまでの長い看病や大規模な葬儀による過労で糖尿病になった敬三が、治療のために静岡県三津で長期療養している時に発見したものである。

第二に民間人が自らの実践的努力によって作り出した研究成果に着目したことである。必ずしも学校教育やアカデミックなトレーニングを受けてはいないが、その道一筋に生きる事業家や篤農家を発掘し、世の中に紹介した。「民衆の中に生きるひとびと」や「先覚者を野にひろう」などはその代表的論文である。そのなかで敬三は断片的ながら、自らの学問観を披瀝している。たとえば「日本で学者というと、実地のことは手を下さない。実地のことをバカにしたがる傾向がある。私は日本で足りないのは、実地と学者とが、くっついていないことだと思う[12]」と述べ、両者がお互いに交流するようになってほしいと要望している。

一方で実際とかけ離れた官学アカデミズムを批判し、象牙の塔にこもる学者を批判した。「学者が実地のことに手を出さないのは、明治以来の官学のせいである。かれらは官吏であり、現在では公務員という地位で、象牙の塔にこもっている。それによって官吏の扱いも一般人とはちがい、勲章も来るし、ヴァニティが満足される」[13]。このため、学者や公務員である以上、むずかしいことを言わないと名誉にかかわる、実際の仕事に関係することを、自分より下の者がやるべきだという考えをもってしまっているのではないかと指摘している。こうした明治以来の学者の育て方を根本的に変えていかなければならないと敬三は考えたのである。以上のような「常民に学べ」という意志から常民文化研究所を設立したわけである。

こうした学者敬三にとって、渋沢栄一の思想と活動は、幕末、明治、大正、昭和前期を駆け抜け、日本近代の経済と社会を創造した歴史的人物として、後世の人々のために広く資料を蒐集、保存、公開すべき対象と映った。栄一にとっての、徳川慶喜や松平定信の存在に等しかった。そのために敬三が考えたのが、日本実業史博物館構想であった。具体的には、渋沢栄一関係文書を網羅的に集め、全六八巻（五八巻と別巻一〇巻）という膨大な伝記資料という文字情報と実業錦絵・写真という視覚情報で、渋沢栄一研究を行うためのインフラ整備を行い、後世の研究者に栄一の歴史的評価を委ねたのである。

渋沢栄一研究を志す者にとって、膨大で多岐にわたる『伝記資料』の深い森の中に分け入り、栄一像を解明する道を切り開くためには、相当な覚悟が要求された。宝の山を目の前にしながらも、その大きさに圧倒され、研究を始めるかどうか逡巡してしまうほどであった。しかしデジタル化作業が進み、人名、事項などによる検索が瞬時にできるシステムが開発されつつある二一世紀には、敬三の期待していた包括的な栄一研究がようやく可能になったといえよう。

4　公職追放

一九四六（昭和二一）年五月幣原内閣退陣後、戦争中日本銀行総裁であった敬三は、同年八月八日GHQの公職追放令により勅令第一〇九号にもとづき、同令第一条の覚書該当者と決定し、公職追放になった。敬三は大蔵大臣として財閥解体にあたり、進んで三田の私邸を物納するなど占領改革はやむを得ないものと割り切っていた節がある。したがって追放令に対しても冷静に受け入れたと思われる。

第二次世界大戦（太平洋戦争）についての責任に関しては、敬三は、日本銀行へ転出して以来ほとんど語っていない。戦後大蔵大臣時代、また公職追放中にもその点について言及することはなかった。むしろ五一年八月追放解除になるまでの五年間に敬三は思う存分に研究活動を進めることができ、追放時代の暇を楽しんでいた様子がうかがえる。漁業史関係図書を東京大学農学部に寄贈した後、一九四七～四八年にかけて全国各地の篤農家を歴訪するとともに庶民資料館、水産資料館設置や『南方熊楠全集』の出版などに尽力した。また、日本生物化学研究所取締役、南米協会財務委員長、資源科学諸学会連盟評議員などに就任している。

公職追放された多くの政財界人が、追放解除へ向けて盛んに運動したのに対し、敬三はまったくそうした働きかけは行わず、むしろ念願の学問の道に没頭している。したがって公職追放時代の五年間に、前大蔵大臣や元日銀総裁という要職によって培った人脈や政治力を使い、常民文化研究所を財団法人にするなど彼の研究対象の新分野の研究体制を整備したといえよう。それと同時に五〇～五五歳という働き盛りに自己の学問の集大成を行うことができたのである、敬三のように学者の道をめざしていた人間にとっては、強制的に公務から解放される時間を持つことができたことは、幸運であったとさえいえる。

二　渋沢敬三にとっての一九五〇年代

1　財界活動の再開――ＩＣＣ（国際商業会議所）日本国内委員会議長

一九五〇年代の敬三は、五一年八月追放解除と同時に日本経営者団体連合会（日経連）相談役、日本工業倶楽部専務理事などの財界団体の役員に復帰し、財界活動を再開した。

公職復帰後、五〇年代に敬三が最も力を入れた仕事の一つに、ＩＣＣ（国際商業会議所）日本国内委員会議長に就任したことがあげられる。(14) ＩＣＣは第一次世界大戦によって荒廃したヨーロッパ経済をできるだけ早く復興させるために、一九二〇年パリで創設された民間の国際経済団体である。ＩＣＣの発想が生まれたきっかけは、パリ総会の前年、アメリカのニュージャージー州のアトランティック・シティにおいて欧米の実業家四四名が参加したアトランティック国際通商会議であった。(15)

この会議の目的は、第一次世界大戦によって破壊されたヨーロッパ各国の産業と経済を復興させるための国際的協力体制を築くことであった。参加した実業家は、戦勝国のイギリス・フランス・ベルギー・イタリア・アメリカを代表する大物財界人が中心となっていた。国際経済機関としては、国際連盟における国際経済会議よりも古い。ヨーロッパ各国の民間経済界は、緊密な協力の下に、ICCの機構を拡充し、加盟国もアメリカ・カナダ・オーストラリア・アジア諸国に及び、一九五〇年代には、三八カ国の実業人を網羅するようになった。戦間期は国際連盟と表裏一体の活動を行っていた。

第二次世界大戦中、ICCの活動は中断されたが、一九四七年スイスで総会が開かれ、その後国際連合と緊密な関係を保ちながら活動を再開した。民間の国際経済団体としてのICCは四つの主要な目的をもっていた。

①商業、工業、運輸通信および金融等国際的事業のあらゆる経済力を代表する。
②国際経済活動にたずさわるものの熟慮された意見を代表する。
③国際間の経済活動条件の改善および、国際経済諸問題の解決のために有効かつ一貫した活動を行う。
④各国の実業家および実業団体の間の親交と相互理解を推進し、もって世界の平和と親善をはかる。(16)

つまり国際間の経済取引にまつわる実務上の問題点を挙げ、検討し解決していくという性格の会議であった。したがって会議でとりあげられる議題は、貿易、関税、郵便、電信、電話、航空等運輸業務者や輸送機関利用者に対するサービス、金融および投資家に対する便益、販売業者に対する情報提供、広告倫理性の確立など多岐にわたった。いずれも国際経済活動の基盤にかかわる重要だが地味な問題であった、つまり国際間の経済取引を円滑化するために欠かせないテーマであった。(17)

日本が本格的にＩＣＣに注目したのは、一九二二（大正一一）年英米訪問実業団が渡欧した時であった。(18)ＩＣＣの活発な活動を見学した財界人は、ＩＣＣへの加盟を果たすため、日本を代表する経済団体を設立することが必要と考えた。すでに一九二一年に商業会議所連合会が加盟していたが、日本の経済界を代表する団体とは言えなかった。当時商業会議所は唯一の公的財界団体であったが、関心領域は明治後期に比べると国レベルから地方レベルへ、またマクロ経済問題からミクロ的な業界内の問題へ移行していた。この背景には、産業構造の急激な変化によって産業界の利害が部門ごとに多様化したことがあげられる。重化学工業の発展、財閥系企業の成長、銀行の集中、大企業の成長が見られる一方、中小企業との格差が生じるようになった。こうした産業構造の急変に対して商業会議所が対応しきれなくなってきたのである。(19)すでに一九一七年に日本工業倶楽部として、重工業を中心とする財閥系企業が中心となる経済団体が設立されていたが、銀行家は含まれていなかった。このためＩＣＣ加盟にあたり、日本工業倶楽部がイニシアティブをとり、「我国産業の国家的進歩発達を計るがため、重要なる財政経済上の問題を研究審議し、あわせて会員より提出せられる意見を調査し、もって本会の意見を定め、必要なる場合においてこれが実行に尽力し、国際的経済問題に対しては各国実業団体との協調により円満な解決を期するにあり[20]」との目的で日本経済連盟会が創立されたのである。

日本経済連盟会の他、日本工業倶楽部、商業会議所など当時の有力団体、会社等四〇名の会員が参加して国内委員会を作り、二三年ＩＣＣへ正式に加盟した。一九二〇年代にはアジア諸国の発言力は小さく、また日本の財界もＩＣＣへの関心が低く、日本は会議においてほとんど発言できなかった。しかし一九三〇年代に入り、日本が国際連盟を脱退し、かつ一九三三（昭和八）年のロンドン国際経済会議が世界不況からの脱出に関して各国の協力体制を築くことに失敗した後になると、日本の財界人はＩＣＣの存在に注目するようになる。つまり日英・日米という二国間の枠組みを越えて、多国間ネットワークの中で日本の主張を認めさせながら、ドイツ・イタリアなどの新興諸国との経済提携を進めようと考えたわけである。

そこで財界は、一九三七（昭和一二）年に門野重九郎を団長とした欧米訪問経済使節団を結成し、アメリカ訪問後、ベルリンでのＩＣＣ総会へ出席させ、一九三九（昭和一四）年のＩＣＣ総会を東京に誘致するように努めた。その結果、ＩＣＣ総会で東京開催が満場一致で決定された。しかし、ベルリン総会終了直後に、盧溝橋事件が勃発し、日中戦争が長期化するに伴い、東京開催は中止になった[21]。

第二次世界大戦後、アジアの比重が増大したこともあり、日本は占領下にありながら一九四九（昭和二四）年、ＩＣＣに再加盟した。ＩＭＦ、世界銀行、ＧＡＴＴといった戦後の代表的な国際経済機構へ加入する以前に民間レベルではすでに国際社会への復帰を遂げていたわけである。

国際経済社会への一日も早い正式な復帰を求めた日本の経済界は、一九三九年に開催される予定であったICCの東京総会の再度誘致を積極的に行い、五三年パリで開かれた第八〇回ICC理事会で、五五年に東京で開催することが決定した[22]。敬三がICC国内委員会議長に選ばれたのは五四年二月で、東京総会での議長役を引受けることになった。敬三が議長に選ばれた理由は二つ考えられる。まず、財界の総意として各経済団体が納得するような人物であったことである。ICCの日本国内委員会の主導権をめぐっては、経団連と日本商工会議所が対立していたが、敬三ならば両者とも異議はないだけの経歴と人柄を兼ね備えていた。

次に、国際的に「渋沢」という名前が通っていたことである。栄一の精力的な国際交流活動により、欧米各国の財界では、「渋沢」という名前は日本財界の代表として説得力があったためである。副議長に選ばれた加納久朗がこの点を強調した、加納は、戦前横浜正金銀行在勤時代からICC総会の東京開催に尽力し、五五年の東京総会決定に際しても日本側代表として活躍していた。加納は敬三と三四年来の友人で、敬三については「大局を誤らぬ人、ウィズダムの人である。そのくせ小事でも大切なことは気がつく。国際的大会議の議長としては、最もよい人が、天から与えられた」[23]と評価している。

ロンドンで同じく活躍したのが、堀田直道である。堀田は鈴木商店ロンドン支店に勤務している際に、鈴木商店が倒産したため、財務整理を済ませた後、堀田商会を設立し、貿易を手がけるとともに、日本国内委員会のロンドン支部長としてICCの活動に参加し、戦争中もイギリスに滞在し、戦後、日本のICC再加盟後、再びロンドン支部長として尽力した。[24]

ICC東京総会は、戦後日本にとって初めての大規模な国際会議であり、四五カ国、一五〇〇人が参加した。このため敬三をはじめ主催者側は開催方針として、①経済復興途上の日本にとって豪華な会議の開催は不可能であるため、日本人の誠意がわかる簡素で行き届いた会議にする、②アジア経済の重要性を認識させることとした。募金も順調に集まり、五五年五月一六日から二一日に至る六日間東京総会が開催された。全体テーマはアジア問題――世界の進歩（Asian Problems World Progress）で、各種の議題についての討議を通じて、アジア諸国の開発こそ世界経済の将来を左右するものであることを欧米の実業家に認識させた。さらに開発途上にあるアジア諸地域の障害を除去するために公正妥当な国際経済協力の方法を究明することで参加国の一致をみた。[25]

東京総会では討議の他に、この機会に日本の復興と文化・芸術を外国来賓にアピールするため数多くの公式・非公式のレセプションが行われ、好評裡に終了した。したがって「戦争と占領の渦中にあって、国際的孤立を続けること二〇年にならんとするわが日本の代表人が、世界経済界の一流人士に伍して、世界経済の発展とアジア開発の提携につき、堂々たる論議折衝を行い、更に隔意なき交歓によって、友愛と平和にみつる世界建設の黙契を新たにした[26]」ことは、日本の国際経済界への復帰に大きな促進材料になったといえよう。

敬三は東京総会終了後もICC日本国内委員会の委員長としてICCの常務理事会や二年後の

ローマでのＩＣＣ総会に参加し、欧米やアジア・アフリカの経済人との交流を深めていく。

2　ＫＤＤ（国際電信電話株式会社）社長

敬三は公職追放解除後、数多くの会社役員に就任するが、その中で最も力を入れたのはＫＤＤ（国際電信電話株式会社）であった。

戦前は国際電気通信株式会社という特殊会社が国際電信電話に関する設備を作り、それを逓信省に提供し、国際通信業務を営んでいた。一九四六（昭和二一）年ＧＨＱにより国際電気通信は解散を命ぜられ、同社の設備財産は逓信省に吸収された。四九年六月逓信省は郵政省と電気通信省の二省に分離され、電気通信を専門に担当する省ができたが、その後電気通信事業は純粋の官庁の形態よりも予算上、会計法上制約の少ない公社の形態をとるほうが望ましいとの意見が高まった。一方、旧国際電気通信関係者や貿易関係業界からは、国際電気通信部門は民営化すべきであるとの要望が強まった。

こうした情勢のもとで、吉田茂首相は民営化を推進させるため、日本電信電話株式会社法案と国際電信電話株式会社法案を五二年七月に議会を通過させた。そして中島久萬吉を委員長とする設立準備委員会が設けられた。委員会や電電公社首脳部などの間で新設の国際電電の社長に敬三を推すことが決定した。国際電電の役員は次のとおりである。(27)

取締役社長　　渋沢敬三

専務取締役　福田耕
取締役　肥爪亀三　森下新　山岸重孝　花岡薫　新堀正義　難波捷吾
　　　　立花章吾　原安三郎　藤山愛一郎　杉道助
監査役　奥村重正　吉野伊之助　伊藤次郎左衛門

興味深い点は、会長・副会長・常務取締役は置かず、取締役も社外取締役を除いては、肥爪亀三が取締役総務部長、山岸重孝は取締役営業部長というように部長を兼ねる体制が採られた。

敬三は五三年四月社長に就任し、五六年九月からは会長となり、五八年五月まで勤務した。敬三の主な仕事は、まず人事面で、首脳陣の顔ぶれに公平さを保ったことである。国際電気通信の最大の得意先は貿易業者であったが、重役を貿易商社から選ぶようにとの陳情が多かった。これに対し敬三は、「Aという貿易商社の社長を入れてBやCを除外すると問題がおきるので、東京・大阪両商工会議所会頭に取締役、名古屋商工会議所会頭に監査役、横浜・神戸両商工会議所会頭には顧問として参加させ(28)」、バランスをとったのである。また役員室は大部屋方式で役員間のコミュニケーションを図った。

敬三は電気・通信業務については素人であったが、比較的短期間に全体の機構を把握し、ＫＤＤの方向性を的確に示した。それは競争原理の導入と技術開発のために資金投入を惜しまないという二点である。

3　金融制度調査会会長

金融制度調査会は、日本の金融制度の根本的な諸問題を検討し、金融制度の改善に関する重要事項を調査審議するため、一九五一年六月に制定された。敬三は会長に選ばれ、五七年七月まで務め、準備預金制度、預金者保護等のための制度、中小企業信用補充制度等の検討を行い、順次政府に答申を提出した。

とくに重要な答申は、日本銀行制度に関するものであった。調査会で議論が分かれたのは、日本銀行の中立性についてである。つまり、日本銀行の政策が政府の政策の遂行に支障をきたす恐れありと認め、その調整に関し日本銀行総裁と話し合うも協議の整わない場合にどうするかであった。これについて日本銀行の政策に関し主務大臣が必要な指示をすることができるとする大蔵省の論（A案）と、主務大臣が日本銀行の政策に関し一定期間その議決の延期を請求することができるとする日本銀行の論（B案）とが対立し、決着できずA案B案併記して答申することになった。大蔵大臣と日銀総裁両方を経験した敬三は、大蔵省と日銀の対立を緩和するため尽力した。敬三自身は、大蔵省案を支持したが、日銀や民間経済界の反対が強く、一本化できず両案併記となった。

4　移動大使として中南米訪問

敬三が国際関係の仕事に「官」の立場で直接携わったのは、移動大使として中南米を訪問したことである。一九五七年三月、すでに外務省文化外交懇談会委員に就任していた敬三は、藤山愛一郎外相の要請を受け、七月に外務省顧問となり、中南米諸国との経済問題について、当該国要人と接触するため、移動大使として八月中南米へ出発、四カ月かけて中南米各地を訪問した。これは岸内閣の下、経済外交の総合的な政策を樹立する一助とするという目的で行われたもので、中南米の他に東南アジアには小林中が派遣された。

元来旅行好きであった敬三には、中南米は魅力的な地域であり、帰国後内外の資料を参照して『南米通信』を書きおろした。その特色は、単なる南米社会の表面的な旅行記ではなく、中南米地域の歴史、文化、民俗、社会経済など総合的に調査した上で見聞を付記し、最後に、①対ラテンアメリカ貿易、②対ラテンアメリカ企業進出、③日本の原料対策、④移住政策。⑤外務省における対ラテンアメリカ機構の問題点を列挙している。結論として今後ラテンアメリカに対する地域研究の充実と国連外交におけるラテンアメリカ諸国の重要性を指摘しているが、なかなか説得力がある。

5　親和会

敬三の国際関係へのかかわりで、最後にふれなければならないのは、韓国と台湾との関係である。戦前植民地時代の朝鮮と台湾を訪れた敬三は、日本の統治について批判的であった。戦後、分断国家となった韓国と台湾について、敬三は親和会を通じてかかわった。韓国との関係については、一九五〇年鈴木一らが日韓親和会を設立したが、日韓技術開発協会の役員であった敬三に対し、鈴木は会長に就任するよう要請した、その理由は、渋沢栄一が朝鮮の経済発展に意欲的であり、敬三も戦前何回か朝鮮旅行を行い、都市部だけでなく、農村をくまなく回っていたことがあげられた。しかし敬三は、会長就任を固辞したため、下村海南が会長となり、副会長に就任した。一九五六年下村会長が死去し、石井光次郎がその後を継いだ。一九五六年石井は自由民主党の政務調査会長を務めることになり辞職し、敬三が会長になった。(29)

台湾との関係では、一九五六年、石井光次郎を団長とする国策研究会の訪台団一員として台湾を訪問し、蒋介石総統に会見するとともに、台湾各地を視察した。(30)

敬三は、民俗学研究の関心からも、五〇年代の米ソ冷戦の最中でも、近隣諸国との友好関係樹立を強く要望していた、彼は日韓親和会会長となり、これから日韓国交正常化へむけて財界が本格的に動きだす時期に病に倒れたのであった。

三　渋沢敬三の果たした役割

一九五〇年代に追放復帰後、渋沢敬三が果たした役割をどのように評価すればよいであろうか。次の二点から考察していこう。

1　公職追放者の復帰

一九五〇年代に入り、政財界の公職追放者は次々と解除される。政界の場合には、鳩山内閣の閣僚に首相をはじめとして追放解除者が数名含まれるなど、選挙を経て政界へ復帰するケースが目立った(31)。

これに対して経済界の場合、財閥系を中心とした企業のトップは公職追放により、一気に若返った。「三等重役」と皮肉られながらも新しい世代が企業経営のトップの座に着くことになった。一方財界活動では、戦前からの経済団体の多くが解散または改組された。一九四五（昭和二〇）年九月、中島知久平商工相は四大経済団体（日本経済連盟会、重要産業協議会、全国商工経済会協議会、商工組合中央会）の首脳部を招き、終戦後の日本経済収拾の方途について諮問した、それとともに経済団体の機構と組織を速やかに平時体制にきり替えるように求めた。

そこで経済四団体の首脳は、井坂孝（日本経済連盟会会長）を委員長とする経済団体連合委員会を作り、財界の総意を結集し、平時体制への移行に取り組んだ。その結果、重要産業協議会は一九四六（昭和二一）年二月に解散し、残存組織は日本産業協議会（日産協）として設立された。また、経済団体連合委員会も日産協新設直後に解散し、経済団体連合会（経団連）に生まれかわった。

ところが問題となったのが首脳人事である。人事が難航したのは財界有力者が公職追放で続々と第一線を退いたからである。そこで追放の対象外になった石川一郎が暫定的に経団連会長を務めることになった。

既存の経済団体が首脳人事でもたついている間に、若い世代の経営者が集まり、戦後日本の経済再建の主導権を握ろうとして形成されたのが経済同友会である。四六年四月に創立された同友会の主要メンバーは、諸井貫一（秩父セメント常務）、桜田武（日清紡社長）、藤井丙午（鉄鋼協議会事務局長）、堀田庄三（住友銀行東京支店長）、鈴木治雄（昭和電工常務）らで、彼らは当時三〇～四〇歳代であった。(32)

以上のように財界も公職追放により若返りが進んだが、占領期が終わりに近づき、日本が独立し、国際社会へ復帰する際には、戦前からの国際的人脈を有する財界人がどうしても必要となってきた、公職追放を解除された財界人が経済界にとって必要な時期、すなわち公職復帰の環境が整ってきたのである。彼らは、かつての企業や経済団体の長に復帰するケースも見られたが、多くは戦後新しく誕生した経済団体や業界、企業の長に復帰したのである。たとえば表4－1はICC東京総会の日本代表団（役員、一般代表、ゲスト・オブザーヴァー）三〇九名中公職追放にあった人物四二名のリストである。藤山愛一郎（日本商工会議所会頭、東京商工会議所会頭）や、安西正夫（昭和電工専務取締役）などは追放解除後、元の地位に復帰しているが、その他の場合は、別会社または新しい経済団体の長となっている。ICC総会の参加者だけで判断することはできないが、少なくとも鳩山首相以下、政財界の主要メンバーが参加しているだけに、一九五〇年代の半ばの公職追放者の財界での位置づけを知る貴重なデータといえる。

表4－1　ICC東京総会（1955年）日本代表団における公職追放復帰者

東京総会日本側役員（2名/16名）

	氏　名	追放理由
総会議長	渋沢敬三	日本銀行総裁
同代理議長	加納久朗	横浜正金銀行取締役

一般代表（39名/272名中）（ABC順）

氏名	会社又は団体名及び肩書	追放理由
足立　正	日本商工会議所副会頭	王子製紙社長・専務
安西正夫	昭和電工(株)専務取締役	同左
藤波　収	北海道電力(株)社長	関東配電副社長
藤沢親雄	経済団体連合会嘱託	翼賛中央本部興亜局庶務部長・東亜局庶務部長、著書
藤山愛一郎	日本商工会議所会頭	翼賛体制協議会構成員、翼賛会総務
花田菊造	芝浦精糖(株)社長	南洋開発常務
原　邦道	(株)日本長期信用銀行頭取	野村銀行社長
服部正次	(株)服部時計店社長	翼壮楠町支部
堀　新	関西電力(株)社長	関西配電副社長・社長
井上五郎	中部電力(株)社長	翼壮村団長
石川一郎	経済団体連合会会長	翼賛高木村
伊藤武雄	日本船主協会会長	同左
伊藤与三郎	白洋貿易(株)社長	同左
鹿島守之助	鹿島建設(株)社長	推薦議員、著書
梶井　剛	日本電信電話公社総裁	日本電気社長
河合良成	(株)小松製作所社長	著書
木下　茂	木下商事(株)社長	郷軍村組合分会長
北沢敬二郎	(株)大丸社社長	日本建設産業社長
小室健夫	名古屋商工会議所常議員	三井物産常務

町田辰次郎	国際電気㈱社長	推薦議員金鶏楽院理事、産報理事
松隈秀雄	東京商工会議所常議員	東洋拓殖副総裁、外資金庫理事長
中部鎌吉	大洋漁業(株)社長	同常務
西田善蔵	電線工業会会長	郷軍分会長
岡田完二郎	宇部興産(株)副社長	古河鉱業監査役
大西正夫	大洋漁業(株)常務取締役	郷軍分会長
大塚　肇	(株)大塚工場社長	翼壮区団長
斉藤　香	東洋紡績(株)取締役	郷軍大綱木村
関　桂三	関西経済連合会会長	東洋拓殖理事
志村　勇	東洋綿花(株)常務取締役	陸軍特務機関
鹿倉吉次	(株)ラジオ東京専務取締役	毎日新聞常務
鈴木治雄	昭和電工(株)常務取締役	同左
塚田公太	倉敷紡績(株)社長	東洋綿花専務取締役・会長
植村甲午郎	経済団体連合会副会長	産業報国会理事・企画院次長
渡辺忠雄	(株)三和銀行頭取	G項
山田忠義	八幡製鉄(株)渉外部長	郷軍北小倉村
山際正道	日本輸出入銀行総裁	外資金庫理事長
柳田誠二郎	日本航空(株)社長	外資金庫理事、横浜正金銀行副頭取
吉田秀雄	(株)日本電報通信社社長	郷軍分会長
吉田政治	日本証券業協会連合会	翼壮中通村

ゲストおよびオブザーヴァー（3名/21名中）

新木栄吉	日本銀行総裁	日本銀行副総裁
石黒忠篤	東京総会運営会顧問	翼賛総務・農相
門野重九郎	日本国内委員会元議長	日本無線(株)取締役会長、立川飛行機会長

注：翼賛は大政翼賛会、翼壮は翼賛壮年団、郷軍は帝国在郷軍人会を指す。
出所：長浜功監修『復刻資料公職追放（全2巻）「公職追放に関する覚書該当者名簿」』（明石書店、1988年）から作成。

敬三は、追放解除になったのが五五歳であり、藤山愛一郎とともに公職追放者では数少ない五〇代であった。したがって敬三は追放復帰組のなかでも現役に近い形で財界に復帰することができたのである。

2　国際社会への復帰

渋沢敬三の著作並びに講演を読む限り、一九五〇年代における彼の関心は、日本の再建であり、そのために日本人の国際性を高めることを最も重視している。敬三は、日本人の視野の狭さを憂い、「地球儀を頭のなかに常におくように」と述べている。つまり視野を世界に広げ、正しい世界観を常にもつことである。「日本人は何といっても長い間の鎖国が原因で、インターナショナル・マインドがない。国際連合に十何年ぶりかで加入を認められたが、さて国連で、一体日本はこの問題でどうするかと問いつめられた場合、今の政治家の中には失礼ながら、どっちにつくか戸惑う人も少なくないであろう。かく言う私等も自ら心もとないのである」(33)。このように敬三は述べている。また当時の米ソ冷戦状況下における日本の安全保障については、

「東洋における二つの世界は欧州のそれに数倍する長さで鼻つき合わせている。一方がカムチャッカから北鮮、中共を経て北ヴェトナムに及べば、一方はアリューシャンから北海道、韓国、台湾、比率賓（フィリピン）にわたり、その扇のカナメが沖縄である。

極東に共産主義の脅威が存する限り米国は沖縄から立退かないと表明しているが、元来戦略的な

布陣は仮想敵あってのものであるから、双方が譲らぬ限り結末がつかない。そのような対時が長期にわたる場合は、前線基地となっている地元の立場になって考える必要があるのではないか。もとより日本は自由主義国の一員であるが、自由主義を守る足場としての特殊な重圧を、沖縄や小笠原などの特定の地域だけが被るのは耐えがたい。それが地理的にやむを得ないならば、忍苦に報いる途を当然考えるべきであろう。

沖縄については必要な最小限度の基地の保持にとどめて、施政権を日本に返還する。小笠原については基地のない島々には、従前住んでいた人達を帰郷させる。これがさし当っての日本民族の切なる要望である。小笠原には欧米人を祖先とする（国籍は現在日本）百数十人だけ逸早く帰島を認めたが、これらの人達が、他の数千の原住民の帰郷に反対しているのが、障害の一つと聞く。しかし大多数の利益のためには、少数の不利益を第二義的に解釈するのが民主主義の本質である。民主主義の守護者をもって任ずる米国にこの明理の判らぬはずはない。

沖縄兼城にて（昭和29年、渋沢史料館提供）
沖縄戦災校舎復興後援会の会長を引き受けた敬三は、欧州からの帰途、沖縄に立ち寄った。

基地の構えが少しずつでも後退すれば、それだけ相手の緊張も緩和するであろう。従って全国的に沖縄と小笠原が本然の姿に還るならば、二つの世界の睨み合いを解きやわらげる一つの機縁ともなり、延いて世界に平和をもたらす足がかりとなることも考えられるのである」[34]。

と語り、日本がアメリカを中心とする自由主義圏に属することは容認しながらも、沖縄・小笠原のみに日米安保条約下の基地機能を集中させることに憂慮している。

敬三の国際認識の特色は、アジアのなかの日本を重視していることである、ICCへ日本が占領中の一九四九年に加盟できたことについて「このように加盟復帰がいち早く実現したのは、戦後、国際間におけるアジアの比重が増大したことが大いにあずかって力となった」[35]と語り、より具体的にはアジアの人口は世界人口の半分以上であるが、アジアの食糧生産ではその半分しか養えない。このためICCでは地域特別委員会として「アジア・極東問題委員会」（カフェア）を設置したが、アジア経済の中心である東京がICC総会の開催地として選ばれた背景には、こうしたアジアの比重が高くなった情況があると説明している[36]。

敬三のアジア重視は、中南米訪問や台湾旅行での記録を合わせて検討すると、日本がアメリカを中心とする自由主義圏に加わるのは当然としても、東アジアを中心として中南米、ヨーロッパ、中東など国際社会全体への目配りを忘れないように訴えていると考えてよいのではないだろうか。経済界において具体的には、ICCのような国際経済社会へ復帰することを実践したわけである、それは敬三が最も尽力した企業が、国際情報通信をあつかうKDDであったことからもうかがえる。したがって敬三の目指していた日本の姿は、一九四〇年代ではなく、一九二〇年代に近い状況と考えられる。日本の経済社会を国際化させることを促進したという点が、一九五〇年代の敬三の果たした役割といえよう。

おわりに

渋沢敬三にとって、一九五〇年代の財界活動はどのような意味があったのであろうか。一言でいうならば、日本の国際化に貢献できたことであろう。公職追放により官界からは完全に切り離されたが、日本銀行総裁と大蔵大臣時代に培った知識や人脈を活用して、より大きな視野から、戦後の日本社会の国際化に取り組むことができたといえよう。それは「世界人としての国民性」を説き、「国民外交」を推進した渋沢栄一の継承者としてふさわしい活動であったといえよう。

また、そこからみえてくる一九五〇年代の財界の特色は、「過渡期」と形容できる。つまり、財界活動を支える人材という観点からは、公職追放により世代交代が進んだが、講和独立を経て、国際社会へ復帰する際には、戦前からの国際的人脈をもつ追放復帰者の活躍の場が残っていた。しかし限界はあった。渋沢敬三に見られるように彼らが財界活動の主導権を握るほど復権したとはいえなかった。また国際情勢認識については、自由主義陣営に与しながらも、国際社会全体とくに東アジアでの日本の活動の可能性を求めているという一見バランスのとれた、しかし「心もとない」心境というのが実情ではなかったかと考えられるのである。

（1）本稿は、「渋沢敬三と一九五〇年代」（中村隆英・宮崎正康『過渡期としての一九五〇年代』東京大学出版会、一九九八年、第4章）を加筆、修正したものである。
（2）「一九四〇年体制」については、野口悠紀雄『一九四〇年体制』（東洋経済新報社、一九九二年）参照。
（3）公職追放の全体像については、増田弘『公職追放——三大政治パージの研究』（東京大学出版会、一九九六年）の序章「公職追放の概要」参照。
（4）渋沢敬三についての基礎的資料は、渋沢敬三先生景仰録編集委員会編『渋沢敬三先生景仰録』（東洋大学、一九六五年）、『渋沢敬三』上・下（渋沢敬三伝記編纂刊行会、一九八一年）、『渋沢敬三著作集』第一〜五巻（平凡社、一九九三年）である。また伝記としては、渋沢雅英『父渋沢敬三』（実業之日本社、一九六六年）がある。
（5）渋沢栄一と敬三の関係については、河岡武春「敬三の人間形成——東京高師付属中学時代を中心として」（『渋沢敬三』上、一九八一年）参照。
（6）渋沢敬三「松平定信」（『渋沢敬三著作集』第五巻、平凡社、一九九四年）。
（7）渋沢敬三「我が尊敬するエーベリー卿の略伝と、卿の蟻と蜂に関する研究の一部について」（前掲『渋沢敬三著作集』第五巻）。
（8）同右。
（9）吉野俊彦「戦時下の日本銀行」渋沢雅英・佐々木紀子・服部黎子『渋沢敬三の世界——三三記念シンポジウム』（非売品、一九九五年一〇月）参照。
（10）吉野俊彦『歴代日本銀行総裁論』（一九八三年）一九三頁。
（11）大蔵大臣時代の敬三の活動については、山口和雄「敬三の経済活動——日本銀行転出後」（『渋沢敬三』下、一九八一年）参照。

(12) 渋沢敬三「民衆の中に生きるひとびと」一九五五年。
(13) 同右。
(14) ICC(国際商業会議所)については、国際商業会議所東京総会運営会編『東京総会始末記』下巻、資料編(一九五六年)参照。
(15) アトランティック国際通商会議については、前掲『東京総会始末記』上巻(一九五五年)参照。
(16) 渋沢敬三「ICCの活動と東京総会」(『実業之日本』一九五四年七月一日号)。
(17) ICCの活動内容については、前掲『東京総会始末記』下巻、並びにICC総会報告書など参照。
(18) 英米訪問実業団の目的やその意義については、拙稿「第一次大戦後の対米民間経済外交――英米訪問実業団(一九二一~二二年)を中心として」(『日本歴史』第五四八号、一九九四年一月)参照。
(19) 商業会議所が一九一〇年代に抱えていた問題については、別の機会に論ずる予定である。
(20) 堀越貞三編『経済団体連合会前史』(一九六二年)九三頁。
(21) 一九三九年のICC東京総会開催の決定やその中止については、『東京総会始末記』上巻(一九五五年)参照。
(22) 東京総会の誘致については、前掲『東京総会始末記』中巻(一九九五年)参照。
(23)『東京総会始末記』中巻、五三~五四頁。
(24) 堀田直道については、大蔵雄之助『西へ向ッテ走レ』(講談社、一九九一年)参照。
(25)『東京総会始末記』上巻、参照。
(26) 同右、五七二頁。
(27)『国際電信電話株式会社二十五年史』一九七八年、五九二頁。
(28)「山岸重孝氏談話」一九七〇年九月三日於日本海底無線株式会社(『渋沢敬三』下巻、一九八一年)、四九四頁。
(29) 鈴木一「今は亡き渋沢会長を悼む」(『渋沢敬三先生景仰録』、一九六五年)一五六~一五七頁。
(30) 上村健太郎「台湾旅行」(『渋沢敬三先生景仰録』一九六五年)、一五九頁。

(31) 増田弘「公職追放解除の影響」前掲中村隆英・宮崎正康編著『過渡期としての一九五〇年代』所収。
(32) 有沢広巳監修『昭和経済史（下）』（日経新書、日本経済新聞社、一九八〇年）、六七頁。
(33) 渋沢敬三「平和を求める心」一九五六年。
(34) 同右。
(35) 前掲、渋沢敬三「ＩＣＣの活動と東京総会」。
(36) 同右。

第二部　渋沢敬三、その前半生の研究

第5章　渋沢敬三と土屋喬雄の学生時代
――人格主義の教養と実証主義の学問――

由井常彦

はじめに

日本経済史、経営史研究の金字塔といえる『渋沢栄一伝記資料』（全五八巻）と『日本金融史資料』（全六〇巻）は、渋沢敬三の企画と全面的支援のもと土屋喬雄の編集によって実現したことは周知のところである。だがこの二人が同じ一八九六（明治二九）年生まれで、人格形成の時期たる旧制高校・大学を通して級友であったこと、また同じ経済史の演習の出身者たることはあまり知られてはない。さらに敬三の卒論の「日本の工業発展の一考察」が社会経済史の研究であり、のちの資本主義論争にもかかわる業績であることはまったく知られていない。そこで筆者は第1章でも触れたが、改めて、より立ち入って学究としての二人の学生時代（その後の留学期を含め）を考究し、二人の関係と学問について論述しようとするものである。そうすることによって経済史家民俗学者であり、銀行家でもあった渋沢敬三の人物がより立体的に理解できると考えている。

一　「生物少年」の渋沢敬三と「勉強一途」の土屋喬雄

まず二人の少年期から筆をおこすこととしたい。少年期の渋沢敬三については、河岡武春「敬三の人間形成——東京高師附属中学時代を中心として——」という行き届いた論文が発表されている。(1)詳細は同論文にゆずり、本稿では必要な範囲にかぎり、筆者の趣旨にそくして記述するにとどめたい。

犬と遊ぶ敬三（逗子にて、明治36年、渋沢史料館提供）

渋沢家の人々など関係者のなかではよく知られていることだが、渋沢敬三（一八九六年、明治二九年八月二五日生、渋沢栄一嫡男の篤二・敦子の長男）は、幼い頃から利発であるばかりでなく、好奇心が非常に強く、なかでも生きものと生態に大きな興味をもち、周囲から「生物少年」とか「昆虫少年」とかいわれた。生家の東京、深川の福住町の渋沢栄一邸でも、庭の池

（当時は東京湾に通じていた）のふちにたたずんで、ハヤ、フナ、ハゼときにはうなぎなどのさまざまな魚とその動きをあきることなくみていたといわれる。小学校も上級生にすすむと、二歳年下の従弟でいわば弟のような尾高朝雄らをひきつれて[2]、蝶や昆虫の採集にいそしみ、標本作りに凝ったりしている。

中学生になると敬三は、正真正銘の「生物少年」に成長した。彼が入学した高等師範学校附属中学（東京市小石川区）は、イートンに代表されるような、イギリスの上流家庭の子弟の教育制度にならって次世代のエリート（政治家）の育成を目的に設立された小中一貫の中学であった。初期には岩崎小弥太（三菱）、波多野精一（宗教家）、鳩山一郎らが学んでいる。教員には高等師範の教員はじめ、各分野の学者や研究者が、授業と生徒の指導にあたっていた。祖父の栄一は、周知のように学校教育に関心が高かったから、渋沢家では同家および各家はじめ、尾高兄弟、穂積兄弟、阪谷兄弟など近親の孫の世代の多くが、附属中学に入学するようになっていた。

渋沢敬三は、附属小学校を経て一九〇九（明治四二）年に高師附属中学に入学し[3]、非常に恵まれた環境と教員のもとにあって、子どもの頃からの生物と自然に対する関心は、学級がすすむと学問的ないいレベルの研究へと進歩している。教員のメンバーには、生物学者でこの時代の進化論の著者で有名な丘浅次郎（敬三が大学卒業後も交誼が続いている）はじめ植物学の福葉彦六、地理担当の大関久五郎ら、先駆者的な学究が授業や個人的な指導にもあたった。

国語、漢文では諸橋轍次《もろはしてつじ》（のち文理科大学教授、漢文の第一人者として知られる）に個人的に師事している。(4) 諸橋は尊敬に足るすぐれた人格者、教育家であって、敬三は少なからず影響をうけた。敬三が理科系の学問ないし自然科学ばかりでなく、文学と漢文の素養を身につけたのは、中学生の時期に諸橋を通じて親しんだところが多いと考えられる。語学、とくに英語に関しては、附属中学が重視したばかりでなく、周囲の親戚たちに、大学の留学はじめ海外生活の経験の持ち主が少なくないことがあり、家庭でも英語や英語文献に触れる機会が多かったであろう。

附属中学三年次に病気などで再履修をよぎなくされているが、敬三の場合の附属中学の六年間の勉学は、むしろ彼の学力と能力の向上に大いに寄与したとみることができる。

上級になると「桐蔭」と称した学園生活に深くコミットし、リーダーシップを発揮している。旅行と登山は好むところで、幾つかの旅行記、登山部の合宿生活でのレポートをまとめ、エッセイ「桐の葉陰」など書き残している。(5) 従弟の尾高朝雄のレポートとともに保存されているが、どれをみても中学生の筆になるとは思えないレベルの内容と文章である。

第1章で触れたが、生物にかかわる体験と調査メモはいくつもあり、三年次の伊豆箱根旅行で、珍しい種類のひるを発見し、教諭の丘浅次郎を喜ばせている。また同じ年夏の山岳部の北アルプス、上高地の一週間にわたる合宿では、穂高岳登山のほか周辺の生物・生態の研究に取り組み、「動物係」を担当した。生物学(分類)はすでに学んでおり、対象を脊椎動物はじめ、鳥類・爬虫類・両棲類・魚類・その他に分け、さらに三〇種類に分類し、存在の有無、生態、特徴について考察している。(6) 住民たちからのインタビューも行っており、専門的といえる実態調査をキチンと書いている。

これらのことから気が付くことは、中学の上級生頃からの敬三は、いかなる対象であれ、体験であれ、物事についてトコトン客観的ないし合理的に考える傾向を身につけたことであり、そのうえ、しばしば結果を文章にとりまとめていることである。（尾高朝雄も同じである）。こうした習慣が少年期から身についたことは、指導者の人物・能力によるところがあるが、いずれにせよ、学究ないしは文化人としての素質が育まれていたことを示している。

翌年卒業をひかえて渋沢敬三は、たまたま一九世紀末のイギリスの銀行家にして生物学者であり、さらに人生論の著者で知られたJ・エーベリー卿（Lord Avery. Sir John Lubbock, 1834-1913）の昆虫の実験について知ることがあった。そして既述したように敬三は、附属中学の卒業に際してエーベリーの蜂蟻についての実験をフォローし、作成した論文を発表している(7)。

エイベリーは、父を銀行家にもつイギリス名家の出身で、一九世紀後半のロンドンの金融業の発展とシティの国際的な地位向上を背景として、手形取引の普及に尽力して大いに成功した。次いで一〇年にわたってロンドン商業会議所の会頭を務め、保守党の議員にも選出された。かたわら生物学に興味をもち、蜂蟻の実験（色彩、音響、光などに対する反応）を試み、専門的な業績をあげた。さらにエーベリーは異色な人物で、人生論（伝統的な学問分野としては幸福論）について数々の著作を書き、世間的にも著名人となった。日本にも知られ、人生論の一部が邦訳され、三井家当主の三井高棟は一九一一年秋の訪英に際しエーベリーを表敬訪問している(8)。

渋沢敬三は、親戚の石黒忠篤（農商務省勤務）を通じてエイベリーの著作を手にすると雀躍《じゃくやく》したらしく、王子・西ヶ原の渋沢邸に行き、彼の蜂蟻の行動実験を追試し、一九一五（大正四）年春卒業に際して、「我が尊敬するエーベリー卿の略歴ならびに蜂蟻に関する研究」なる論文を、『桐蔭雑誌』に投稿、掲載された。

この論文の内容はエーベリーの実験の紹介を主としたものであるが、同じ条件のもとで行われた稲田教諭と渋沢敬三自身の成果とを追加し、エーベリー著作目録をも付記しており（これは石黒の好意によると注記）、本格的な学術論文の体裁をとっている。

論文の発表は、敬三の進学問題が関係していた。この年春に祖父の栄一は、渋沢同族会社の設立と長男篤二をとびこえて孫の敬三の社長任命を決意し、敬三にうちあけるところがあった。敬三は全く予期しないことで、自分は生物学者たるべく理科への進学の決意を表明し、その意思の理解をうるためにも論文の作成と発表を急いだと思われる。石黒が「エーベリー卿を憶ふ」と題するエッセーをすでに『桐蔭雑誌』（五五号）に発表していたこともあり、幸い中学生の敬三論文も急遽掲載のはこびになったであろう。

武之助ら兄弟や親戚には敬三の希望に賛成する者も少なくなかったが、栄一の再三にわたる懇請に敬三が受諾をよぎなくされたことは、関係者によく知られているところである。

ところでこれより先、敬三が三年次の頃、栄一の嫡男で、敬三の実父の篤二が、建築してそれほど時日を経ていない三田の本邸から「家出」し、「浮き世を離れて」（渋沢敬三の感想）ある女性と白金に居住するという出来事があった。(9) それにともない敬三と二三の親戚の中学生は、親元を離れて市内で「寄泊」し、寄泊先から通学するようになった。

この出来事をどのように敬三少年が受け取ったかはわからないが、少なくとも表面的にはやんちゃで明るい彼は、さして苦にせず、上級生として桐蔭生活を楽しんでいる（中学生活の雑感「桐の葉陰」に感傷的な記述はみられない）。東京でのトラブルを避け、自由な高校生活にあこがれ、二、三の級友をさそって、仙台の第二高等学校への進学は早々に決意した、と回顧している。

このようにして渋沢敬三は、東京で選ばれた中学生活を送り、早くから広い教養を身につけ、また生物学のような専門にも長ずるようになった。だがこれに対して高校以後親しい友人となる土屋喬雄のほうは、不幸ともいえる環境のもとで、成績一途の中学生時代を送っている(10)。

土屋喬雄は、渋沢敬三と同じ一八九六（明治二九）年一二月二一日東京牛込に生まれた。実父は大原鎌三郎といい、幕臣の出身で子供の頃は小刀《しょうとう》を腰にしていたという武士気質の稀な秀才であった。勝海舟の世話で草創期の東京大学（法科大学）に入学し、最少年で卒業している。当時は多くの講義は英米人の教師による英語で行われ、卒業論文は英文で書かれていたという。

子供の頃の土屋は、父から「勝先生のおかげで東大を卒業できた」と聞かされた。卒業後も薩長藩閥政府に対する反感から脱却できず、「武士は食わねど高楊枝《ようじ》」を信念とし、潔癖《けっぺき》な性分がわざわいしたが、十分に志を達することなく、弁護士（当時の代書人）のまま、喬雄が九歳の時に（明治三九年）急死した。四男三女という子福者であって、その後の生活難から三男の喬雄は、ほどなく仙台で弁護士であった父の友人の土屋家の養子となった。仙台藩士出身の養父母も武士気質であったようである。明治四五（一九一二）年に仙台第一中学校に入学した。

養父母のもとでは必ずしも愛情が通わなかったようで、土屋喬雄は「一生懸命に勉強して、苦労してでも実父の卒業した大学に入ろう」と誓ったと回顧している。仙台一中に入学すると、授業料が免除される優等生たるべく、〝ガリ勉〟との評をいとわず学校に精勤し、彼自身が課した予習の「貯金」をためることに励んだ。そして貯金がたまると、近くの図書館に行って小説や文学書を耽《たん》読《どく》したという。

こうした仙台一中の生活は、およそ渋沢敬三の桐蔭生活と異なるものであった。肉親の愛が乏しかったせいか、成績は首席で通したものの、上級生になると次第に孤独になりがちで、厭世感に悩む文学少年となった。この頃の土屋喬雄は、石川啄木や若山牧水に強く心をうたれた。第一高等学校の生徒で「萬有の真相は唯だ一言にして悉《つく》す、曰く不可解」と「厳頭之感」を書き残して華《け》厳《ごん》の滝《たき》に投身自殺した藤村操には同感した、といい、そうした人生観の深い悩みは二高に入学する頃まで続いた、と記している（『私の履歴書』）。

二　第二高校時代の教育と人格主義

1　仙台の二高と二人の入学

才能と意欲のある少年にとって、青年時代はもとより非常に重要であるが、明治時代の末から大正、昭和、戦前までの時代の旧制高校は、東大・京大はじめ帝国大学進学を約束された日本のエリート学生であった。反面精神的ディスプリンが厳しく、人格形成の場であった。

渋沢敬三と土屋喬雄は、共に仙台の第二高等学校への入学を中学上級生の頃には決めており、一九一五（大正四）年四月に中学を卒業したのち、七月に受験・パスして、九月に同校に入学した。試験の前日に水泳好きの敬三は、キャンパス前の広瀬川で同僚たちと泳ぐという武勇談を残している(11)。東京の高師附属中学からは、中山正則、清水正雄らの友人たちが入学している。

敬三の場合は、本来は理科に進むつもりであったが、既述のように渋沢栄一に説得されて、第一部英法（文科甲類）に入学することになった。渋沢栄一は、敬三の入学に喜悦し、入学に際して孫の見送りに上野駅のホームまで出掛けてゆき、駅長らをあわてさせたエピソードで知られている(12)。敬三の進学を機に渋沢栄一は、渋沢同族株式会社を設立（社員は渋沢宗家、武之助、正雄、秀雄の各家のほか、穂積、阪谷、明石の親戚、資本金一〇〇〇万円、払込六五〇万円、敬三を社長に定め

桐寮の仲間（大正６年、渋沢史料館提供）

ている。栄一の長男の篤二は、名実ともに廃嫡された（この件は裁判所の認定をへて新聞にも報ぜられた）。

さてあこがれた高校進学であったから、杜の都の三年間の二高時代は、敬三と喬雄の二人にとって、有意義で、また愉快な青春時代であった。

当時の二高は、東北唯一の高校であり、「雄大剛健」を校風とし、とくに寄宿舎生活は、自治主義で粗衣粗食を旨（当時の高校では一般）としたが、敬三の場合は、東京での渋沢家の柵《しがらみ》から遠く離れたという解放感にみちたものであった。不便さやバンカラな生活は何ら苦とするところがなかった[13]。

入学初期の頃の敬三は、仏教道交会なる道場（師は近角常観という）で寝起きすることとなった。彼はここで仏教に親んだ。これは留意に値する。もっとも、彼の合理主義的（科学的）意識からか、仏教道場の修行を経験することはなかった（友人の中山正則らは近くの松島の瑞巌《ずいがん》寺で参禅、接心をうけている）。だが敬三も、禅宗の師家名僧といわれた松原盤竜《まつばらばんりゅう》を尊敬しており、その後社会人になってから交誼を続けている[14]。ちなみに彼の文章には、禅仏教の用語がしばしば登場する。

その後栗野教授（後述）の世話で敬三と中山たちは、外人教師の住居のあとという家屋を譲り受け、「桐寮」と称し、相変らず粗衣粗食の寄宿舎生活を過している[15]。

さて旧制高校の文科は（理科でも）、周知のように、今日でいう一般教養科目とりわけ語学と文学・哲学（ないし思想）の教育が頗る重視された。語学については英語はもとより第二外国語（文甲ではドイツ語）も重要で、二年次からはしばしば原書のテキストが用いられた。かつての高校生が高吟した「デカンショ節《ぶし》」（デカルト・カント・ショーペンハウルの略語、誰しもドイツ語に苦しめられた）のなかによく表現されている。また教える側では、優れた文学者、語学者、文人、詩人が担当することが少なくなかった。

土屋喬雄の『私の履歴書』によれば、渋沢と土屋が学んだ文甲の英語は、詩人として高名な土井《つちい》晩翠《ばんすい》、ドイツ語は評論家として活躍していた登張竹風《とばりちくふう》らであった。文学青年で新体詞に親しんでいた土屋喬雄は、英語担任の土井晩翠に感激している。これに対し渋沢敬三は、土井についてはさしたる印象はなく、むしろ沢口一郎教授について教わったことをよく回顧している(16)。

文学哲学の担当は、粟野《あわの》健次郎であった。彼は英、独、仏からラテン語、ギリシャ語に通じ、文学に限らず、歴史、地理から生物にも及ぶ博学、博識の学者で、独身で通し、学生の敬愛を一身に集める当時の二高の名物教授であった。土屋喬雄は、厭世感に悩んでいたことから粟野を大いに尊敬し、人生問題について指導を乞うている。渋沢敬三は彼が生物学や進化論についても通じていたから教えを乞うところがあったらしく、しばしば粟野の人物の意見について触れている。

ところで二高の授業については、土屋喬雄は最初から中学と同じく、ないしはそれ以上に熱心に受講し学習した。どの教科も教室の最前列に席をとり、講義の緻密なノートをとり、予習・学習に努めた。成績は三年間つねに首席で通し、二高でも授業料は免除された[17]。

対照的に渋沢敬三のほうは、当初から授業出席には意欲が乏しく、成績・席次には関心がなかった。この点は、いちように中山以下の同級生たちの追想談話のなかで語られている。中山によれば、敬三は落第しない限度で成績を維持する才能をもっていたという[18]。

土屋の熱心はともかく、二高時代の敬三が授業に意欲が乏しかったことには、いくつかの理由が指摘できる。一つは、東京の附属中学時代に敬三は、新進の学究や大家たちのもとで、本格的な学問を親しく学んできたために、高校に入学しても（粟野らを別として）、教員や講義に対しそれほどの魅力や必要を感じなかったことが挙げられる。この点では地方出身の大多数の生徒と渋沢敬三とでは、おなじ二校生といっても、カテゴリーを異にした。

また多くの講義の内容が、著書やテキストとそれほど異ならない場合は、敬三にとって出席することが時間の無駄と考えたであろう。敬三にとって、周囲には自然や農山漁村など興味の対象が溢れていた[19]。彼が図書室で講義と関係なく動植物や民俗学の文献を読んでいる姿は友人たちがいちようにみているところである。

2　渋沢敬三と土屋喬雄、そして経済学

渋沢敬三と土屋喬雄とでは、出身地が異なり、敬三は二、三の東京出身者と合宿生活をしていた当初は親しい関係ではなかった。しばらくたってから、地元仙台の早川家の存在が縁となってお互

いを知るようになった。

渋沢栄一は後継者たる孫の敬三が遠く離れた東北の仙台にひとりで学習することに不安を感じ、仙台の名望家で知人の早川知覚に敬三の世話を依頼するところがあった[20]。過去において栄一は、嫡男の篤二を熊本の第九高校に学ばせたが、放任したこともあって、これは失敗であった。早川は渋沢栄一の義理両全の理念の信奉者であり、厳格なタイプであったから適任と考えられたであろう。

仙台に来た敬三にとって早川の存在は、幾分けむったい存在であったと思われるが、早川の息子たち（早川退蔵、種蔵）は仙台一中の卒業生で、土屋喬雄とは旧己の間柄であった。だから間もなく早川家の人々を通じて、敬三は同級生の土屋喬雄という地元の秀才の存在を知り、喬雄のほうは、渋沢敬三がかの渋沢栄一の孫で、後継者に定まったことなどを知ったであろう。

ところが相互に相手を知ってみると、意外性があって、間もなくうちとけた友人関係となった。土屋喬雄からみると、渋沢敬三は、「名門の子弟らしいおおらかさをもちながら、親切で、至って庶民的、民主的」であった。あとから考えると、高慢なところがなく、祖父から受け継いだ「謙虚、恭順というすぐれたものであり、親切も仁愛・慈悲心というほどにふかいものであった」[21]。さらに驚いたことには、教室であまり見かけない同級生の渋沢敬三があまりに「博識にして博学」であったことで、すっかり敬服している。後年の追悼談の中で成績について言々（うんぬん）する中山正則らに対して、土屋喬雄は、「（渋沢敬三は）超越していた」[22]、祖父と同様にすでに「大きな器量の人物」であったと反論している[23]。

親しくなってからのちの二人の友情を語るエピソードはいくつもあるが、(24) 本稿では割愛したい。粟野健次郎には、それぞれ別な面からともに感化を受けた。土屋喬雄のほうは、厭世観を脱却し世の進歩に裨益《ひえき》する学者としての自分の途を肯定し、より学問と勉学に励むようになった。土屋はこう回想している。

（粟野）先生は、人間の文明の発展は事実であり、それから推して未来の発展の無限の可能性を否定する根拠がないことを教えられた。何度かお話を聞いているうちに、私の厭世観や煩悶をもちながらも実父の学んだ大学へのあこがれは強く、勉強は相変らず真剣につづけた。（二高の）成績は九回の試験はいつも一番であった。……図書館では、いろいろのものをあさった。……大先輩の高山樗牛《たかやまちよぎゆう》の諸書、井上哲次郎博士著『国民道徳論』桑木厳翼博士著『哲学綱要』など熱心に読んだ。

二高で勉学に努めているうちに彼は、経済学にもっとも「心をひかれた」。彼らが二高入学した時は、前年七月第一次世界大戦が勃発をみ、翌年から好況と企業熱がよび起こされた。それと同時に明治末年の社会主義運動に続いてデモクラシーが唱えられるようになった。また男性を中心とした労働者階級が形成され、社会問題の研究が学者の間に活発になるようになった。こうした社会情勢から経済学にたいする関心が、日本社会のなかにわき起こった。

したがって渋沢敬三と土屋喬雄の二人、とくに土屋が経済学に強くひかれるものを感じたのは当然といえるかも知れない。彼は経済学の当時代表的な著作であった福田徳三著『経済学講義』を買い求め、二高在学の後半に「まる一年かかってこの大著を精読した」[25]。同書は、古典派経済学ではA・スミスからマーシャルまで、そしてドイツ歴史学派他勃興期のオーストリア学派、さらにはマルクス学派の諸文献を参考としながら経済学の原理論をひととおり解説した、今日でも信頼できる経済学の概論ないし総論である。難解であったといえ、土屋喬雄が裨益を受けるところが大きく、彼はこれを読んで、経済学の学者として身をたてることを決意したという。

3　渋沢敬三の「物のあはれ」と真善美

高校の三年間がひたむきに、経済学を志した土屋喬雄に対し、渋沢敬三のほうは余裕ある態度で旅行に出かけ、また好きな学問にいそしんでいる。土屋が、「器量」を感じたとおりの生活と学問であった。ペダンティックな点では敬三のほうが粟野教授に近い人間であった。

二高時代に敬三は、旅行記や感想のほかに、文科の学生として、二つの論文を書き残している。「松平定信」[26]と「物のあはれ」[27]がそれである。前者は江戸中期の白河の藩主、世にいう寛政の改革の立役者で、楽翁と称された人物の評伝である。論文は定信の学問がおもなテーマで、松平定信が世に出る前に学んだ多くの文献類をひろく収集・紹介し、原典の漢字漢文を引用して読みこなしていることが特長で、諸橋徹次から学んだ素養がものを言っている[28]。

「もののあはれ」は、卒業を前に執筆した、原稿用紙にして五〇枚ほどの国文学ないしは文学史の論文ないしはエッセイである。文化人としての最初の本格的な論文もしくは処女作と見ることが

赤石頂上にて（大正７年７月、渋沢史料館提供）

でき、渋沢敬三の人物と思想には欠かせない論旨と内容をもっている。

この論文は日本人論から始まる。彼は、自らを深く省みる時、「あはれ」を感ずる心情こそ、祖先いらい我々の自然で純粋な心であると論ずる。それは上代（古代）における「ありのまま」、平安時代の「あはれ」、武家時代の「なさけ」に現われる、「至上の心情」に他ならない。とくに近世の天才、本居宣長の「真心に従ひて行ひしならんには悪事の亦それによろし」の解釈に賛成し、上代人の自然の理解（ありのまま）に着目した。そして「古事記講義中九－四」の「沙本毘売《さほひめ》」の物語を例にひき、また源氏物語の本質が、説教でも勧善懲悪でもなく「物のあはれ」の心情にあることを、宣長によりつつ解明している。当時の国学の大家（筧克彦）らの解釈は、大正時代の「理想主義」に偏った説明と、批判されている[29]。

渋沢敬三の学問的ないし知的興味は、生物少年の実験以来物事の「科学」的な解明を思考する面と、自然を尊重し、自然にかかわるものの尊重を思考する面とがあるが、「物のあはれ」は、両面がかかわっており、興味深いし、貴重でもある。

渋沢敬三は成人になってから、とりわけ海外に行くと、東西の文明の比較や古代の文化についての関心が湧き思索と造詣が深くなるが（次章「渋沢敬三とロンドン時代」を参照）、原点をこの論文に見出すこともできる。

　さらに敬三は、民俗学の研究者間によく知られているように、登山好き旅行好きのところから、仙台の二高の学生の時期に東北地方の自然や農村がつよい興味の対象となった。入学最初の年は宮城県下の温泉や名所旧跡を友人たちと訪れているが、翌年春には岩手県に赴き、二戸《にのへ》郡の村々を訪ね、さらに県境をこえて秋田県に足を伸ばしている。とくに岩手県の二戸郡では、関東とちがって大家族制や名子《なご》制度といわれる近世以来の伝統的な農村の生活と文化、あるいは農具や技能などが連綿として存続しており、敬三のあらたな興味がよび起こされた。そこには、敬三が育った環境とは対照的な、自然ありのままの世界が生きづいており、彼の心に新鮮な研究意欲が湧いたのである。その結果、図書館で歴史や民俗学の書物をあさり、独学で民俗学を勉学している。

　ちなみに民俗学に関しては、柳田国男（一八七五〜一九六二）の先駆的な研究が世に出ており、柳田と同じ農商務省の出身であることから、親戚でとくに親しい石黒忠篤を通じて柳田のことは前から知っていたらしい。敬三はほどなく、たまたま友人の矢田部敏夫を通じて柳田を知り、のちに彼の教えを乞うている。

　その後二〇年たって渋沢敬三は、すでに第一銀行の常務となり、アチックミューゼアムを設立していたが、土屋喬雄と有賀喜左衛門の二人をつれて二戸郡を訪れている。二人とも学問的関心と情熱をもって詳細な調査研究にあたった。有賀の成果は重要なフィールド・スタディとしてまとめられ、アチックミューゼアムから発表され（一九三九年）、少なからぬ学界の反響を呼んだ。(30) 土屋喬雄も相当な量の調査メモを書き残していたが、とくに発表する機会がなく今日に及んでいる。

さてすでに触れたが、旧制高校においては、カントや新カント派の人格主義哲学を骨子とした人格の形成と陶冶が目標とされた。こうした高等教育の理念は、一九世紀ヨーロッパの大学（university）を踏襲したものであり、人間は「手段とならない存在」であって、そこに人間の主体性と人格の尊厳の哲学的根拠があることを学び、ヒューマニズムと教養としての学問が高等教育をうけた学生の自負そして矜持《きんじ》となった。

同時に、人間の至高の価値として、〝真・善・美〟の追求が理想とされた。大正という時代の思潮のもとで、学問を志した渋沢敬三と土屋喬雄とが、心の奥でこうした哲学思想の影響をうけたことは容易に想像される。

渋沢敬三は、土屋とちがって具体的で功利的な人生設計を持たないために、より深く共感したことであろう。これからのち彼は、人生の節目で真・善・美へのあこがれに心をゆさぶられるとともに、たとえ芸術家であろうとも、その人物について人格を求めるようになるのである（「第６章　渋沢敬三とロンドン時代」）。

三　東大経済学部と社会主義

一九一八（大正七）年七月、渋沢敬三と土屋喬雄は、東京大学法科大学経済学科（翌年経済学部

として独立）に入学した。土屋喬雄の記憶によれば、時勢が「法科万能」でなくなり、この年度に経済学科への入学生が数十人に急増し、二高から経済学科に進学した者が七名いた。同級生の中で「著名な人には、渋沢敬三、諸井貫一、水田直昌、向坂逸郎、宇野弘蔵、住谷悦治らの諸君がいた」(31)。

渋沢敬三は進学前に登山仲間の矢田部敏夫らとベテランの登山コースたる、南アルプス縦走にチャレンジ、踏破している。土屋喬雄のほうは本郷の東大に行く途中御茶ノ水の昌平黌《しょうへいこう》の前で、江戸時代に幾多の先学が各地から上京、この地に学んだことを想到し、大学令（大正七年制定）にある「学問の蘊奥《うんのう》をきわめる」気持ちを新たにしている。渋沢敬三は、三田の自邸から制服制帽のキチントした身形で通学、土屋は東大正門前のキリスト教学生会に下宿、通常は絣《かすり》の着物に袴をはいて通学した。

さて、この年から三年（大正七〜九年）は、日本の政治経済のひとつの節目であった。渋沢敬三も土屋喬雄も、平和な二高時代とは違って、東京では緊張した毎日となった。

第一次大戦によってもたらされた好景気によって経済界は空前の活況を示し、休戦後の一九一九年から翌年春には投機熱とバブル景気さえ生じた。一九一八（大正七）年八月には平民宰相といわれた原敬内閣が誕生して経済と教育に積極政策を唱え、吉野作造が民本主義を提唱し、大正デモクラシーの思潮が一段と昂揚した。入学早々の土屋喬雄は、吉野作造と福田徳三らの黎明《れいめい》会の普通選挙促進運動の集会に参加した（普選は一九二三年に実現をみる）(32)。

だが同じ時期の一九一八年夏に富山の漁村から米騒動がおこると、米価の騰貴に対する暴動が全国に波及し、神戸では総合商社の鈴木商店の米倉庫が焼き打ちされた。海外ではロシア革命が勃発しロマノフ王朝が崩壊した。為政者の失敗が、大衆による暴動を惹起《じゃっき》するという現実は、支配者階級として運命づけられた渋沢敬三にとって、生涯忘れがたい記憶に刻み込まれている。(33)

近代諸産業が発達したといえ、この時期には労働争議もまた頻発した。政府・財界によって労使関係の調査研究と争議調停のための「協調会」が設立され、二年前に創立された財界団体たる、日本工業倶楽部（初代の理事長は三井合名理事長の団琢磨《だんたくま》。渋沢栄一が顧問に就任）なかに事務所が設置された。

この時期の思想界の大きな特徴は、民主主義の大正デモクラシーの流れとは別に、社会主義の思想と運動とが登場したことであった。

「貧乏物語」で社会の注目を集めた河上肇京大教授は、株主配当の増加を賃金の引き上げよりも優先する財界に対して痛烈な批判を続け(34)、一九一八年には彼を主幹とする『社会問題研究』が創刊され、また堺利彦、山川均による『社会主義研究』が発行された。この年には大原孫三郎（倉敷紡績）によって、今日まで続く大原社会問題研究所が設立され(35)、渋沢と土屋の二人のつよい関心をひいている。急に不安定となった日本の現状について渋沢栄一は、その日記（大正八年三月）において、労使関係、失業対策、社会福祉などの必要な諸政策が、変化しつつある現状に追いついておらず、憂慮に堪えないことを次のように記している(36)。

国内現在、思想界ノ不安定ナル事、経済界、膨張セルヨリ其実質鞏固ナル事、道徳心、日ニ増シテ衰頽セル事、資本労働、調和不完ナル事、社会政策、樹立セサルニヨリテ防貧、策及救恤援、方法具備セサル事等、憂慮スヘキ案件顧ル多ク、之ニ加フルニ一家内小事ニ於テモ同族、實寧協和ニ付テモ訓諭スル事共多々アリシモ以テ、熱度多ク苦悶ノ加ワルニ従ッテ衝々、憂患《りよかん》胸中ニ在来ス

このような大正という時代背景のもと法学部から独立した東大経済学部は、経済的諸問題はもとより社会主義や社会問題の研究をも標榜する進歩的な教育・研究の場として、人々の注目するところとなった。発足当時の経済学部には、「立身出世したい学生は法学部」、「社会と人間の研究を志す学生は経済学部」という言葉が生まれた。

土屋喬雄は向学心が頗《すこぶ》る旺盛で、聴講した講義の担当教授とその特徴を、後年に以下のように記述している[37]（渋沢敬三の受講科目は、山崎、高野、森、渡辺のほかは不詳、カッコ内は引用者）。

新渡戸（稲造）博士は、経済史と殖民政策を講義されたが（大正七年度のみ、翌年から海外出張、教授身分のまま国連事務局次長となる）、非常に博学の大学者であり、かつ高邁（こうまい）な識見をもち、非凡な風格をそなえた大教授であった。金井（延）博士は、工業政策を担当された。同博士は明治三十年前後の農商高等会議や明治四十年代の生産調査会の委員として、工場法の成立（明治四三年）のために努力された進歩的な学者であった。が、私が講義を聞いたときは、老衰の段階におられた。山崎覚次郎博士は（省略、後述）。高野（岩三郎）先生は統計学担当、風格の高い先生であった。河津（暹）先生は商業政策、矢作《やはぎ》（栄蔵）先生は、農業政策、森（荘三郎）先生

は保険学、渡辺（銕蔵）先生は経営学、河合（栄治郎）先生は、社会政策を担当された。河合先生の雄弁な講義は有名であったが、私は山崎、高野両先生の厳密性、科学性の高い学問に多くひかれたのである。

当時新進気鋭の助教授または講師として経済学部のホープと見られた大内兵衛、森戸辰男、舞出長五郎、糸井靖之、櫛田民蔵の諸先生には、講義は聞かなかったが、儒者を思わせる風格をもった櫛田先生には、原書によって経済学を教えていただいた。

財政学は、馬場鍈一博士の講義を聴いた。馬場博士は後に二・二六事件の直後に組織された広田内閣の蔵相として財政史上一時期を画する「馬場財政」を打ち出されたことは、その評価を別として、感慨無料である。

もっとも渋沢と土屋は、もとより意欲を持って新設の経済学部に入学したが、しかし、周囲すなわち家庭環境条件は、恵まれたものではなかった。この点も触れておきたい。

土屋喬雄は、彼の在学中に二人の実兄が相次いで流行病などで死亡した。そこで大原家を継ぎ府立一中に進学した実弟の面倒をみなければならず、「勉強の時間を割いて英文の翻訳などの内職をし、弟の学費を稼ぐなど……非常な辛苦をなめつづけざるを得なかった(38)」。

渋沢敬三は、のびのびした仙台生活とは一転し、名実とも渋沢同族会社の社長として、同族間の調整に神経をすり減らす日々となった。祖父栄一は八〇歳代の老境を迎え、実父の去就は未解決の

ままであって、周囲の関心は若い二代の敬三の一挙手一投足に集ったからである。(3)

親類のところへ行くとその度色々なことを言われたものだ。お互い同士の批判や陰口など、誰が何と言っていたとか、こんな噂があったとか、うるさいのなんのって、僕がうっかりあそこでこんなことを言ってましたとか、あの人はこう考えているようですなどと、別のところでしゃべったりしようものなら、蜂の巣をつついたような騒ぎとなると思ったから、僕はそういう話は聞き役にまわるばかりで、自分ではいっさい何も言わないことにした。大人というのは馬鹿なものだと思った。

さて二人が師事した山崎覚次郎は、明治時代の末にドイツに長期にわたって留学し、ドイツ歴史学派の経済学（経済史）と新カント派の哲学に通じ、さらに当時の貨幣論・銀行論の権威と目され、日本銀行の顧問を務めていた。渋沢、土屋の二人は、山崎の「一言一句をおろそかにしない、厳密で科学的な学風」と経済史に対する関心から山崎演習に参加した。

なお大正時代の思想動向は、欧米諸国を先例とする大正デモクラシーに代表されがちであるが、他方において日本の伝統的諸価値を基盤とする思想や哲学の新しい動向も見逃すことができない。国粋会、玄洋社などの結社や活動が活発となり、農本主義が提唱された。それとともにアカデミズムにおいても、西田幾太郎の『善の研究』（大正四年初版後に年々再版）に代表されるような大乗（禅）仏教に依存する日本の哲学の樹立が試みられ、学生やインテリ階層の人々に多大の影響を及ぼすようになった。

渋沢敬三の一級下で従弟の尾高朝雄は、一高卒業後、当時京都大学に赴任した西田（社会学担当）を慕って京大に入学した。のち西田のすすめで、ウィーンに留学、現象学で著名なフッサールに師事。此の地で学位を取得、戦後は東大法学部長となる。尾高の少し前三井高公《たかきみ》（当主の高棟の長男、のちの八郎右衛門）も京都大学に進学した。三井家では一九二一（大正一〇）年に京都の今出川寺町に邸宅を新築し、西田に寄贈している。(40)

四　卒業論文・工業発展段階論と銀行発展史論

渋沢・土屋の二人は、山崎演習で机を並べたので、二高時代と同様以上に親しくなった。とはいえ講義での学習態度は大して変わらず、土屋が前のほうの席で熱心にノートをとるのに対し、渋沢は興味のある講義のみ後方側に席をとるのが日常であったといわれる。

記述したように二人は、山崎覚次郎教授がテキストの一言一句もおろそかにしない厳密な学風で銀行論と経済史の担当であったから、遅疑《ちぎ》するところなく山崎教授に師事した（カリキュラムの上では経済史が高名な新渡戸稲造が担当であったが、同教授は間もなく日本を去っているので、演習の学生を採用せず、山崎に代わった）。渋沢敬三は歴史好きの上に、山崎が銀行論の大家であったから（山崎は個人的にも渋沢栄一と面識があった）、祖父の栄一は大賛成であったことであろう。

卒論をみこんだ研究テーマは、敬三はK・ビュッヘル（ドイツ歴史学派）の工業発展段階説を参考に「日本の工業発展段階」の研究とされた。そして土屋のほうは、「明治日本の銀行制度の発展」を研究するよう指導された。[41]

ところで二人のテーマをならべてみると、明らかに違和感があり、むしろ逆ではないかと思わせるものがある。渋沢敬三の場合は、すでに渋沢同族会社の社長であって、大学卒業後は第一銀行の役員たることが約束されていた。だから常識的ないし世俗的には、祖父が指導的役割を演じた明治日本の銀行史こそ適切なテーマと考えられるからである。

しかしよく考えてみると、厳格な指導教授の山崎が、テーマの選択にあたって容易な途を嫌い、敬三が自身で実証的にしっかり調査・研究に取り組み、成果が身につくように指導、助言したことは十分ありうることである。また銀行経営にとって、取引先の商工業の実態を研究しておくことこそ本人にとって有用、有意義と考えたとも思われる。事実、その後第一銀行に入行したのち、敬三が商工業の経営に通じていることは、彼の強味になっている。[42] 敬三の側では、すでに体験している、実態調査は望むところであったかもしれない。

こうして敬三は、山崎について早い時期から日本の工業の発展段階の研究（カール・ビュッヘルの『工業発展段階論と日本の適用について』）について取り組んでいる。

ビュッヘルの経済および工業の発展段階説は当時よく知られたモデルで、経済段階には邦訳が試みられ、山崎自身もすでに日本への適用を検討していた。[43] 敬三に対する山崎の指導は厳しく、工業（Gewerbe）の概念規定に始まって、過去における内外の業績の綿密な検討を求め、次いで日本への適用と実証を要望したとみられる。

敬三は関東の伝統的な織物を対象に選び、学友で埼玉県加須《かぞ》出身の中山正則の紹介で行田《ぎょうだ》の足袋工場などをひとりで調査している。(44) しかし関東の織物業を対象とした日本の工業発展の研究は、テーマは経済史として優れているものの、実際にあたってみると必ずしも容易でなく、敬三の研究と論文の執筆は難渋している。

渋沢敬三は、この研究の意図と研究に際する困難がいかに大きかったかについて、次のように回想し、ビュッヘルの工業発展説の紹介にとどめれば良かった、と述べている。(45)


この小論文を書きました頃は丁度労働問題が流行でゼミナールの人々も或は社会主義に就て各々勉強されましたが、私は先生のお勧めもあり又経済史に幾分興味を持って居りましたので、此の様なものを選んだのであります。……

先ずビュッヘル氏の所論を研究し、次に、これに基いて本邦に於ける有様をながめようとしたのでありますが、処が当時本邦経済史に関する資料は今から見ると驚く程少なかった為甚だ困難を感じ、却って他の方がやって居られる翻訳の手取り早いのが羨ましく思われた程でした。


右のように、渋沢敬三の卒論は、理論的にも実証にも手間取ったようであるが、努力を重ねて一九二〇（大正九）年の五月にはいちおうの執筆を終えて提出された。論文は百数十枚にわたる労作で、目次を掲げれば以下のとおりである。(46)

内容を紹介すれば、目次から知られるように、

(1)緒論において、「工業」の概念規定について歴史学派にふさわしい丹念な検討から始まり、ビュッヘルの概念と発展段階のモデルが妥当であることが論証される。(2)次いで第一章以下各章の第一節において段階（Hauswerk 家内仕事→賃仕事 Lohnwerk→手工業 Handwerk→問屋制家内工業 Verlags System→工場 Fabrik、手工業以降が近代的な発展とされる）にそくした工業経営の諸形態がヨーロッパの経済史のなかから抽出、考察される（対象はビュッヘルの研究にとどまらない）。さらに(3)各章の第二節で、日本の工業発展の諸段階（古代・近世）が検討、考究され、(4)なかでも江戸時代の発展が重視され、関東各地の織物業などを対象に、沿革、経営組織（所有および生産と流通の構造）と実例が論述される。ここでは行田の足袋製造業の事例が実証的に研究され、経営の「長短」が分析的に解明される。最後に結論が付されているが、内容的には日本の中小工業論である。ここで一九二〇年当初の工業に於ける中小企業の意義（根づよい存続と日本経済に占める地位、その理由）が論ぜられる。彼の中小工業論は、農山漁業と通底している。

上記の紹介からすぐに気が付くように、敬三論文は意欲が先走って、論証すべきテーマが多すぎる嫌いがある。ビュッヘルの発展段階論の紹介と解説か、日本の工業発展の立論か、さもなければ機業地の実証研究で足るものであった。この点は敬三自身が十分に認めるところで、のちに書き改

めるべく試みている（実現はしていない）。

とはいえこの論文が、時間と精力を要した一大労作であることも明らかであった。ゼミナールの発表では、土屋喬雄以下誰もが敬三の研究が広い分野にわたることに感心し、教官たちからも評価された。事実関東の織物業の研究は、のちの日本資本主義論争のマニュファクチャ研究の先駆をなすものでもあった。敬三自身はこの論文を自分の社会科学の研究論文として、ロンドン留学の際に携帯、発表しており、[47]のちの自著『祭魚洞雑録』に収録している。

なおこの機業地調査の結論として渋沢敬三が、産地の問屋資本家を「頑迷にして無知」、「旧套《きゅうとう》墨守《ぼくしゅ》にして小利に汲々」、長期的展望に欠けるなど、言葉を尽くして批判していることは注意に値いする。[48]

既述したように、敬三は社会問題と社会主義につよい関心をもち、東大経済学部に入学後は誰よりも早く社会主義、社会問題についての内外の文献を買い集めていた。[49]今回の関東の織物業の研究において、敬三が問屋資本の現状を詳細に調査し、分析した結果は、このように問屋資本家は概して「保守的」さらには「労働力搾取的」な経営であって、敬三が日本の資本家に対し批判的となったことは明らかといえる。

さてこの時期はかの『資本論』をテキストに、マルクス経済学の研究が急速にすすみ――この頃は全訳されていなかった――、ラディカルな議論も活発に行われるようになっていた。同級生の向坂逸郎らは代表的存在であった。こうした資本主義批判の雰囲気で敬三の態度は驚くほど平静であったといわれる。[50]

（当時の状況のもとにあって）彼（渋沢敬三）は、革新的な思想をもった学生にも反感や憎悪感をもった眼で見ないでノンポリの学友に対するとまったく同じような暖かい眼で見ていた。革新的な思想をもった学友からさえも親しみをもたれた。

この文章は、土屋喬雄の追悼文からの引用で、土屋は、渋沢敬三の祖父の栄一と同様に民主主義者であったことを強調しており、貴重なこの時期の回想である。敬三が、「革新的な思想の学生」に劣らず、学問としての『資本論』を評価しており、[51]かつまた、資本主義的な社会では、個人の善意とは別に、社会経済には構造的な問題がある、ことを感知していたことを示すものといえる。

土屋喬雄のほうは、日本の銀行発展史をテーマとしたが、卒業論文は残念ながら現存しない。彼はこの時期に、大蔵省や日本銀行などで「銀行白書」などの文書に触れていたから、明治初年の為替会社・通商会社、次いで第一銀行など国立銀行（明治五年）、さらに日本銀行（明治一五年）の設立と経営について研究し、卒業論文をまとめたことであろう。あわせて会社企業の発達の研究も試みたようである。その後十数年を経て、土屋喬雄は、『渋沢栄一伝』を執筆し、渋沢敬三の委嘱をうけ『渋沢栄一伝記資料』および『第一銀行史』の編纂にたずさわることとなる。

土屋の場合は、私淑した福田徳三の影響のもとに経済学の学究を志し、次いで日本経済史の研究を専攻したい気持でいたが、この途は開かれた。彼は、京大教授の河上肇が、この頃に江戸時代の経済に関する論文を書き始めたのを見て、一九二〇年夏に京都に行き、同教授に意見を乞うたところ、日本経済史研究を熱心に説かれ、「啓発されるところが多かった」[52]。次いで指導教授の山崎の推薦をうけて、一九二一（大正一〇年）四月、東京帝国大学助手を「拝命し」、経済学部に勤務することとなった。

同期で助手となったものは、諸井貫一、向坂逸郎、宇野弘蔵の三人であった。土屋の記憶によれば、諸井は篤学の士で工業政策を研究、英国流の紳士の風格の持ち主であったが、父が秩父セメントの創業者であったことから、まもなく同社に転じた。著名なマルクス経済学者となる向坂逸郎と宇野弘蔵の二人については、彼の興味深い文章を掲げておきたい[53]。

向坂逸郎君は経済学史、宇野弘蔵君は経済原論を専攻としたが、向坂君は九州大学へ、宇野君は東北大学に転ぜられた。両君がわが国の経済学界におけるマルクス学派中の第一線学者として果たした役割の重要さは長く後世に伝えられるものであろう。両君はともに田舎者の篤学青年だった。向坂君は福岡県大牟田の出身、宇野君は岡山県倉敷の産、ともに相当お国なまりの残っていることばで話した。両君は学生時代から河上博士の著述を熱心に読んだのみならず、堺、山川、荒畑の諸氏のような古い社会主義者の文献も勉強し、さらにマルクス、エンゲルスの著書をも研究していた。両君は、助手になってから、マルクス、エンゲルスの文献をいっそう熱心にされた《ママ》だけでなく、スミス、リカード、ミルら古典学派の文献も、カント、ヘーゲル、フォイエルバッハ、リッケルトらの哲学・認識論・科学方法論の諸文献をも熱心に勉強しておられた。

翌大正十一年の卒業生中から有沢広巳、大森義太郎らの諸君、十二年以降脇村義太郎、山田盛太郎、高橋正雄、美濃部亮吉らの諸君も助手になられた。……私は学問上の多くの裨益《ひえき》をえたことは忘れることができない。

五　敬三のロンドン留学と土屋の「封建社会の崩壊過程の研究」

さて、渋沢敬三は、一九二一（大正一〇）年四月東大を卒業すると、そのまま祖父が創業し、当時「渋沢家の家業」といえる第一銀行に入行するには抵抗感があった。祖父の栄一も修業期間が必要と考え、外国為替を主体とし海外に店舗網をもつ横浜正金銀行（明治一三年設立、児玉謙次頭取）をすすめ、[53]海外留学に意欲があった敬三は、卒業と同時に横浜正金銀行に入行した。そして翌年九月には望みどおりロンドン支店勤務となった。この人事は、当時でも異例であって、事実上の留学は、敬三が将来日本の金融界、財界でのリーダー足るべく期待されていたことを示すものであった。

東京大学そして苦労した卒業論文からの解放感があってのことであろう。入行前の二月敬三は、三田邸に生物学や民俗学の仲間たちを集め、やがてアチック・ミューゼアム・ソサエティと称される会合を催し（第一回）、[54]有力なメンバーとなる鈴木醇、宮本璋、中山正則、清水正雄らが参集している。そして海外出張の前までに会合を重ね、邸内の物置の二階に標本室をつくり、動植物、化石、郷土玩具などの収納室としている。

さて渋沢敬三がロンドン出張（留学）をいかに待望し、心に準備をしたかは、一九二二年（大正一一）年九月出向、一一月現地着以降、詳細な日記ないし報告書を作成、東京の祖父母、両親宛（実際には東京の渋沢事務所）にほぼ定期的に送り続けていることからもわかる。そして以後四年間（大正一一〜一四年）にわたる彼の手記ないし紀行記は、「ロンドン通信」としてとりまとめられているとおり、まことに有意義であり、かつ概して愉快なものであった。なお出発の前の五月に結婚（木内重太郎、磯路の次女、木内登喜子）、ロンドン滞在の初期は単身であったが、翌年春には新妻が来英、一九二五年四月には長男の雅英が誕生している。

ロンドン滞在中の公私にわたる行動、経験、出張そして学問、研究については、次章の「敬三とロンドン時代」に詳述したので、本章では要約的な記述にとどめることにしたい。

敬三の渡英は、正金銀行ロンドン支店勤務として銀行業務のほか、いわゆる留学としての明確で具体的な目的意識があった。

第一は、資本主義の先進国で、第一次大戦の戦勝国たるイギリスの政治経済がいかなる状態にあるかを、自分の眼で確かめることであった。敬三にすれば、「頑迷で旧態然たる資本家」が多い日本からみて、イギリスはより紳士的な資本主義国との期待感があった。またイギリスのおける経済道徳、さらには儒教思想の理解について調査してほしい、との祖父栄一の要請もあった（英文の儒教関係文献の収集と送付が含まれた）。

第二は、イギリスにおける社会主義そしてコミュニズムの現状把握という敬三自身の課題があった。彼はマルクスが、アダム・スミスの『国富論』に匹敵する大著『資本論』をロンドンで執筆し、他界した事実をよく知っており、マルクスの言葉どおり社会主義が資本主義にとって代わる体制とすれば、イギリスの社会主義ないし革命運動の現状はどのようなものかは、非常に重要な研究テーマであった。

そして第三の目的は、個人的にロンドンやパリの文化、とくに絵画芸術や音楽を本場で見聞覚知することで、敬三の私的な興味とはいえ、期待するところが大きかった。

渋沢敬三の留学の体験と成果を、上記の順から記してみると、第一のイギリスの政治経済の現状は、予想に反するものであった。経済学は、日本で学んできたとおりの、スミスからJ・S・ミルの伝統的な自由主義経済学がいぜん主流であった。オーストリア学派と称されたバウエルク以下の経済学も登場していたが、限界効用（utility）の理論であって、古典的な価値論の延長ないしは古典派を裏返したもの、としか考えられなかった（期待されるまったく新しい経済学は一九三〇年代になってケインズ経済学を待たねばならなかったといえる）。

したがってイギリスの政治経済は、敬三の眼からみると功利主義一色の世界のように思われた。東洋の儒教的思想や道義の理念は顧られておらず、一般に中国人はイギリス人以上の功利主義者で、営利に敏感な民族と思われていた。

敬三は、祖父栄一に宛てた「イギリスにおける論語と算盤」という一文を書き、イギリスの功利主義を巧妙に揶揄《やゆ》している(55)。

論語は英国に於いては支那で儲かる為の論語にて、英国の論語は別に功利主義の哲学と云ふもの立派にひかえおり候。而して「論語とソロバン」は一致して相反することなき所に、「論語とソロバン」以上の便利が英国人に有之候。英国にては君子も利にサトク、小人も利にさとく大変便利と存じ候。一旦緩急ある時は上下心を一にして利を考へ居り候。（以下略）

ロンドンの渋沢敬三は、戦後のイギリスの政治・外交と貿易がイギリス本位で、他のヨーロッパ諸国の利害を軽視していることについて頗る批判的であった。

もっとも長く生活しているうちに、イギリスの歴史的伝統にもとづく自由主義と個人主義が社会の安定に寄与していることに気付き、功利主義的価値観を評価するようになっている。

第二のイギリスにおける社会主義ないしマルクス主義については、自分の眼で確かめるべく、ベルンシュタインなどマルクス主義者（かつヒューマニスト）の動静を調査している。そして相当な頁数のロンドン通信を書き送っているが、ここではすべて記載を割愛したい（次の「第6章　ロンドン生活」を参照されたい）。

要するにイギリスにおいて社会主義の思想と運動は、政治においては労働党《ホイッグ》、社会においてはフェビアン協会の二者に動かしがたく組み込まれているのが、敬三が調査した現状であった。このことについては東大経済学部の河合栄治郎教授が、(56) この時期イギリスに滞在、立ち入って研究し、自分自身イギリス社会主義運動にコミットしているが、渋沢敬三と面識をうることはなかったようである。

共産党は、ロンドンに本拠があったが、まったく取るに足りない存在であった。また、ロシアのボルシェビキの共産主義は、過激にして非人道的過酷な国家として、ヨーロッパ諸国から忌避、嫌悪されていた。

第三の西洋芸術と文化の接触では、敬三が得たものは多大で、期待以上の成果があった。学問と出版においてロンドンは世界の中心であって、敬三は書店を訪ね、経済学、生物学、動植物、地理、歴史、芸術など広い分野にわたって文献を買い求めた。とりわけアチックにとって将来有用なるべき文献を広く購入できたことは彼にとって収穫であった。

学問において得たもの以上に実りのあったのは、芸術と文化にかかわるもので、ヨーロッパ各国都市を計画的に出張し、丹念に訪問した成果である。ロンドンではブリティッシュ・ミュージアムとナショナル・ギャラリーには毎週のように足を運んだほか、パリには再三赴き、ルーブル博物館では規模壮大、古代以来の保存文化財には質量とも圧倒され、数千年にわたる人類の豊饒な文化遺産にはかり知れない価値を見出している。

一九二三年一一月には、文献的な学習をし、たまたまロンドンに訪れた矢代幸雄の指導を受けた上で、イタリアを訪問した。フィレンツェ、ローマ、ミラノでおもな博物館、美術館、古跡を歴訪し、どこでも感動を新たにしている。とくに敬三の場合は日本の古代文化を研究していたので、ローマでもフィレンツェでも、古代のギリシャ・ローマと京都や奈良との興味深い比較を試みていることが特筆される[57]。

滞英日の彼の芸術・文化における体験と感動について、主たる印象は、次章「渋沢敬三とロンドン生活」に記述したが、もとより日程はじめ詳細は「伊太利旅行記」を一覧、感動をともにしていただくほかない。

以上に一瞥したように、渋沢敬三のイギリス留学、ヨーロッパ各都市の訪問・学習は、きわめて有意義であった。この時期に経済人で彼ほどの国際的な政治経済の基本的な知識を身につけ、かつ文化的素養を体得した人物は稀であったろう。

なお敬三が、一九二〇年前半に世界の金融センターたるロンドンに滞在し、国際的な金融・経済の情報に通じていたことは、重要なことである。横浜正金銀行支店において国際的な為替取引に従事していたので、この時期とくに関東大震災ののち一九二四、五年のロンドン市場では、円為替の基調は、円安が続いており、有力商社たる高田商会の破綻についで鈴木商店、台湾銀行、朝鮮銀行などの近い将来の破綻がロンドンで噂されていたのである[58]。

東京での祖父の栄一と在ロンドンの敬三とは、日本経済の危機、破局が近づいているとの認識で同じであった。それは敬三の帰国後正金銀行を辞して第一銀行に入行後、金融恐慌として勃発することとなる。

渋沢敬三がロンドンに滞在していた時期に土屋喬雄のほうは東京において東大助手から助教授に

昇格し、一九二四年日本経済史という新しい専門分野の構築に努めていた。学部学生時代に取り組んだ明治期の銀行史は、肝腎な明治初年の国立銀行はその数が多く（地方銀行類似会社を含めれば膨大であった）、統合的にかつ実証的に解明することは、当面非常に困難と考えられたようである。また彼にとって大きな課題は、しばらくの時期は方法論であり続けた。

さて当時経済史の方法としては、セリグマンの経済史観が有用と思われた。この方法は、社会発展の基本的要因として経済過程を重視する立場であり、国内の先学として竹越与三郎の『日本経済史』（大正八年）が通史的に叙述されていた。この竹越の日本経済史は、参考となるものとはいえ、古代から江戸時代までを、通説的時代区分のもと、均等に扱うところに問題や疑問が感じられた。

土屋が日本経済史の研究に腰を据えて着手するに際しては、さしあたり江戸時代からの発展を扱うのが、よりふさわしいと思われた。そして、江戸時代後期の徳川幕藩封建社会の没落は、徳川幕府と諸大名の経済的窮乏に現象化していると考え、この過程の実証研究に取り組むこととした。

この点について、土屋喬雄は後年次のように回顧している(59)。

どういう視角から、その研究に取組んだかといえば、私は、セリグマンの経済史観やマルクスの唯物史観を研究した結果、社会発展の基本的要因は、経済過程の変遷にあると考えるにいたったので、明治維新の変革の根本要因は、徳川幕藩封建社会の支配階級たる将軍・諸大名・旗本陪臣など一般武士の経済的衰退という顕著な現象をひきおこした経済的なものにあったと考えた。

ところで当時の経済史研究は江戸時代の経済が対象であって、基本的な文献として、滝本誠一編『日本経済叢書』(全三六巻、大正三〜六年)が発行されていた。これには林羅山、熊沢蕃山、荻生徂徠はじめ江戸時代のおもな学者たちの財政・経済に関する著述が網羅的に収録されており、土屋によれば、諸藩の財政窮乏のようなテーマについてはこの叢書に所収されている書物をみれば足りる、という学界の空気があった。ところが記述の内容を吟味してみると、例えば一八世紀末について本多利明による天下の富の「十六分の十五」が商人の手中にあるとの説に対し、佐藤信淵は「七分」が商人に支配されている、と説いているように漠然とした不正確なものであった。

そこで真実を正確に把握するべく「実証主義で凝り固まっていた」彼は、もっとも代表的な雄藩たる加賀(前田)藩、鹿児島(島津)藩および仙台(伊達)藩という三つの大藩が保存していた文書・記録類を綿密に調査・分析して、その成果を『経済学論集』(東大経済学部)など学会誌に発表し続けた。幸い原資料の多くが、藩資料として、当時は東京の各事務所に保管されていた。そしてこれら諸藩の窮乏こそ「幕藩封建制の内部矛盾の拡大」の過程にほかならない(序文)とした、『封建社会崩壊過程の研究』を執筆・刊行した。(60)

同書は七〇〇頁をこえる大著であって、総論、次いで江戸時代の前期、中期、そして後期の各藩の財政事情、内部組織(収支の構造)、そして対策を、不可避的な矛盾として、システマティックに論証され、豊富な掲載資料とともに、日本経済史研究の本格的な成果として評価された。

藩財政の研究は、今日にいたるまで土屋の斯学にたいする重要な貢献として、その評価は変わっていない。

土屋喬雄は、この研究を終えると同書を携えて、渋沢敬三の帰国後入れ代わるように一九二七年（昭和二）四月、主としてドイツを留学先として旅立っている。渋沢敬三とちがって土屋喬雄は、自分の経済史の方法論の研究が主たる目的であったが、渋沢敬三の助言もあってか、主要なヨーロッパ諸国の名所、史跡、博物館、なども見学している。(61)

六　土屋の外遊と経済史方法論争

最後に、土屋喬雄の留学と方法論の研究、そして渋沢敬三の漁業研究の発足について触れておきたい。それが二人の生涯にわたる強いきずなの結び目となったからである。

『封建社会の崩壊過程』を執筆後、土屋喬雄は、一九二七（昭和二）年四月に日本をたち、一九二九年（昭和四）九月帰国まで主としてベルリンに滞在、欧米諸国の主要都市を歴訪した。比較的短期であったせいか、渋沢敬三のロンドン通信と違って、留学に関しての記録や回顧は多くない。

だが、土屋の留学も広い視野に立って方法論をじっくり思索・研究したこと、国際比較の眼がひらけたことで非常に有益であったとしている。(62) 経済史の研究の上では、「ドイツにおいては、フリードリヒ・リスト、カール・クニース、ブルノー・ヒルデブラント、カール・ビュッヘルらの歴史学派の著著およびウェルネル・ゾンバルトやハインリッヒ・クノーらの経済史家たちの著書を少しく読み」、「カント、ヘーゲル、フォイエルバッハらの哲学や、ウィンデルバント、リッカルトら西南学派の哲学ならびにマルクス、エンゲルス、カウツキーらの科学方法論をもいささか勉強した」[63]。

ここでは、一九二〇年代当時ヨーロッパで社会経済史の研究でどのような文献がテキストとされ、読まれていたがわかって興味深いものがある。もっともこのなかに、かのマックス・ウェーバーが挙げられていないことも留意すべきことであろう。当時ウェーバーの著書や論文は発表ずみであったが、周知のように彼の著作は、キイワードにラテン語やギリシャ語がしばしば使われており、信頼できる邦訳はほとんど刊行されていなかったことを念頭におくべきであろう。

ヨーロッパ留学中の土屋喬雄は、日本の歴史と現実を念頭において、これらの歴史観を研究、吟味したことは疑問の余地がない。その結果は以下のようなものであったろう。

マルクスと対置されるヘーゲルの（弁証法的）歴史観は、理念ないし精神こそ人類の文明の進歩・発展をもたらすとして、一時は大きな影響力をもたらしていたが、第一次世界大戦という大きな戦禍のもとで色あせていた。

セリグマン的史観は、一つの経済史の方法であるが、社会経済ないし体制的な構造についての科学的な認識に欠けていると考えられた。ギゾーやバックルの文明史観は、示唆に富むが、セリグマンと同様に体制的な構造についての科学的な分析が乏しいと思われた。

それに対しマルクス的な弁証法的史観は、生産力と生産関係という構造についての科学的分析に立脚しており、封建制から資本主義という普遍的な発展を説明し、論証できる方法、という確信が得られた。

留学によって土屋喬雄は、日本経済史についての研究と実績の発表、さらには「論争」について自信をもったことであろう。「私の履歴書」によれば、帰国後の土屋は、第一に、理論と史料考証とを統一した実証的な経済史の研究に専念すること、第二に、重要な史料に近づきやすい立場にあるから、史料を編集・復刻して、広く学界に提供すること、をもって自分の生涯の仕事とすることを決意した(64)。

同時に前者について土屋は、「厳密なる史料の考証と厳正なる批判的史学理論の統一こそが、真の科学的歴史研究である」とも述べている(65)。さらに言えば、経済史学は、「歴史科学であり、かつ社会科学」であるとも論じている(66)。

ところで「史学考証と批判的史学理論との統一」こそ科学的経済史と論じた土屋にとってみると、既存の経済史の主流であった本庄栄治郎京大教授らのグループの学風はあまりに史料偏重の嫌いがあると感じられた。そこで当時『日本社会史』『日本財政史』『日本経済史』などの公刊によって「日本経済史を大衆化（普及）させた最初の学者と目された同教授に対し、一九三〇年代早々に方法論について批判を試みた。

土屋喬雄は、経済史の論争の立役者として著名となるが、これがその嚆矢《こうし》である。

そこで私は本庄博士の諸見解を批判する一文を書き、それが『中央公論』昭和五年五月号に掲載された。私のこの文の表題は「本庄博士の諸見解への批判」と原稿に書いたものであるが、編集者は、

「本庄博士の見解を克服す」とジャーナリスチックに変更した。これで私は、ひどく戦闘的な人物と誤解された。

（私の方法論批判に対し）同博士は、当時「虚心坦懐論《たんかい》」をとなえておられた。それは、先入観をもって史料にのぞんではならない。明鏡のような心をもって史料にのぞみ、史実を正しくつかむべきである、というような意味である。しかし、これは言葉が美しいだけで、積極的な科学方法論と無縁だと、私は思った。いずれにしても本庄博士は具体的・積極的な経済史方法論をもって後進に教示さるべきである、というのが、私の批判であった(67)。

土屋喬雄の質問に対し本庄栄治郎から反応はなかったが、門下で百姓一揆について論文を発表していた。黒正巌が土屋喬雄に質問を行い、土屋が反論するという具合に論争が発展した。

次いで一九三二年にコミンテルン（国際的共産主義機構）がいわゆる「三二テーゼ」を発表すると、当時マルクス主義が有力となりつつあった学界に大きな影響をもたらした。

「三二テーゼ」においては、日本の天皇制は封建的な地主制に立脚した絶対王制と規定され、明治維新の革命性を否定するものであった。それを機に「講座派」と称された人々の論文が相次いで『日本資本主義発達史講座』（岩波書店、昭和八〜九年）に発表されるようになった。それに対し土屋喬雄は、「実証性がない」との論旨の批判を公表し、ここにおいて〝資本主義論争〟と称された活発な論争が、講座派と労農派（土屋らの明治維新の近代的革命性を認める立場）との間で戦わされるようになった。

こうして始まった資本主義論争については、ここでは立ち入らないが(68)、重要な論点の一つに日本の在来工業の発展段階に関する理解があり、講座派的な立場の人々から、明治日本の「マニュファクチャ」の発展を積極的に評価する研究が相次いだ。

ところが既述したように、工業の発展段階論は、渋沢敬三のテーマで、問屋制家内工業がより支配的と論じていた。そして当時は土屋門下の大島五郎（のちの小山五郎）が継承して、北関東の織物業についてより本格的で実証的な研究をすすめ、成果をあげていた(69)。だからこの分野でも土屋は、自信をもって論争を展開したのである。

七　敬三の漁業史研究の開眼

他方、渋沢敬三は、ロンドンから帰国したのち、自邸にアチック・ミューゼアムを設立し、一九二六年七月には第一次銀行（常勤）、東京貯蓄銀行および渋沢倉庫の取締役に就任し、銀行家としての生活に入っていた。だが彼が入行した一九二〇年代の後半の時期は、金融恐慌（一九二七年）から世界大恐慌（一九三〇年）にわたる非常に困難な時代であった。また、第一銀行内において若年の敬三の周囲の幹部行員は彼よりも二世代以上の年長者ばかりで、活気ある人間関係をつくることは容易でなかった。そのうえ父の篤二の問題は未解決のままで、同族会社内の葛藤は困難をきわめていた。

ところで祖父栄一が他界した翌一九三二（昭和七）年春に敬三は、たまたま療養先の伊豆の三津浜で大量かつ良質の漁業史料を発見した。のちに「豆州内浦漁民史料」と名づけたこの史料は、歴史などの研究者にとって生涯に一度見つけられるかどうかという貴重なもので、彼の心の学問的研究へのあこがれを一気に開眼させることとなった。これを契機に渋沢敬三は、アチック・ミューゼアムを、漁業史の研究を中心に新しいタイプの研究施設として発展させることとした。

渋沢敬三の本格的な漁業史研究は、土屋喬雄との絆を再生させることとなった。前述したようにちょうどこのころ土屋が実証主義の方法をもって旺盛な研究や論争にのり出したところである。研究が実証主義を第一とすることで、二人の間には何ら異議がなく、敬三の要請にもとづいて門下生を次々にミューゼアムに派遣している。アチックミューゼアムには民俗学はじめ研究者が集まり、漁業史をはじめ研究業績は短期間のうちに著しく蓄積された。(70)

この間の事情を土屋喬雄の回顧録についてみてみよう。

私はまず山口和雄君（のち東大経済学部教授）を推薦し、二年ほどおくれて揖西光速君（のち東京教育大学教授）を、さらにおくれて宇野修平君（のち東京女子大学教授）を推薦した。故小野武夫博士等からも数名の若い研究者が推薦された。渋沢君は、研究員諸氏への手当、資料購入費、採訪旅費、印刷費等すべてを支出した。（同ミューゼアムは）漁業史研究報告、漁業史料、民俗学史料、農業経済その他の経済史史料等を印刷したもの五、六十冊に及んでいるはずであるが、とくに膨大なものは、四巻よりなる渋沢君の編著『豆洲内浦漁民史料』で、およそ三〇〇〇頁に近いものである。

結びにかえて

以上において渋沢敬三と土屋喬雄の二人について高校（旧制）、大学から留学についてその学問、研究さらに思想を考察してみた。本稿では、渋沢敬三が漁業史の研究を思いたち、アチックミューゼアムを本格的な研究施設に発展させるところで筆をおくことにしたい。その後数年足らずで『渋沢栄一伝記資料』の編纂という空前の厖大な事業が二人のコンビで着手され、戦中の中断を経て戦後に全巻刊行のはこびとなるが、それが渋沢敬三の稀にみる豊かな学問的教養と器量と、土屋喬雄の実証的研究の信念との産物であることは、本稿によって明らかといえよう。

従来渋沢敬三については、漁業ならびに民俗学・文化人類学についての業績や文化的事業の支援はよく知られているが、彼自身の研究業績やさらには思想についてはあまり知られていない嫌いがあった。だが、渋沢敬三自身の経済史的研究の業績と意義は重要なものであるし、社会主義やマルクシズムについての理解と関心はひととおりのものではなかった。さらに社会科学や自然科学に限らず、語学を含めて文化的素養もみのがしがたいものがあった。本稿は不十分ではあるが、従来注意されていなかった側面について考察、検討したもので、渋沢敬三研究発展の一助となれば幸いである。

(1) 渋沢敬三伝記編纂刊行会『渋沢敬三』上、同刊行会、一九七九年。
(2) 尾高朝雄（一八九九〜一九四三）については、今回の研究に際し長女の久留都茂子氏によって、貴重な父の伝記（私家本）が作成された。尾高については久留氏所蔵の資料による。
(3) 通学は必ずしも容易でなく、帰りは小石川まで数キロの距離を歩いて通った。本人はそれほど苦痛を感ぜず、足腰をきたえたという。「渋沢敬三氏金融史談」、『日本金融史資料』第三五巻、一九七四年、二九二頁。
(4) 同右、中山正則氏談話、『渋沢敬三』上、三六四頁。
(5) 敬三のレポート類のうち「桐の葉陰」、「桐蔭会臨時山岳会動物報告」。「諏訪湖について」は、『渋沢敬三』上巻に収録されている。ほかにも数点が渋沢家、尾高家に保存されている。
(6) 同右「山岳会動物報告原稿」、『渋沢敬三』上、五〜一四頁。
(7) 渋沢敬三「我が尊敬するエーベリー卿の略伝と卿の蜂蟻に関する研究の一部に就いて」、同右書、三三一〜五六頁。
(8) 三井八郎右衛高棟『外遊記』（私家本）明治四四年、六九頁。
(9) 渋沢篤二の件については、もとより詳細はわからないが、彼自身が家業の一つで経営を担当した倉庫などのビジネスや高等教育について興味が乏しく、カメラ、写真そして邦楽などの趣味が多く、とくに叔父の尾高次郎とともに、義太夫浄瑠璃に傾倒した（その芸は財界で横綱にランクされた）。さらに当時滅びつつあった古浄瑠の研究に熱中していた。こうした人物は父の創業の第一銀行のさらには爵位の後継者の適性を欠くと、栄一および近親者（穂積家など）に考えられたようである。なお、篤二の写真については、敬三の手によって写真集『瞬間の累積』が刊行されている。
(10) 土屋喬雄の出身と経歴については、主として『私の履歴書』(日本経済新聞社)および筆者の聞き書きによる。
(11) 清水正雄氏談、『渋沢敬三』上、三四六頁。
(12) 同右、三四五頁。
(13) 「渋沢雅英氏談」(聞き手由井、二〇一三年五月)、ちなみにトヨタ自動車創業者豊田喜一郎(同年入学、豊田佐吉長男)は、寄宿舎生活に耐えられず、市内の下宿に移っている。和田一夫・由井常彦『豊田喜一郎伝』名古屋大学出版会、二〇〇二年、四八～四九頁。
(14) 松原盤竜師については、詳しい人々によってしばしば触れられている。杉本行雄「渋沢敬三先生に仕えて」、『渋沢敬三』下、三〇五頁など。
(15) 桐寮生活については、清水正雄氏談(『渋沢敬三』上、三五一～三五四頁)など、学友たちの回顧談においてその生活が語られている。
(16) 二高時代の敬三は、愉快な時代と話しているが、彼の談話で講義や教師については語るところが乏しい。
(17) 土屋喬雄『私の履歴書』(日本経済新聞社)二五七頁。
(18) 同右、二五八頁。
(19) 中山正則氏談話、『渋沢敬三』上、三六二頁など。
(20) 同右、三八〇頁。筆者(由井)自身土屋先生から、仙台の早川家そして早川退蔵・種蔵兄弟について、何度かお聞きしたことがある。
(21) 土屋喬雄「人間渋沢敬三」、『渋沢敬三』上、二四九頁。
(22) 中山正則氏談話、『渋沢敬三』上、三八一頁。
(23) 土屋喬雄「人間渋沢敬三」、『渋沢敬三』上、二五一頁以下。
(24) 土屋喬雄『私の履歴書』二六〇頁以下。

(25) 同右、二五九～二六〇頁。
(26) 渋沢敬三「松平定信」、『渋沢敬三』上、一八～三八頁に収録。
(27) 同「物のあはれ」、同右書、六九～八四頁に収録。
(28) 前掲「松平定信」二〇頁以下。
(29) 前掲「物のあはれ」七〇頁以下。
(30) 有賀喜左衛門『南部二戸郡石神村に於ける大家族制度と名子制度』アチックミューゼアム、一九三九年一二月。
(31) 土屋喬雄『私の履歴書』二六一頁。
(32) 同右、二六四頁。
(33) 渋沢敬三は、敗戦後の日本においても「暴動が起こる」のではないかと感じている。
(34) 河上肇と財界で当時温情主義者の提唱者として知られる武藤山治との対立、論争については由井常彦・島田昌和「企業観労働観」由井常彦・大東英佑編『大企業時代の到来』(岩波書店、一九九五年)所収、二八一頁以下など。
(35) 最近では『大原孫三郎』(兼田麗子、中公新書、二〇一二年、第五章)が記述している。なおちなみに戦後の二人は、後継者の大原総一郎と昵懇になっている。
(36) 『渋沢栄一伝記資料』別巻第二、日記、大正八年三月二日、一三二頁。
(37) 前掲『私の履歴書』二六六頁。
(38) 同右、二六七頁。
(39) 「渋沢敬三金融史談話」、『日本金融史資料』昭和編、三五巻、三〇〇頁以下。
(40) 森清『鈴木大拙と西田幾太郎』(岩波書店、二〇一一年)二六五～五頁。
(41) 土屋『私の履歴書』二六六頁、渋沢敬三氏談話。

(42) この点は拙稿「渋沢敬三の学問、思想と人格形成」『歴史と民族』(三〇号、二〇一四年)、二一頁以下を参照。
(43) 山崎覚次郎「工業経営の方法の区別及発達を論ず」『早稲田学報』第八号(明治三〇年一〇月)。
(44) 渋沢敬三の調査メモでは、「忍の安田利喜之助、橋本足袋工場など」と記されている。『渋沢敬三』上、三八四頁。
(45) 『祭魚洞雑録』所収の渋沢敬三談話、同書の二〇六頁。
(46) この論文は、発表後に『竜門雑誌』(大正一〇年)に連載され、さらに自著『祭魚洞雑録』(郷土研究社、昭和八年)に「本邦工業史の一考察」として採録している。内容的には同一である。
(47) 拙稿「渋沢敬三とロンドン生活」(本書第3章所収)を参照。
(48) 同右渋沢論文の第五章を参照。
(49) 土屋喬雄「人間渋沢敬三」、『渋沢敬三』上、二四九頁より引用。
(50) この点については、前掲「ロンドン生活」を参照されたい。
(51) 高校時代の友人が、京大で河上肇に師事していたという『私の履歴書』二六七頁。
(52) 同右、二六八~九頁。
(53) 同右。
(54) 「澁澤敬三略年譜」、『渋沢敬三』下(渋沢敬三伝記編纂刊行会、一九七九年)、八四三頁。
(55) 「ロンドン通信」大正一二年四月一一日、同上書、一〇四頁。
(56) 松井慎一郎『河合栄治郎』(中公新書、二〇〇九年)、一一四~一五六頁に詳しい。
(57) 渋沢敬三『伊太利紀行』、ローマ、フィレンツェの項~、『渋沢敬三著作集』第一巻、平凡社、一九九二年所収。
(58) 「ロンドン通信」大正一四年三月一四日、同右書、一九二~一九三頁。
(59) 土屋喬雄『私の履歴書』(日本経済新聞社、昭和四二年)、二七三頁。

(60) 土屋喬雄『封建社会崩壊過程の研究』(弘文堂書房、昭和二年)。
(61) 土屋喬雄『私の履歴書』(日本経済新聞社、昭和42年)、二七四頁。此の注の本文箇所不明。
(62) 土屋喬雄『私の履歴書』、二七五頁。
(63) 同右、二七四～二七五頁。
(64) 注番号2が重複。
(65) 同右、二八〇頁。
(66) 経済史学は歴史科学でなければならず、また歴史科学は即、社会科学であることは、筆者のような門下生にはきびしく教示されたところである。「批判的史学理論」「真の科学的歴史研究」が、マルクス主義的な唯物史観の方法を指すことはいうまでもない。ただし、経営者などの主体については、必ずしも唯物史観のみに限定されるわけではない。
(67) 土屋喬雄『私の履歴書』二八一～二八二頁。
(68) 資本主義論争についての文献は非常に多く、ここで紹介する必要はなかろう。土屋喬雄編『日本資本主義史論集』(育生社、昭和一二年)のみを掲げておく。
(69) 大島五郎「徳川時代桐生織物史の史的研究」、土屋、同右書、二四八頁以下。ちなみに同論文はレベルが高く、現在でも参照、研究に値することを付記しておきたい。大島五郎はのちの小山五郎(三井銀行社長、会長)である。
(70) 土屋「人間渋沢敬三」、『渋沢敬三』上、二五九頁。

第6章　渋沢敬三とロンドン時代

由井常彦

はじめに

渋沢敬三は、東大卒業後大正一〇（一九二一）年四月横浜正金銀行に入社し、しばらくの間の研修をおえてロンドン出張を命ぜられた。入行一年ほどでロンドン支店勤務という人事はきわめて異例なことで、正金銀行のトップ（頭取は児玉謙次）が、渋沢敬三を、次の世代の国際的な銀行家に養成しようとしたことは明らかである。(1) かくて敬三は、翌年の九月一五日に横浜を出港、一〇月末にマルセイユに到着、一一月からロンドンに滞在、シティの横浜正金銀行ロンドン支店に勤務のかたわら、休暇の時期にはヨーロッパ各地に赴き、大正一四（一九二五）年七月にロンドンを出発、帰国し、次いで横浜正金銀行を辞任している。

四カ年間にわたるロンドン時代において、業務のかたわら主としてイギリスはじめヨーロッパの政治経済・社会を観察して、知識を身につけ、分析を試みた。また西洋の美術・音楽・演劇はじめ文化全般にわたる幅ひろい教養を修得した。さらに研究は少年時代から親しんだ生物学や文化人類学に及んでおり、その成果は頗る大きなものであった。事実、彼の思想・教養と人物は、大学を経てこの海外時代の経験をまって培われたものであった。彼ほど当時の海外生活（留学ともいえる）でゆたかな成果を得た経済人はきわめて希であったといえよう。彼自身は、ロンドンに滞在したものの、会話の能力が十分でなかったことを反省しているが、彼が得たものの価値からみれば、とるに足りない。

ロンドン時代が誰にもまして有益であったことは、生活条件が恵まれたこともあるが、何よりも敬三自身が、学問や思想そして文化について、すでに素養があり、そのうえ明確な学習の目標と内的な準備があってのことであった。これは重視すべきことで、本稿によって明らかにされてゆくところである。

敬三がいかに意欲的であったかは、ロンドン時代を通じて彼は多くの手紙を祖父の渋沢栄一そして両親、ときには兄弟あてに書き送っており、それら出張報告は「ロンドン通信」と名づけてとりまとめられた。そのほか、イタリア出張・ロンドン動物園見学とくに前者については、まことに内容豊富な、紀行文ないしは essay を書き残している。それらこの時期の海外生活に執筆した文章は、原稿用紙は換算すれば合計数百枚に達するもので、(2)（自身は再三筆無精といっているが）、この海外生活が、敬三にとってきわめて充実したものであったことをうかがわせる。

こうしたわけでロンドン時代の調査研究、文化的経験そして生活は、思想的彷徨をふくめて、彼の書簡集を中心に筆者が要約的に紹介し、論述する意義が十分にあると思う。とくに一九二〇年代前半という時期のヨーロッパは、第一次大戦後の大きな変動期であって、渋沢敬三の眼からみた「先進諸国」の様相は、我々が同時期の文献を通じて知る世界よりもはるかに鮮明であり（これは多分に彼のすぐれた能力による）、手紙を通じて知る晩年の祖父栄一の人物とともに、学問的な興味の尽きないところである（なお以下固有名詞については原則的には原文のままとする）。

一　パリで西洋の文化遺産に感激(3)――一九二二年一〇～一二月――

渋沢敬三がロンドン滞在時代にもっとも感動するところが多く、自身の能力を高め、吸収したのは、ヨーロッパの文化、なかでも美術であった。そして「美」なるものへの感動は、はやくも一九二二（大正一一）年一一月、赴任地のロンドン到着より前、フランスのリヨンとパリで実感した。とくにパリのルーブル美術館において、あらゆる表現をこえた文化の価値と感動を体験している。

1　ゆたかなフランスの農村風景

一九二二（大正一一）年九月一六日に神戸で乗船（日本郵船鹿島丸）した敬三は、香港・シンガポールなどで一時下船したのち、一〇月末にマルセイユに到着した。祖父の渋沢栄一が五七年前の慶応二年に、将軍慶喜の名代としてパリ万博出席のため徳川昭武使節団の一行に参加、この地に上陸したことに思いをはせている。そしてデッキに立ってみると、マルセイユ港は、第一次大戦後の不況色が歴然としており、ドックヤードはストライキ中であった。立ち寄った現地の領事館に聞くまでもなく、「港には煙をはかざる赤腹を見せたる大小船が、例の大築港内にズラリと意も無く並びたる」生気のない光景を眺めて、一種の「気の毒の感」を覚えている。また戦時中にヨーロッパにきたものの「食ひつめた」人間もマルセイユに集まっており、治安が著しく悪く、領事館は「流浪人の仕末に忙殺され居る」様子であった。

マルセイユに一泊、パリをめざして列車でリヨンに向かう途中で、車窓から見る田舎の景色は、日本と異なっていた。なだらかな丘陵の畑がはてしなく広がり、「丘の上には教会堂のゴシック式の屋根が聳え、その根本より四方へゆるやかなる傾斜にて裾野を引き、……おとなしそうな百姓が巨大な輓馬《ばんば》にプラオを引かせ」ていた。(4) フランスの農村は、敬三が親しんできた日本、とくに東北地方の貧しい農村とは比較すべくもないと観じている。あるいは大学で学んだケネーの重農主義や、マルクスの農業の資本主義（地主・農業資本家と農業労働者の三肢構造）を想到したかもしれない。

2 リヨンの街と美術館

マルセイユからパリへの列車の途中下車したリヨンで敬三は、初めて西洋ほんらいの歴史と文化に接した。

リヨンは、フランスの代表的な古都である。一九世紀のヨーロッパの絹業、すなわち生糸と絹製品の著名な産地として知られ、明治の初年かの官営富岡製糸所の設立いらい、日本がその範としたところである。祖父の渋沢栄一も、明治二六年のヨーロッパ視察の際に訪れており、横浜正金銀行の支店が設けられていた。三井物産の支店も一時開設されている。

渋沢敬三は、ローヌ河とソーヌ河の清流にはさまれ、緑の豊かなリヨンの都市としての美しさに感動し、また学問、文化が発展した歴史を知り、フランスの京都という強い印象をうけた。

彼は、市庁舎に近いリヨン美術館に足を踏み入れた途端に、壁画の絵師として有名なシャヴァンヌ（P. Shabanes）の大壁画に接して、「恍惚の感」にうたれた。(5)また、フランドラン、デューラー、シァプランそしてロダンら美術の文献で親しんだ名画を次々にみることができ、はやくもヨーロッパの美術館の虜になっている。

同時に彼は、教会、市庁舎、オペラ劇場などの市街の中心地に、文化を象徴する美術館が設置されていることに感心し、彼我の文化的施設のあまりに大きな隔絶に思いを新たにしないわけにはいかなかった。東京市庁舎の周囲の「醜情」は姑《しば》らく措《お》いても、市は帝展や二科展の作品のいくつかは買って展示すべきであると思っている。また一〇年ほど前に国際的な文化の必要から設立され、オープンした東京の帝国劇場にしても、発起人代表として渋沢栄一はともかく、大倉喜八郎の胸像が玄関の左右に並んでいるというセンスに改めて腹立たしさを感じており、せめて胸像は日本の名優の市川団十郎（九代）と尾上菊五郎（五代）であってほしかったと記している。(6)

3　パリ、ルーブルで世界の至宝に感激

渋沢敬三は、リヨンに次いでパリに立ち寄り、ルーブルで世界最高、最大の文化遺産を眼のあたりにすることとなる。

パリは二泊三日の旅程で、オペラ座でのオペラ鑑賞は、もっとも期待に「胸をときめかし」、到着その日から三日間通い続けている。演目は、ロミオとジュリエット、ボリス・ゴドノフ、エロディヤードであった。

オペラ座の建物は、聞きしに勝る壮麗、広大であって、「実にえらいものをつくったものだと只管感心」したものの、オペラそのものには全く失望している。舞台、出演者、演奏のどれをとっても、「感心する程のことなく」、「先ず以って（東京の）帝劇の女優劇を見る」程度のものであった。(7) 要するに三流以下のプログラムであったのである。ちなみに、オペラ座といっても、一流のレベルの公演は、シーズンであっても時日が限られており、現在でもふだんの公演は、レベルの高いものではない。

興味あることは、敬三が舞台ばかりでなく、観客の態度にも関心を持っていたことである。オペラ座の観客の大半は物見遊山で、日本の旧劇（歌舞伎）よりも不真面目《ふまじめ》で、ドイツ人が「開演中しはぶき一つだにせざる」態度（のちに経験）に比較して、驚くほどに低いと感じた。ただし、「一流の大家出演に及んでは決してかかる態度をば音楽家の方で取らすまじき」、と信ずることにした。

オペラに反し翌朝に訪れたルーブル美術館のほうは、期待をこえるもので、自分たちの批評は許されない「世界人類の至宝」が一堂に集められていることに、ひたすら感嘆するばかりであった。ルーブルでの彼のうけた圧倒的な印象については、敬三本人の文章を引用しておくべきであろう。(8)

（ルーブルは）古来よりの人類として達し得たる高貴なる人格を、かほどに夥多に集めたる所はよも他所には無かるべく、実に「偉大なる人格の永遠の会合」と只管驚嘆し、絶大の敬意を表し申し候。ヴィクトリーやミロのヴェヌスは勿論、宗教的情熱に燃えたる敬虔なフラアンジェリコ、ペルギノー、ジオットー、マンテニア等より、ダ・ヴィンチ、ミケランジェロ、ラファエル、下ってはルーベンス、レンブラント、ミレー等、名の知れざる、又名の知れたる、幾多の絶大の人格が一堂に会する様、真に天下の偉観と存じ候。実にルーブルは、仏国のみのものに非《あらず》して、人類のものと信じ候。……総じて日本にて親しみある画の実物に接する時は、真に心臓がどきどき致し、時としては涙ぐましき気持ちにさへ相成り申し候。

この文章から若い敬三が、東京で手に入る西洋美術についての文献はすでに眼を通しており、かなりの程度にまで親しんでいたことが知られる。それればかりでなく、「偉大なる人々が黙々裡に何事かを聞かして呉れる様に感ずる不思議」という真の鑑賞の瞬間を経験している。

かくて敬三は、滞在三日間のうちに五度もルーブル美術館を訪ねている。したがってパリの名所はどこも見物する時間がなかったのであるが、「ロンドン通信」では「大満足」であったと記している。

二　ロンドンと正金銀行支店(9)——一九二二年一二月〜二三年五月——

1　ロンドン、道路の混雑と霧

パリの一時の滞在ののち、渋沢敬三は勤務先の横浜正金銀行ロンドン支店の勤務を急ぎ、一九二二年一一月早々パリを離れてロンドンに向かった。正午にパリに発つと、即日七時半にロンドンに到着するので、「広くて狭きが欧州の大地」と感じ、当時のドーバー海峡（カレー・ドーバー間二三・五哩）一時間一〇分の連絡船の快速を楽しんでいる。

ロンドンのビクトリア駅には正金の社員と従兄の阪谷希一が待ちうけていた。希一は、伯父の阪谷芳郎（次官を経て大蔵大臣、のち東京市長）の長男で、当時日本銀行のロンドン支店に勤務していた。彼は、附属中学・二高の先輩でもあり、敬三は大へん喜んでいる。事実、それ以後なにかと敬三の面倒をみ、後述するように翌年春には、つれ立ってフランスに旅行している。

パリからロンドンに移った敬三を驚かしたのは、市中の道路の無秩序と混雑、そしてうっとうしい霧であった。

道路交通については、パリと違って、「市街自働車、自働車、自転車、荷馬車の東西織る中に、ポッポッと煙をはきつつ小機関車が大きな荷物を牽き乍ら通る有様……その忙しい間をブローカーは背広にシルクハット、銀行の小使いはいかめしい制服、中には勲章さへ御丁寧にブラ下げて東奔西走する様」を見ては、「笑ひ出した後で考へさせられ」ている。その結果、ロンドン市の道路は、「自主性ある不統一」と評することにしている。(10)

ロンドンの霧については、しばしば聞かされてきたところであるが、敬三が山岳登山で体験してきた白く冷たい霧とは全くことなる、石炭の煤煙によるもので、特に日照時間の少ない時期も重なって、正午になっても暗く、「気持悪きこと話にならず」と感じている。(11)さらにこれには、衛生や礼儀を重視する一方で、剛情なロンドン気質も関わっている、と憤慨している。

2　音楽、クライスラーに感銘

ロンドンについてあまりの霧と暗さに不愉快になりつつも、間もなく阪谷希一にさそわれて一九日、ロンドンの誇る大音楽ホールたる、ロイヤル・アルバート・ホール開演のクライスラーのリサイタルには「真に感心し」、西洋音楽についての感動を祖父の栄一はじめ家族に伝えている。

クライスラーは、オーストリア出身のヴァイオリンの独奏曲の作曲・演奏で稀代の名手であり、その名声は現在も衰えていない。彼の場合は、レコード音楽が普及しはじめた時代にあって、世界各国で活発な演奏旅行を試みていた。敬三と希一はともに「実に驚嘆、……技巧の点より論ずれば、クライスラーの右に出ずるも少なからずとは存じ候も、心を音に伝へる点に於ては実に絶大」、絵

画における と同様に「人格を強烈に反映する」クライスラーの音楽に魅了されている。(12)

ちなみに渋沢敬三は、東大の学生の時期に来日したヴァイオリニストとして、ジンバリストとエルマンのふたりの演奏会には帝劇に行って、聞いていたのである。だが、クライスラーの人物と演奏に接してみると、彼らのような「芸を売る手合は、足もとにも及ばない」と酷評している。

演奏会では、ロンドンについてから前の週の一二日の日曜に、バックハウスのリサイタルにも出かけているのであるが、ピアニストとして世界的に声価の高い彼も、敬三は問題にならない、とされている。クライスラーの場合には、「威厳と温情と精緻なる感情を兼ね備えたる風采に、加へて芸人風が微塵もなき質実なる演奏振り、ほとほと感心」されている。音楽にかぎらず芸術家に対し高潔な「人格性」を求める敬三の態度は、その後も一貫している。

いずれにせよロンドンに滞在してからの敬三は、音楽について絵画に劣らぬ興味をもち、一流の演奏会にはしばしば出かけるようになった。ある程度の下地があったから、その後は楽譜やレコードの収集をも始めている。

3　横浜正金銀行ロンドン支店勤務

さて、ロンドンについてからは、もとより正金銀行の行員として、シティのロンドン支店に毎日出勤している。店員は支配人（大久保利賢のち巽孝之亟）以下二十数名、ほかに五十人ほどのイギリス人が勤務していた。

渋沢敬三の身分については、やがて「計算係」、「日本銀行支店詰」となるが、当初のうちは、祖父宛の手紙（一一月一八日）に次のように書かれているから、調査所属であったろう。(13)

小生は目下人物過剰のため調査室に於て暫時新聞読みのお稽古に夢中に御座候。……沢山の新聞雑誌、貧弱なる小生の英語と経済知識にては、蟻が鯨に喰い付きたる如くにて、全く眼が廻る程に御座候。今に少しは見当位つくならんと、気永に勉強致し居り候も、その中面白き事件なり記事なりにて少しまとまりたる場合は、小生の勉強にもなること故、なるべく咀嚼したる上まとめて御報導致し度存じ居り候。……只やはり欧州に居る為に、世界の出来事に対して非常に敏感となり、全ての事件が愉快に目に映しるは東京にて外国電報を読むとは非常の異《ちがい》に有之候。

ロンドンに来た直後に知って驚いた事実として、イギリスの鉄道の合同に成功した政府の委員会の長のゲデスなる人物が、次にはダンロップ・タイヤ会社の重役に就任して同社の整理の任にあたっていたことがあった。そして資本、縁故、情実などが物を言う日本に対して、有能な人物が朝野に活躍しているところに、イギリスの強みがあるのではないか、と考えている。(14) 率直なロンドン支店の日常と鋭い観察に加え、滞在中の収支を克明に計算して報告しているが(15)（月給は手当を含めて四〇ポンド、支出は室代二六ポンドを含め約五五ポンド、差額は東京からの送金を依頼）、これには受け取った祖父の栄一も敬三の能力と誠実な態度に満足したことであろう。

住居は、日本大使館員の世話で、父親が日本に行ったことのある造船業者のリード氏邸の室を借りることにした。[16] 当初は英会話の個人レッスン（週三日、午後九時）を受けることにしている。

三　イギリス経済と経済学、社会主義

1　イギリスの経済と功利主義[17]

渋沢敬三のロンドン支店の勤務は、その実はイギリス留学で、まずは先進国イギリスの政治経済、経済学を知るためであった。それにイギリス経済におけるビジネスの道義すなわちモラルのあり方も研究テーマであった。これについては、祖父の栄一から儒教の英文訳の送付とともに、要望されたところであり、彼自身もイギリスのいわば gentleman 資本家のあり方に大きな関心をもっていた。

敬三は中学時代に生物少年といわれたほど生物に関心をもち、イギリスの銀行家かつ生物学者であったエーベリー卿（Sir John Lubbock, 1834–1913）を尊敬し、彼の蜂蟻の研究を論文で紹介したほどであり、[18] エーベリーこそ敬三自身の理想の人物であった。それればかりでなく敬三は、日本国内の資本家については、卒業論文の作成のために研究した関東の機業地の調査の経験から、その無智と頑迷について、多分に批判的であった。だから日本の現実にひきかえ、一八世紀以来成長してきたイギリスの資本主義社会ないし資本家的な階級に、多少とも敬意を持っていたにしても不思議はなかったと言える。渋沢栄一の場合はイギリス人のなかに、東洋の思想として論語や孔子がそれな

りの関心を持たれているのではないかと考えていた。そして、この点の調査研究を英訳書の送付を含め、敬三に依頼していた[19]。

そこで渋沢敬三は、イギリスの今日的な経済思想、そして儒教などの東洋的な思想の役割と比較してイギリス人における経営《ビジネス》とモラルを考察したのであるが、ロンドン滞在五カ月の研究では、この点で第一次大戦後一九二〇年代のイギリスは、彼の期待に反するものであった。イギリスの経済学そして経済についての人々の考えも、功利主義（utilitarianism）一途であった。イギリスにおける中国（支那）人の評価については、「金に抜け目のない東洋の民族」との印象であって、ごく少数の純学者を除いては、「功利主義に基けるもの多く、英文の中国思想の本はお金のための学問たる匂い強烈に御座候、孔子様は多分英国は大御きらひと存じ候」と祖父栄一に申し送っている。

率直にしてかつ興味ある内容なので、以下に「英国に於ける〈論語と算盤〉」と題したロンドン通信の中のエッセイを、続く「ジョン・バーンズ」（敬三がロンドンにきて知った道義を体現する政治家）の紹介とともに以下に記載しておこう[20]。

○英国に於ける「論語と算盤」

論語収集の御話出し序でに、一寸英国の悪口申上度相成候。……只小生の考へ居る限りに於ては、論語とソロバンとが一致する時はよし、もし一致せず相反する時は、ソロバンを棄て、論語を採るのが御祖父上のお考へと存じ居り候。之の意味に於て「論語とソロバン」とが如何に取扱はれ居るかと見るは頗る興味ある事実に有之候。先申上し如く、論語は英国に於ては支那で儲ける為の論語にて、英国の論語は別に功利主義の哲学と云ふもの立派にひかへ居り候。而して「功利主義とソロバン」は常に一致して相反することなき所に、「論語とソロバン」以上の便利が英国人に有之候。英国にては君子も利にサトク、小人も利にサトク大変便利と存じ候。上下心を一つにして利益を考へ居り候。慥《たしか》に利益ありと見届けるまでは仲々「一たん緩急」にせず、いよいよ「一たん緩急」あるときは義勇以って利に奉じ申し居り候。（中略）英国論語は英国の孔子様の予想以上に行はれ居り候。……結局地上の栄はアングロサクソンが奪ひ居り候。功利主義のモットー「最大多数の最大幸福」とは、畢竟、人類全体を意味せず、「英国人最大多数の最大幸福」と云ふことに見え申候。英国が資本主義で、ロシアが過激共産主義としても「他人《ひと》のものはおれのもの、おれのものはおれのもの」の言は、両方に等しく通用致し区別無之候。只一方は、所謂紳士的に礼儀正しそうに人のものを奪ひ、一方は果断粗野を以って奪ふの差のみ。何故「おれのものは神のもの、他のものも神のもの」と云はざるか、残念に存じ居り候。

（前半のJ・ハッスルの部分は省略）

○ジョン・ハッスル、並ジョン・バーンス氏の話

次に、ジョン・バーンス氏は、小生未知に候も一寸面白き話聞き候間申上度存じ候。氏は今年六十五才、議員たりしことあり、社会主義者にて、一九一四年には商務大臣になりし人に有之候。もと貧困にて、二十四才の頃、職工として西部アフリカに注ぐニジル川の上流に小工場を建築に行き

し時、或日地を掘り居たるに、一筒の木箱を掘り当てしを以って開き見たるに、牧師らしきものの残せる本箱に候ひしが、その中にアダム・スミスの富国論一冊ありしかば、之を取りて日夜熟読、熱帯の暑気にもめげず、只管《ひたすら》読み耽り遂に思策家となり職工をよして英国に帰り、労働者の味方となりて、或はトラファルガー　スクエヤの騒動を引率し、遂に労働党の一主領と相成りし人に有之候。……富国論を読みて社会主義となり、労働党首領となりし所に、アダム・スミスの人間論の真意を汲み取りたる所ほの見えて床しく存じ候。富国論を資本家用教科書と心得るものある日本人には、一寸よき話と存じ候。

貴族や外交官、ブルジョア資本家など伝統的なエリートのなかには、日本の渋沢栄一のような人物は見出せず、敬三が見つけた良心的で進歩的なジョン・バーンズは初期の労働党の有力なメンバーであった。しかも彼をめざめさせたのが、かのA・スミスの『国富論』であった。この事実に敬三も驚くとともに、改めて国際感覚の遅れている日本の実情に寒心《かんしん》の思いをしたのであった。

2　祖父栄一とワナメーカーについて

同じ時期のロンドン通信に収録されているアメリカ人のワナメーカーについてのエッセイは、敬三のキリスト教についての関心とともに、当時の渋沢栄一の人物・思想を知るうえでも重要なので、やや解説を付しておきたい。

ジョン・ワナメーカーはA・カーネギー、J・ゲーリー、ウンダービルトら数多くの欧米の知人のなかでも、晩年の栄一がもっとも親密で、信頼しあった欧米人の一人である。

ワナメーカー（John Wanamaker, 1883-1921）は、アメリカ、フィラデルフィアの成功したデパートの経営者であり、かつ敬虔なプロテスタントの篤志家としても知られていた。たまたま訪米中の栄一と知り、尊敬に値する実業家として親密になり、一九一五（大正四）年、そして一九二一（大正一〇）年の二度にわたる訪米に際し、栄一はともにフィラデルフィアのワナメーカーを訪ね、日米両国の日曜学校の普及について協力を約するとともに、胸襟をひらいて、「ビジネスと宗教」についてて話し合っている。(21)

たまたま敬三がロンドンについて間もなく栄一からワナメーカーの死去の報らせをうけ、(22)これら東西二人の深い心情を思い出し、敬三は次のようなエッセイ（名文といえよう）を書き認めて祖父宛に送付している。

○ワナメーカー氏とクリストの墓

先ごろワナメーカー氏の訃を聞き、祖父様嗟嗟《さぞさぞ》御愁傷のことと存じ候。その時にも思ひ出し候も、同氏が祖父君に基督教へ改宗を勧められし時、祖父君が自分は儒教を奉じ居り且つ儒教と基督教との根本の教義は等しければ、改宗するの意なしと答へられしに、ワナメーカー氏之に答へて、「基督教と儒教との教は或は等からん。されど孔子の墓には孔子尚眠る。基督の墓は空し。基督常に我等の胸に在ます」と云はれしこと、深く小生感動して伺ひしお話に有之候。

されど此の美しき話は、小生英国に参りて甚しくきづつけられしを覚え申し候。クリストの墓はむなし。されど悲しいかな。クリストは欧州の天地にも亦今や在まさざるなり。孔子が道行はれずと嘆じて去られし如く、クリストも汝等おどらずとて欧州を去り給へるか。今次の大戦以来、欧州の天地は只貪欲の風吹き荒み、教会はあれどなきが如く、斯の死、飢餓、戦争、病魔の四馬人は物凄きまで全欧をかけ巡り居る様に思はれ候。英国に於ては教会よりゴルフへと、アングロサクソンは益々神の国より離れつつある様に見受け申し候。されど、又祖父様やワナメーカー氏が現に在まし、又は在しは、我々にとりて真に心の慰安となると存じ候。

渋沢敬三がロンドンに行く前年の一九二一年一一月に、祖父の栄一は日米親善使節の代表として訪米し、ワナメーカー邸を訪ねた際に、伝道に熱心なワナメーカーから改宗を強くすすめられるところがあった(23)。当時中国で革命が起こり、中国の知識人や富豪たちが難をさけてアメリカに移住しつつあり、彼らの多くが、キリスト教（プロテスタント）に入信しているという事情もあった。敬三は祖父から、上記の「イエス・キリストは信ずる者の心のなかに生きている」という信仰心を聞いて「深く感動」していた。だがそれからみると、イギリスにおいては肝心の教会を訪れる人は稀で、ヨーロッパ諸国は功利主義の名のもとでの営利欲を相競っており、神の国から離れて、聖書のなかの「黙示録」の世界に向かっているのではないか、と率直な感想を述べたのである。

それに対し日本の栄一のほうも、第一次大戦以来のバブル景気の到来をみて軽重《けいちょう》浮薄《ふはく》な風潮のもとに道義心が失われつつあると嘆いていた。そこに一九二三（大正一二）年九月、関東大震災にみまわれると、渋沢栄一は「天が日本に与えた訓戒《いましめ》」と論じ、キリスト教の伝道者として知られる内村鑑三は「神が日本人に賜た試練である」と声明し、人々の注目を集めた[24]。こうしたヨーロッパと日本について共有した渋沢栄一と渋沢敬三の危機感は、重視さるべきであろう。

敬三の二高以来の同窓で親友の土屋喬雄（当時東大助教授）は、渋沢敬三の大器ぶりと観察力の鋭さについて、物事の理解力が優れ、「自分自身を含めてあらゆる事象を客観的に観察し、解剖し、分析するきわめて高い知性」を持つ希な人物と評している[25]。

四　ヨーロッパ各地旅行とマルクス主義

1　第一次世界大戦の戦跡の訪問とランス寺院[26]

ロンドン着いらい渋沢敬三は、何よりもイギリス経済の全般的な動向の考察と検討、そして祖父からの依頼のイギリスにおける中国古典の収集に努めたが、彼の好奇心はイギリスに満足せず、翌年春にヨーロッパ大陸の諸国を訪ねている。ちょうど一九二三（大正一二）年春のイースターの休暇に、下宿先のリード親子がフランスの旅行を計画していたので、彼はこの一行に参加し、次いでベルギーからオランダに赴いた。

パリでは、郊外のフォンテンブロー宮殿とバルビソンの田園作家F・ミレーの家とを訪ねている。好天のもとでの新緑のパリ郊外の有名な行楽地の見物となった。もっとも敬三は本物志向が強かったせいか、フォンテンブロー宮殿はともかく、ミレーの住居跡は観光用の建物ではないかなどと、あまり感心していない。

それに反して、三月三一日のランスまで二八〇マイルの仏・独二国の国境のドライブは、興趣あるものであった。とりわけ数年間にわたって両国が死力を尽くした遠々たるヒンデンブルグ線の戦跡と、そしてランス寺院の見学は、意義深いものであった。第一次大戦が終結してからわずか四、五年しかたっていない当時において、近代戦の規模とはかり知れない損耗、そして数百キロに及ぶ殺戮の跡はあまりに無残であって、英雄でなく、無数の「無名戦士（unknown soldiers）の墓」のおびただしい存在には、「罪悪を感じ」、「文明とは何の為の語にや」と記している。(27)

戦場の跡にのこるランスの寺院は、ヨーロッパ最古のものといわれ、「以前より小生の憧憬せし建物で」、「はるか彼方にランス寺院の高塔聳えしを見たる時は、懐かしさに身がふるへる気持」とある。屋根がくだかれ内部の焼失した、この寺院は「敬虔の念」を感ぜずにはおられない「一つの偉大な芸術」であった。そしてランスの寺院は正に日本の法隆寺と比較できる、「溌溂たる宗教の光輝」を千年ののちの現代に教えるものがある、日本人が法隆寺と「絶縁し」、フランスからランス寺院と「絶縁」すれば、「世界は真に闇となるは必定」とまで感歎している。

2　オランダの美術館歴訪(28)

イギリスにいるとき敬三は、小国といえオランダが、すぐれた画家が輩出している、文化ゆたかな国たることを知っていた。そこで彼は、四月一日にパリを発つとベルギーは素通りしてオランダをめざし、ハーグとアムステルダムの美術館訪問を中心とした旅程をくんでいた。このあたりに渋沢敬三が、ヨーロッパの絵画について稀な造詣の持ち主であったことがうかがえる。

ハーグ（彼のいうヘーグ）の美術館は、数多くの展示絵画のなかで、レンブラント、ハルスそしてマリス兄弟の作品にもっとも感心している。

なかでもレンブラントの「解剖の図」は、このときの美術館の唯一の「大物」「稀に見る傑作」として、様々な角度からするどい論評を加えている。また解剖を別として、レンブラントの多数の作品のなかで、老人を描くときの筆使いが気に入ったが、しかしレンブラントは、手腕はすぐれているものの、人格的偉大さを感じさせるところは乏しい、と論評している。

アムステルダムでは、小蒸気船でマルケン島めぐりの観光に一日を費やし、のどかな運河、名物の風車、穏やかな景観、マルケン島の古い風俗などをエンジョイしている。同日の夜は国立劇場で、フランス革命を背景とした「ダントンの死」を観劇した(29)。

三日目にライクス（Rijks）美術館を訪ね、所蔵品の数の多さに驚きながらも、「傑作は数に比して少なく、レンブラントのものも老母の肖像位」で、むしろクールベー、ミレー、ホルバイン、ルイスデールのほうが面白い、と評している。

なお、ここで敬三は、日本にはあまりなじみのない、マリス三兄弟の作品を評価し、とりわけ知られることの少ないマシアスとウイリアムに着目し、晩年絵筆を棄てたマシアスこそ一番の天才と論じている。ここでの敬三は、プロフェッショナルな評論家である。

オランダの印象は、好ましいものであった。フランスとドイツの二つの大国と経済的に密接不可分にであるが（ドイツは最大の貿易相手国）、国民性は穏やかで保守的であった。敬三は、音楽について各国の文化的な特徴をさぐっているが、オランダは英仏両国よりもクラシック音楽が普及しており、アムステルダムのキャバレーではどこでもクラシック音楽が聞かれること、また聴衆の態度が、イギリス・フランス両国よりもはるかに真面目であることに、非常に感心している。

一七、八世紀のオランダの繁栄は、眼のあたりにみえないが、美術館の絵画、都市の建物にギルド全盛の時代がもの語られており、中立国オランダは、「小金を蓄えて隠居したる小父さん」（ホームレスがほとんどいない）と観察している。総じて産児制限の政策のせいか、年少者の血色がよく、「弱国たる卑屈な心もなく、誠に程合いのある平和国」であって、「国家としても、此様な生活方法もあるものか」と感じている。

3　ベルンシュタインとマルクス主義者たち(30)

ロンドン生活の翌年は、祖父宛の手紙では、正金支店での業務はじめ日々の仕事に追われ、「思ふ様に本も読めず、……呑気な留学生達が羨ましく存ぜられ」（大正一二年四月一一日）と嘆いている。とはいえ敬三は、多くの在留邦人がヨーロッパの政治外交と財政にのみ関心を寄せているのに対し、より余裕をもって自分自身の課題を調査し、研究している。その一つが、イギリスにおけるマルクス主義者の動向であった。彼は、一八四三年に「共産党宣言」を発表したマルクスと、二十年ほどのちにロンドンで大著『資本論』を執筆したマルクスを区別しており、経済学としての資本論を大いに尊敬し、評価していた(31)（ちなみに当時の日本のマルクス主義者の圧倒的大多数が、両者を一体として理解していたことは不幸なことであった）。

敬三は、ドイツの初期の社会主義者で、マルクスとも知己であったが、修正派といわれたベルンシュタインの純粋な人物と波乱の人生に大いに興味をもち、彼についてロンドン通信に少なからぬ紙面をさいている。それはベルンシュタインが「純学者にして且つ詩を解するの人格者」であって、日本の社会主義者の「只々富者を羨み……スネたる冷血漢」と異なる人間性の豊かな人物であることと、そして敬三個人と多くの「偶然の一致《コインシデンス》」があったことによる。

ベルンシュタインは、ドイツを追われたのち、イタリアの湖水地方のルガノに漂ったが、彼の自叙伝を読む前から、風光明媚なこの地は、敬三が登喜子とともに訪問予定した場所であった。また同地は、バクーニンやハンガリア人のコスートら社会主義者が来住していたことを知ったが、コスートの秘書は、デオシーといい、栄一と敬三は、この人の息子の来日の際親しく会ったことがあった。さらに敬三が観劇した「ダントンの死」の作者ヴュヒネルは、ベルンシュタインの尊敬する詩人であったという。

ベルンシュタインは、マルクスの『資本論』の執筆より少し前一八九七〜九八年にロンドンに在住しており、彼の自伝にみるイギリスとイギリス人の評論は、「読み出すとよすのが嫌になる程」、敬三には面白かった。彼がイギリスの初期の社会主義者として評価した人々は、カニング、グレアム（両者の画像はリード氏邸の食堂に置かれていた）、そしてジョン・バーンス（既出）であった。

そのほか、敬三はエブリマンス劇場でバーナード・ショウ作『医者のデイレンマ』をみたことがあったが、主人公の社会主義者で道楽者のエーベリングなる人物は実在で、マルクスの三女エレオノーレと同棲し、かつ誠実なエレオノーレを捨てて自殺においやったことなどをベルンシュタインの著書を通じて知った、と記している[32]。

4　社会主義と共産主義の将来

ロンドンにきてから、イギリスの社会主義のリーダーたち、とくに上述したように人格を尊重する人々の存在を知るに及んで渋沢敬三は、ヨーロッパの社会主義の動向にいっそう興味を持つようになった。だが、その後の彼の考察と解剖によれば、所詮は白人種の間の社会主義でしかない、と批判的になっている。一九二三年五月末に執筆した「ロンドン通信」において敬三は、ヨーロッパの社会主義の将来について、次のような論評を東京に書き送っている[33]。

欧州に生ぜる社会主義は、畢竟《ひっきょう》白人間の社会主義にして「各国のプロレタリアート団結せよ」

とは叫び居り候も、団結のあかつき、日本や支那や印度のプロレタリアートを入れて呉れるかどうかは疑問にして、ましてアフリカの黒奴の如きはいざとなれば人間扱いはして呉れまじく考へられ候と同時に、或る意味に於て、近代の階級意識が覚《めざ》める同様に、此の次は国際間に於て、貧乏国がうまい時分に世界の富源《(ママ)》を吾手におさめたる国に対して、富源の共有を叫び出す国際社会主義さへ起りはしまいか等とも考へられ候。

すでに触れたように、東大経済学部の学生時代から渋沢敬三は、マルクス主義に関心を持ち、『共産党宣言』（一八四三年）の独語原本を同僚の誰よりも早く入手し、研究会に参加したりしていた。事実、第一次大戦後の不況の長期化と社会政策の不在のなかで、日本においては社会問題は急速に深刻化の様相を示し、前年に日本共産党が結成され、同時に非合法の地下組織となったことが伝えられていた。

こうした情況のもとで、先進国のイギリスにおいて共産党《コミュニスト》がどのように組織され、活動しているかは、敬三にとって一つの調査研究のテーマであった。ところが彼の友人から、巡査に尋ねたところ、ホルボーンの警察署のすぐ裏にあると、本部まで案内されたとのことであった。敬三は「(日本の) 警視庁の高等係が聞いたら嗟《さぞ》吃驚するならん」と、書き送っている(34)。

同じ時の「通信」には敬三が受けたカルチャー・ショックのエピソードが伝えられている。彼がロンドン支店に出勤しているとき、彼が相当な身分の出身で衣食に十分足りており、かつ銀行に勤務していることも知ったイギリス人女性の店員から、It is unfair といわれた。つまり敬三のような恵まれた身分で店員となることは、他に一人の失業を出すことになるので、すべきでないとのことであって、日本とイギリス社会の相違を知らされたことであった。

五　イタリア紀行、ローマと周辺——一九二三年一〇月～一九二四年一月——

1　ローマ・バチカンへ

渡英の翌年一一月、つまりロンドンに来て約一カ年後、渋沢敬三は、憧れが昂じていたイタリアに妻の登喜子とともに行き、二週間ほど滞在、存分にルネッサンス美術や古代の遺跡などを堪能し、印象を書き記した。この紀行録は、のちに「伊太利旅行記」としてまとめられた（『渋沢敬三著作集』第一巻所収）。

「伊太利旅行記」は、事実滞欧時代のハイライトというべく、彼のもっとも充実した日記であり、文化財にたいする感動がいまも読者に伝わってくる。

こうした充実した旅行が可能となったことには、彼が周到に準備した事実が指摘されねばならない。一つは、この年の九月の関東大震災によって、まとまった休暇をとることは絶念しかけていたところ、幸いにも許可がえられた。正金支店の同僚の手前もあり、広く浅く、方々を見聞するのでなく、〝集中主義〟でローマとフィレンツェ中心の綿密なスケジュールを組んだことである。

また彼は、この時期にベレンソン、サイモンスなどのヨーロッパの美術史の研究に大いに努めている。同時に、出発前の数週間の土日の午後は、美術史の学習の上にロンドン市内のナショナル・ギャラリー、ブリティッシュ・ミュージアム、そしてロイヤル・アルバート・ミュージアムに通っている。この頃美術史家の矢代幸雄もロンドンに来て、ベレンソンに師事しつつ、畢生の大作『ボッチェリーニ』(英文)の執筆にとりかかっていたから、矢代から数々の有益な助言を得たことであろう。(35)

いずれにせよ、イタリア旅行記における敬三の美術にたいする自身の解説、印象ないし観察そして感動は、常人のそれでなく準プロフェッショナルなものである。一九二〇年当時、日本語の西洋美術史の文献が乏しかったことを考えれば、プロフェッショナルな水準というべきかもしれない。専門の異なる筆者が適切に論評することはできないので以下、渋沢敬三の旅程をフォローし、つよい印象をうけたもののみ、不十分ながら、要約的に記述するにとどめたい。(36)同行者は、幸い身内の木内良胤(既出)がパリで加わり(ローマで別れ、登喜子は実兄の良胤の勤務先のパリに赴く)、ローマからは田代重徳(在ローマの大使館に勤務)が加わる。

一一月二五日にはローマ着、当日に近郊のラテラノの有名なソフォクレスの像を見たのち、ティヴォリに行き、ローマのハドリアヌス皇帝の邸宅跡(ヴィラ・ハドリアーナ)とヴィラ・デステを訪れている。同皇帝がギリシャ文明をいたく尊崇し、広大なこの別邸を建てて数多くのギリシャ彫像の複製やら諸名士の胸像を飾ったものの、その後千数百年の間に彫刻類はローマに運ばれ、邸宅自体は廃墟となったままであった。だが敬三は、壊れ落ちた壁も、折れた柱も、大理石像の断片も、周囲の草木に調和して「哀寂の念を起こさせ」るものがあり、いいしれぬ「美感」をそそわれている。

2　ギリシャの名作の数々(37)

もとよりバチカンは、イタリア紀行の本命である。連日朝早くから扉の開くのを待つように日参し、「大理石の像の数知れず安置している中を歩く気持は、この世に数えるほどしかない、清い幸福」を感じている。よく勉強してきたせいか、広大なバチカンを迷うことなく見て廻り、ギリシャの神々をはじめ気に入った作品は入念に観賞し、解説を試み、優れた論評を付している。

ジュピター（一八世紀末発掘）については、オリンパスの山上で「大勢の眷族《けんぞく》を従え、厳然と玉座に坐ったジュピターを、このくらい上手に刻んだものはあるまい。威力あり、明智ありかつ美しき偉丈夫の姿」と感嘆している。同じ室内におかれているハドリアヌス帝（既出）の愛した青年アンティノーオスの像も、「初々《ういうい》しさがあり」、「正直で無邪気さの失せぬ青春そのもの」と評価している。

眠れるアリアドネの像（ナクソスの島で昼寝しているうちに恋人テセウスに置き去りにされる）は、片手を頭の上にのせているポーズが、離れてみると「熟睡感を示すうえに効果があり、お人好しの年増を感じさせる」ことに驚かされる。これらの作者不詳の傑作について敬三は、背景の神話と作品の由来を丁寧に記している。

たくさんある胸像《バスト》のなかでは、カートー（Cato）と彼の娘が敬三の好きな作品で、「厳格さを保持しつつ娘が可愛くて仕方ない顔付」をしており、「父のみを頼りとしている」対照が「いかにも麗しい」とされ、この室のハドリアヌス、カラカラ、ネロ、トラヤヌス、シーザーなどなみいるローマの皇帝の像は、敬三の評価に値していない。

中庭に面する小室では、有名なアポロとラオコーン（アポロ宮殿の司祭、トロイ戦争で失脚し、大蛇に殺される）の像に大きな感銘を受けている。ラオコーンは紀元一世紀の名工ハゲサンドロスの作で、ミケランジェロが「芸術の驚異と嘆美した」といわれ、敬三は「苦悶の表情を現したものとしては絶大な作品」と評価している。が、敬三はこの室のアポロ（ベルヴェデーレ作）は、「人の形をしたギリシャの神様が忽然として目の前に顕れ」た気がしており、所感を詳細に論評している。彼によれば、アポロに代表されるギリシャの神々は、禁慾や礼法など宗教臭のないのが特徴で、「自然のままに発育した完全な人間を理想」とされる。

キアラモンティという長い廊《ギャラリー》では、きりのないほど沢山の彫刻の並んでいる先に、ブラッチオ・ヌオヴォという室があり、ここには有名な作品があり、かのアテネの雄弁家のデモステネス像は修復中であったが、リュシッポス作の模造の「汗をこき下す人」（アポクシュオメノス）を観賞できている。非常にすぐれた銅像で、運動家として完全な体形ばかりでなく、「顔も上品で、屈強のスポーツマン」であった。

二階の正面には、プラクシテレス作の模造のクニドスのヴィーナスがあった。頭と顔が古いもので、「のちに発見された他の体にくっつけ」、「手を新しく添え」られ、さらに「法王様の御命令とかで、腰巻を真鍮で作ってペンキで塗られて」いるには興ざめであったが、しかし「よく見ているとなんともいえず美しい(38)」。

ここで敬三は、例のルーブル美術館のヴィーナス、そしてフィレンツェのそれとも比較して論じているのが興味深い。彼によれば、ルーブルのは素敵だが「現代人といった感もあり、気象が少し強すぎる気がする」が、クニドスはおだやかで、やさしみがたっぷりし、フィレンツェのは、人間の女になりきっているが、クニドスのは「どこか神様である(39)」という。

3　バチカンと奈良との比較

バチカンを四日間楽しんだあと、渋沢敬三は、備忘のためとことわったうえで、奈良朝美術との比較を書き残している。紹介しておくべきであろう(40)。

大学卒業の年五月、彼は初めて奈良を訪ね、法隆寺、唐招提寺、三月堂などの寺院と文化財の数々に感激した。が、世にも稀な彫刻の逸品はほとんどローマに集まっていると思っていた。だが、ローマに来て眼のあたりルネッサンスの名作に接したとき、「ギリシャ美術を低く見たのでなくて、奈良美術を低く見過ぎていた」ことに気が付いたという。ギリシャ芸術は彼を感激させたが、同時に心の中に湧いたのは「不思議にも奈良芸術に対する尊敬と憧憬」であった。

仏殿のうす暗い中の古びた仏像は、写実に芸術的根拠をおきつつも、〝摂取不捨《せっしゅふしゃ》〟の形をしており」、仏の〝大慈大悲《だいじだいひ》〟の表現であって、「我々の心を陶然と法悦へと導く」ところの、人の形をした「全然超人間で」あった。これに対しギリシャ芸術を前に立つとき、「そこにあるのは美唯一つ……、美それ自身が目的で」、「人体の美の極致」と感じた。ギリシャ芸術の美に陶酔する時、「一方これを喜びながら、一方仏像への感激を喚び起す」という事実を自覚したのである。

こうした経験から、彼の心の中に非常に重要なテーマ、東西文化の比較の視点が呼び起こされた。自身の感想を全体に拡げることは、「危険」であるが、西洋流の〝写実的個人主義〟と東洋流の〝表象的普遍主義〟の対立のことで、両者の「接触点でもがいている」のが日本人の現実ではないか、という強い意識である。

彼の東西文化論は鋭いものがある。あえてこの部分を掲げておきたい。(41)

由来偉大な芸術文化は相異る二つの文化が互にすれ合って摩擦する時の火花によって生れることが多い。ルネッサンスもそうだ。奈良朝美術もそうだ。もし現代の日本人にして偉大なものを完成する素質をめぐまれていたなら、これからの日本人の活動は見物であろう。またもし一見堕落しやすきが如く、その実、ほんとうに堕落する素質であったなら、かつて仏教孔教を汲み、今や欧州と米国とにはさまれて揉まれつつある日本人は、これを処理し得ずして堕落しゆくであろう。自分は日本人がこの二つの相異った心の形式の間に立って、一方地獄の浅間しさを出現しつつある西洋人の心の堕落を食い止め、一方我が国民自身をして一つの歩むべき道を生み出させることを信じたい。

以上のほかローマ滞在五日間のうちに敬三は、時を惜しんで足早にいくつかの美術館や博物館などを訪問している。ローマ国立美術館、カピトール博物館、サンピエトロ寺院がそれらで[42]、ミケランジェロやジュノの絶世の逸品を鑑賞しているが、ここでは記述を割愛せざるをえない。

4　ローマ周辺（セント・クレメンスとセント・カタコム）

バチカン見物のあと渋沢敬三は、郊外のセント・クレメンスとセント・カリスト・カタコムという二つの初期キリスト教の遺跡を訪ねている。前者は紀元前のペルシャのミトラ教の社殿が埋もれたうえにキリスト教の古い教会が建てられ、さらにその遺跡に一五世紀に教会（壁画はマサッチオ）が建築されたという、三重の遺跡である。後者は迫害された初期の教徒たちの深くて広い地域にわたる共同墓地、「穴墓《カタコム》」である。

人類学的な関心が加わって敬三は、両方とも深い層まで入りこんで、古代の文化や文明の跡を探求し、古代キリスト教の信仰、心情に深い敬意を払っている[43]。当時は足を踏み入れる人は稀であったが、彼にとって、これら遺跡の調査は大きな成果があった。

六　イタリア紀行（続）、フィレンツェとミラノ

1　〝美術の都〟フィレンツェ（ウフィチとピティ）(44)

イタリア紀行の日程では、〝美術の都〟フィレンツェの滞在は僅か三日間に限られているが、慌しさは感じられない。

中でも有名なウフィチ美術館は、「異様な緊張と好奇と期待とに満たされ」ている。チマブエの『マリアとエンジェル』は、ナショナル・ギャラリーのそれと異なり、ここでは「緻密にかつ剛健」を感じ、同じ室のジオットーの『マドンナ・イン・トロノ』には「人類的悲苦を予見しているような気がして感動」した。

ウフィチは、矢代幸雄が研究していたボッチチェリの作品の多くを収蔵している。ボッチチェリの師で、ルネッサンス初期の、フィリッピノ・リッピの父親のフラ・フィリッポ・リッピ作の『マドンナ』が展示されていた。敬三は、このマドンナのモデルが、父のリッピが修道院の中でみつけ、描いているうちに恋するようになり、ついに一緒に連れ出した修道女であって、二人の間の男子がフィリッピノ・リッピであるという話を、面白く紹介している。

ボッチチェリについては、有名な作品、「ヴィーナスの誕生」「春」「三博士礼拝」「聖女とキリス

ト」がいずれも展示されていて、この室で敬三は「ゾクゾクして足が地につかぬ」気持がしている。矢代の新しい見地からの研究は西洋人を驚かしているが、敬三は、「ボッチチェリの性格そのものが日本人向きであろう」と考えている。(45)

ウフィチ美術館には稀代天才のラファエロ、そして彼の師とも考えるペルジノの作品が多く、敬三はペルジノの誠実な画風を好むようになった。さらに「老人」など敬三が親しんできたレンブラントの名作もあって、その前では立ち去りかねている。たまたま当日は、レオナルド・ダビンチやボッチチェリのデッサンの原物を手にとって見れる幸運に恵まれた。(46)

ビテイのほうでは、前述のフラ・リッピ父子の作品をここでも見ることができた。ジオットー、チマブエ、それに敬虔そのもののアンジェリコらの作品が「宗教的情熱の芸術的表現」であるのに対し、リッピ父子らになると「芸術が宗教を使役」するようになり、「聖母にして処女」で霊的（アンジェリコ）なマドンナが、「だんだん人間らしい女になってゆき」ルネッサンスの盛期には、マドンナの顔が「そのままヴィーナスの顔に使われている」ことが興味深く観察されている。(47)

有名なラファエロの「マドンナとキリスト」は、「色彩には感心した」ものの「人に云うほど嬉しく思は」なかった。また「ラ・フォルナリーナ」という「情婦の絵は美しい」が、彼のマドンナと同一であった。ラファエロのマドンナにはペルジノの影響を受けている「下眼づかいの品のいい」ものが敬三の気に入っている。またティティアーノの絵では「マグダレのマリア」よりも自画像のほうが好まれている。(48)

2　ドゥオモ、サンタ・クローツェ教会とアカデミア(49)

フィレンツェの街の中央にある著名なドゥオモ（大聖堂、ブルネレスコ作）は、派手な彩色のせいか、敬三の好むところにならず、広場に立つカンパネラ（鐘楼、ジオットー設計）のほうが「趣」がある、とされる。

サンタ・クローツェ教会は、ロンドンのウェストミンスターと同様に、ガリレオやミケランジェロなど「諸名士の墓または記念碑」が多くすこぶる重要とされる。壁画はジオットーの作で、下のほうの「サン・フランチェスコの臨終」はなじみあるものであるが、周囲の弟子たちの「力強い描写」は「ジオットーなくしてはかけまい」が彼の感想である。

アカデミア美術館では、中世の絵が順序よく展示され、「美術史研究に多大の貢献」をしている。あまりに有名なミケランジェロのダビデは、「高さ十六尺ばかりの大きな大理石を八方から彫り込み」、「初めから出来上っているようである」。そこには生命が働いており、「何物か力あるものを発《エマネート》している」。これでなければ、ゴリアテは殺せまい、というのが敬三の印象である。

そのほか国民美術館（ムゼオ・ナチオナーレ）にも訪れている。ここにはドナテロの作品が多く、「酔えるバッカス」の像は、「今でも千鳥足で御機嫌ななめならず立っている」。

3　ミケランジェロとメディチ家、フィレンツェと京都

フィレンツェ見物後、渋沢敬三は、ミケランジェロとメディチ家との関係について、論じている。ミケランジェロは、パトロンの有無を問わず、自分の天才を発揮し、人格を完成した。だが、政変と混乱の時代をのりこえて、「現在見得る数多い彼の芸術品を保護し、完成せしめた功績は、メディチに帰せねばならぬ」と論じ、「絵画彫刻建築用の材料にしてもメディチの力の入れ方は確か」とゆきとどいた指摘をしている。(50)

美術館の閉館後敬三は街の際のフィエゾーレに行き、フィレンツェを俯瞰している。中世のフィレンツェが、門閥政権たる教皇《ホワイト・グルヘル》派と反教皇派《ブラック・グルヘル》がこのせまい天地で争った歴史を顧みると、日本の昔の源平の京都をめぐる争いを、「東山から眺めたのに似て」いると思い、「東寺の塔の代りにカンパネラが高く聳《そび》え、雄大な本願寺の甍《いらか》の代りにドゥオモが浮いている」と敬三ならではの感想を記している。(51)

4　ミラノ：ダ・ヴィンチとトスカニーニの「アイーダ(52)」

イタリア紀行の最終日はミラノである。街の中心の真白に輝く、ゴシックの聖堂《ドゥオモ》は誰しもが感嘆する場所だが、敬三は「あまりに末梢神経まで尖らせ過ぎた感がある」といささか批判的である。サンタ・マリア・デレ・グラチェのチャペルのかの「最後の晩餐《ラストサパー》」のフレスコ画は、ダ・ヴィンチが「絵具を新しく調和して描いたことは全く千慮の一失」というべきで、「取り返しのつかぬほど傷んで」いた。それでもよく見ると、「ユダの驚きと恐れと欲張り顔やペテロの吃驚《きっきょう》している態度やキリストの気高い」姿が浮き上っていて、ほかでの複写と違った感銘をうけている。

驚くほど巧に描かれたラファエロの『バージンの結婚』、マンテニや、ベルソニ、ブラマンテラのすぐれた作品など（偽物のダ・ヴィンチの作品を含め）も観賞することができている。

ミラノでの何よりの経験は、この日の夜、スカラ座でトスカニーニ指揮のヴェルディのオペラ『アイーダ』を見物できたことであった。渋沢敬三は渡欧以来オペラをみたものの、ロンドンの『アイーダ』を含めていつも期待はずれであった。が、今回の『アイーダ』は、スカラ座という劇場を含めて、歌手、舞台、照明、演出、オーケストラ演奏などのすべてが第一級で、感動この上なく、すっかりオペラの評価を一変させている。したがって頗る長く克明な感想を綴っている。引用は割愛するほかないが、「腹の底にしみいるような」序曲の演奏からはじまり、各幕の雄大な舞台装置、楽器の素晴らしい音色と、多数の出演者、そして緊張と調和のとれた演出まで、「こんなとびぬけたものがあるとは夢にも思わなかった」と感想をしめくくっている。(53)

なお帰途でたち寄ったパリで、ルーブル博物館ではセザンヌ（良心的作風）に感動、そのほか印象派の絵画をひととおり見物し、夜はベートーヴェンの第九シンフォニーに接して、「悲哀を通しての歓喜《デュルヒ・ライデン・フロイデ》」に同伴の松田とともに感涙している。(54)

七　後半期のロンドン生活——一九二四年一月〜一九二五年七月——

1　生活の変化：マニアから読書人へ

渋沢敬三のロンドン時代は、これまで述べた一九二二年秋の到着から一九二三年末のイタリア紀行までの前半の二年と、一九二四（大正一三）年から帰国する翌二五年夏までの後半の二年とに、分けてみることができる。(55)

後半の時期になると、かつてのようなイギリスの政治経済と社会の批判や熱狂的な西洋文化の追求と陶酔はしだいにさめている。その反面、生活にも横浜正金銀行の外国為替の業務にも慣れるようになった。同時に、イギリスはじめヨーロッパ諸国においては、日本と違って、社会の変化は非常に緩慢なこと、イギリスの社会と文化は、過去の歴史的蓄積の上に成りたっていることがわかり、その長所が自覚されるようになった。その最たるものは、イギリス人のなかにみられる自由主義そして個人主義的な思想と傾向であり、敬三は近代的人間ありようとして、次第に敬意を払うようになっている。そして逆に日本人のなかにこれらの欠如を感知するようになった。この点は帰国後日本において日本人の弱点としてより意識され、さらに戦後において彼の対談や講演のなかで、主要な論点となっている。(56) 敬三の思想を知るうえで留意すべきことである。

既述したように、イギリス到着後の後半の時期のロンドン通信は、イギリスはじめヨーロッパ資本主義の諸国の政治経済についての所見と主張（多くは批判）、そして社会主義の動向についての強い興味が大きな特徴であった。だが、その後一九二四年になってからの報告においては、政治経済についての関心は乏しくなっている。敬三の内心では、西洋諸国の本質的な問題については、「勉強がいちおう済んだ」ということかもしれない（なおこの年の海外出張は、八月下旬のドイツとスカンジナビヤにとどまるが、ベルリンの動物園の印象を除くと、その感想はほとんど記されていない）[57]。

初期の彼が期待したようにみえるイギリス労働党（ホイッグ党）にたいする関心も、この頃には明らかに薄れている。この点では、同じ時期にイギリスに滞在していた東大経済学部の河合栄治郎教授が、自由主義的な社会主義者として、労働党やフェビアン協会に多大の関心をもち、深くコミットしてゆくのとは対照的である[58]。この時期に労働党はイギリスの政界において着実に勢力をつよめ、一九二五年春には敬三の敬愛するJ・バーンズの後継者のマクドナルド党首のもとで、労働党内閣が成立する。が、彼のロンドン通信には何故かほとんど論述されていない。

渋沢敬三の場合、一九二三年には新妻の登喜子がイギリスに到着し、家庭をもったことは、外の世界の調査研究や論評一途だった独身時代と違って、生活環境の大きな変化をもたらしたであろう。住居は、リード邸からアールスコートの週六ギニー前後のフラットに移っている。

正金銀行支店の業務も、単なる調査でなく、外国為替や手形取引などの本来的な業務を担当するようになった。外国為替の市況において、一九二三〜二四年のポンドは依然堅調であり、二三年九月の関東大震災の影響もあって、対ポンドの円為替は一貫して弱含みであった。これは敬三にとって、ロンドン生活のうえでも軽視できないところであった。一九二四年の「ロンドン通信」では、

円安傾向が生活費の高騰をもたらすことへの不満をしばしば送っている。(59)

さて、初期においては、イギリス内外への旅行、それにともなう西洋文化へのマニアック的憧れが彼の心を支配していたが、この時期になると、より落ちついて書物のコレクション、そして読書に多くの時間を過ごしている。書籍と出版は世界的にみてもロンドンがメッカであったから、学術や文化にひろい興味をもつ敬三にとって、ロンドンは此の上ない好都合な都市であった。さらに写真の撮影と印刷技術の発展によって、レベルの高い美術関係の文献のほか動植物、生物、魚類の図鑑などがまずロンドンで刊行されたことは、生物や民俗学にたいする彼の本来的な興味を蘇生させることになった。また彼の英語の読解力が一段と向上したことは明らかで（会話のレッスンは早々にやめている）、それが彼の読書の興味を拡大させ、研究を深化させたことであろう。

こうした敬三の日常は、人眼をひくところがあったらしい。かつての家主の息子で同じ世代のリードは、ダンスとジャズに熱中しており、読書好きの敬三に対し、日本からロンドンに来て読書に時間を使うのは愚かなことではないか、とからかったという。ミラノのスカラ座の『アイーダ』に感動して以来、敬三のクラシック音楽の趣味は、この時期により高まっている。週末の音楽観賞ばかりでなく、レコードを買って蓄音機にかけて聞くのが大きな楽しみとなり（中学生の頃ピアノを習った敬三は、日記に曲のスコアの一節を書き込んだりしている）、レコードも彼のコレクションの一つに加わった。

在ロンドン時代に渋沢敬三が買い集めた書籍は、帰国に際して東京に送られた。そして三田の渋沢邸内の敬三の文庫におさめられ、次いでアチックミューゼアムの図書室に移された。これらコレクションは、当時としては新鮮な美術書や生物の図鑑などはじめ非常に貴重なものであって、敬三個人の趣味にとどまらず、アチックミューゼアムでの幅ひろい研究に裨益するところがあったであろう。(60)

2 同僚の仲間たちと勉強会

少年期から高校、大学を通じて渋沢敬三は、人嫌いではなく、むしろ人好き、社交好きのタイプであった。だからロンドンにおいても、生活と環境に慣れるようにしたがい、勤務先の正金銀行支店や日銀ロンドン支店の同じ世代の同僚と親しくなり、付き合いも緊密となった。イギリス各地への旅行などの行動を共にしている。むしろ同僚仲間のなかで、先輩の浅田振作と敬三がリーダー格であった。(61) 一九二四年六月のロンドン通信においては、かなりの頁数にわたり、「自分の将来に対して決して無関係でないから、――利害関係と云う意味でなく人格的に――、少し書いて見たい」と断ったうえで、ロンドンで親しくなった同僚の数人の人物評を遠慮なく試みている(62)（若林、浅田、小野、神鞭、越智、北村、中村）。

記述の内容については省略するほかないが、敬三らしいユーモアに富んだ人物評で、彼が愛読した夏目漱石の『坊ちゃん』や『吾輩は猫』にみられる周囲の人物評を想起させるものがある。友人のほかにも一、二のユニークな人物もふくまれている。敬三はウイットにとみ、周囲の人々に適切なニックネームをつけることに長じていたといわれるが、その面目が躍如としている。

これらの同僚たちとは単なる付合いでなく、敬三らの発案によって、勉強会が定期的に行われ、知力能力の向上がはかられている。テーマは以下のように記されている。[63]

(1)若林「日本銀行代理店の事務並に政府資金の倫敦に於ける運用方法」
(2)越智「ロイヅ保険について」
(3)神鞭「インターナショナル（労働者運動の一つ）について」
(4)浅田「米国連邦準備銀行の組織」
(5)渋沢「日本工業史に関する一考察」
(6)小野「西洋音楽発達史」
(7)若林「英国の予算について」
(8)越智「ケニヤコロニー問題」
(9)神鞭「英国労働運動小史」
(10)浅田「米国連邦準備銀行の運用実際」
(11)渋沢「石油問題」

渋沢敬三は卒業論文の日本工業発展段階論を報告したばかりでなく、石油問題をも研究し、論じている。興味ある事実である。

また彼らは、世代ばかりでなく、この勉強会にイギリスに滞在していた諸大学の教授ら識者を招待し、専門的なテーマの講義を乞うている。(64)

徳川武定（子爵）「軍備の意義並に日英の軍備問題　附シンガポール問題」
土居光知（東北大学教授）「中世紀並にルネサンスにおける絵画に顕はれたるマリアの意義の変遷」
村岡典嗣（東北大学教授）「ジェスウイット・プレスについて」
豊田　実（九州大学教授）「ジョージ・エリオットとハーディー」
斎藤　勇（東大教授）「文学の意義」
田中秀央（京大教授）「希臘《ギリシャ》神話」
小林英夫（東北大学教授）「語原学士より見たる英語　附英語とアメリカ語との差異」

なお同じ人物評のなかでも、ロンドン支店に在籍の加納久郎（子爵）は夫人を含めて別格な人物として扱われている。敬三は彼を、ハイカラで無類の英語の達人で、イギリス人との社交力も抜群と評価している。もっとも「残念ながら哲学がない」とも評している。ちなみに加納は、戦後敬三が議長となって、一九五五年に東京でＩＣＣ国際商工会議所総会が開かれたとき、敬三に乞われて事実上の代理かつ、副議長として総会を成功に導いている。

3　イギリス人の知己

敬三は在ロンドンの時期に、何人かのイギリス人の知己をえた。ロンドン支店での知己を別として「ロンドン通信」から知られる二、三人について付記しておきたい。

最初の頃親しくなった知人の一人は、第一流の水彩画家のジョン・ハッスルで、彼はイギリス皇室からも親しまれたという。文字どおり豪放にして磊落《らいらく》、フランクにして親切な人物で、敬三を"Hallow chap!"と嬉しそうに話しかけてきたという。(65)

ハッスルは、ロンドンに来たばかりの敬三を、ロンドンの大英博物館に連れて行きいろいろ教えたり案内しており、古生物学や鉱山学に通じていた。「大酒飲み」であることを別とすれば、最初の敬愛に値するイギリス人となった。

最初のうちは、リードおよびその家族も親しい知人となった。既述したように敬三の寄宿先で、彼の父親は造船業の経営者で日本に訪れたこともあったといい、有力な実業家でもあった。彼はフランス語に通じており、一九二二年春のリード家のフランス旅行では敬三も同伴し、ヨーロッパについて学ぶところも大きかった。彼は、当時のイギリス社会主義者の先駆者たちについてよく知っていたから、この点でも敬三が敬愛する人物の一人となった。

また経営者では、ロンドン生活の初期にバーミンガムで有力な鉄鋼、造船業ウーズレー社を見学したとき、精力的で、雄弁な常務取締役のケヤードからは強い印象をうけた。とくに敬三の注意をひいたのは、「労働問題があんまり盛んになると、国が、——英国の意か各国の意か、又は会社丈を国にて表はしたるや分明せざるも——亡びるんだ、……と云ってのけ」たことで、「流石《さすが》英国なるか」と「感心」している。また彼から資本主義のもっとも進んだイギリスの同社において、「四千の職工は一人の棟梁（労働組合のリーダー）の配下にありて重役に絶対的に対立する」ボス・システムの下にあることを聞かされ、(66)イギリスの労資関係を大いに学んでいる。

親日家のアルピニストで、イギリスにおいても高名なウェストンは、登山好きの敬三にとって、誰にもまして重要な人物で、かつ敬三にとって非常に有難い存在であった。彼は、敬三をアルパイン・クラブの準会員のように扱い、敬三のロンドン滞在時期を通じてしばしばクラブの会合などに招待している。アルパイン・クラブの会員には各界の名士ぞろいであったから、敬三にとって非常に光栄のことであり、イギリスの上流階級の人々と接する機会となった。

たまたまウェストンが中心となってフランス寺院の復興のための基金募集会が発足し、日本の林駐英大使が議長に指名されたことがあった。ところが日常生活でも変わったことが多い同大使は、ただ一人正装して出席し、壇上に上ると、"I am chairman but there is no chair." と言っただけで席に戻るという珍事があり、敬三は非常に滑稽な人物として同大使を描いている。(67)

4　父篤二をめぐる渋沢家のトラブル

さて、これまで述べてきたように渋沢敬三は、銀行家としても、文化人としても、調査・研究と学習・見聞に充実した日々を送ったのであるが、東京においては困難な事態が生じていた。彼の正式な後継者となった渋沢家（同族会）においては、時とともに事態がみのがせない様相を示していた。このためロンドンの渋沢敬三は、のがれがたい責任者として悩み、悲しまざるをえない立場に置かれた。渋沢家の内部の出来事ではあるが、渋沢敬三の人間形成に影響を及ぼしたこととして無視できないので、必要最小限において記述しておきたい。

事の起こりは次のようなことである。これより先の一九一五（大正四）年に渋沢栄一は、自身の引退と渋沢家の存続のために、持株会社たる渋沢同族株式会社（資本金一〇〇〇万円、払込六二五万円）を創立したが、そのときに長男の篤二でなく、篤二の長男、つまり栄一の孫の渋沢敬三（当時十八歳）が社長に定められた。ちなみに同族会社の出資は、渋沢本家（栄一から敬三）が過半を占め、ほかの出資者には穂積家（長女の婿）、阪谷家（次女の婿）、渋沢武之助、正雄、智雄の各家と明石家が加わり（ただし当初は、敬三はじめ兄弟の持株は名義であって配当は本人には支払われない）、これら各家のメンバーからなる同族会（議）が正式に発足した。このために栄一長男の渋沢篤二は、同族会のメンバーを外れ、引退ないしは廃嫡となった。このとき敬三は第二高等学校への進学を前に、自身は生物学の研究を天職と考えて、後継者たることを反対したものの、栄一に説得されて、同族会社の名義上の社長となるという経緯があった。これについては、既に述べたところである。

こうした事情から篤二は、白金《しろがね》に移住したまま生活するようになり、その後容易に三田邸に帰らない状態が数年にわたって続いた。これに対して第一銀行の頭取となった佐々木勇之助が渋沢本家と篤二との間の融和をはかるべく調整に努めていた。このころには篤二の第一銀行の取締役（非常勤）に就任を条件に三田邸への復帰について、双方の内諾をえたようである。

ロンドンでこの知らせをうけた敬三は、「帰邸」を大いに賛成し、「最良の手段」として、父の篤二の洋行（ロンドンで敬三が数カ月間面倒をみる用意）を条件に両者が会食するよう、祖父の栄一と母の敦子宛に通知するところであった（大正一二年七月三〇日）。それに対し祖父栄一からは、「去ル某日臨時同族会召集、全員ノ同意ヲ得テ三田邸ニテノ会食ヲ定メタ、洋行ノ件ハ熟考スベシ」との電信に接した(68)。

その後関東大震災発生による連絡途絶を経て翌年（大正一三年）正月になって、父の帰邸の通知に接するようになった。だが四月からは、どこからも音沙汰はなく月日が過ぎ、九月になってから父は三田に帰邸せず、篤二復帰の件は結局うまくゆかなかった由の手紙が母親から敬三夫妻宛に届いている（たまたま敬三がドイツから帰った直後のことで、ドイツ紀行についてほとんど書き残していない理由の一つは、ここにあったかもしれない）。

東京において父の別居問題の解決が失敗したことに敬三は大きなショックを覚え、再三にわたり、長文の手紙を栄一および母の敦子宛に送っている。当初は篤二のあいまいな行動を非難しているものの、彼の帰邸は立場上困難（同居者の存在）と考え、むしろ同族との間での父の困難な事情を理解し、さらに最大の受難者である母の悲しみに此の上ない同情の涙を流している。

もっとも、この時期に不幸ばかりでなく、妻の登喜子の妊娠という明るい出来事もあった。この年の秋から暮れは、翌年春のロンドンでの自宅出産にそなえて、その準備について東京に詳細を次々に書き送っている。

こうして三年目の一九二四（大正一三）年秋は、翌年の春早々の出産をひかえ、さらに夏季の日本への帰国を予定して、敬三は多忙な毎日を送るようになっている。住居のほうは、高級住宅地のケンジントン（106, Coleherne Court, South Kensington）のフラット四階（寝室四〈女中室含む〉、応接、食堂、台所、風呂揃い家賃、週七ギニー半）の手配をしている。従来からみれば立派な住居である。

同時に一九二五年上期の生活費の収支予算を計算して東京の祖父、母宛に書き送っている。参考までに揚げておこう。[69]

1925　上半期予算

1．経常費　£450

小生所得£300（六ヶ月分）あり、経費1ヶ月今迄£90内外なりしも、来年よりは少しく余計に見積りたり。それは登喜子の着物も少しダブダブの一二着必要。尚赤んぼにつき雑費かさむを考へ、尚家賃の高くなりたるを考へに入れたり。

2．出産費　£150

詳細上述の通り。

3．旅費　£90

小生一人分スペイン行。来春四五月頃

以上合計　約£690

（ついで以上のほか、帰国のさいは、船賃、荷物の運搬費そして土産代それぞれ£100、計£300が必要としている）

彼はこの収支予算書（邦貨換算約七〇〇〇円）のあとに、自分は洋服一着で通していること、堅実な生活を心がけていること、しばしばオペラや音楽会に行くので、弟たちからみれば羨ましいと思われるだろうが、少しも贅沢はしていないこと、同様にロンドンに留学している華族の子弟の生活からみても多額でないことなどを細々と書き送っている。

なおこのころ弟の智雄が音楽家になることを希望し、父や母に洋行をせがむようになっており、栄一が反対したらしく、栄一宛に西洋音楽は、日本の伝統的な邦楽とちがって「芸人」ではなく、音楽家は立派な人格をもつ人間の職業たることも書き添えている。ただ智雄には、単に将来が不安というのでなく、積極的に音楽のレッスンで研鑽《けんさん》をつむようにとの適切なアドバイスをしている。(70)

八　長男の誕生から帰国

1　雅英の誕生：未解決のトラブル

ロンドン滞在の最後の年、一九二六（大正一五）年は二月二七日に長男が誕生した。敬三は、これまで嬉しいと思ったことには、「名誉心、虚栄心、競争心など不純」な要素があったが、今度ばかりは「無条件で自らもしみじみと嬉しい気がします」と、出産の経過を細々と東京の栄一はじめ親戚に書き送っている。(71)祖父栄一に対しては最初の曽孫（直系）として命名を依頼し、雅英と名付けた。

こうした慶事の反面、父の篤二の帰邸にかんするトラブルは、この年春になっても解決のメドがたたなかった。敬三は、難渋した事態について社会に対しては「致命的な失敗」であり、「延《ひ》いては小生の身上にも影響あるべきを痛感」と、深刻な心境を伝えている（穂積叔父母宛四月三〇日）。

渋沢雅英を中心に（大正14年、渋沢史料館提供）

ロンドン通信の最後の手紙は、佐々木勇之助（第一銀行宛）で（大正一四年六月二日）、渋沢家内の和解に数年間にわたって尽瘁した佐々木に対して、言葉をきわめて深謝、「老台の御辛苦御親切に対し、不徳なる」経過に対し、「伏して父に代りて御詫申上度心持真実致し居り申し候」と記している。(72)

このころロンドンにおいては、前年に半世紀の歴史をもつ日本で屈指の商社の高田商会が破綻し(73)、鈴木商店はじめ融資先の台湾銀行、朝鮮銀行などに対して信用不安が起こり、在ロンドンの日本企業にとって容易ならざる事態が生じつつあった(74)。事実、敬三の帰国後まもなく一九二七年春には鈴木商店と台湾銀行とが資金ぐりがつかず破綻し、日本では金融恐慌が起こり、大蔵省はモラトリアム（支払猶予令）の実施をよぎなくされた。敬三は、難局の到来を感じつつ、ロンドン支店において、目下の金融情勢、レーヨンなど化学繊維の現状と将来、そして石油問題などについて、自分自身が調査研究の必要を感じ、調査に取り組んでいた。だが、ロンドン通信に報告する余裕がないまま、辞令の交付をうけ、帰国の準備をよぎなくされている。

なお、五月中旬には休暇をとって、三度目のヨーロッパ大陸の旅に出かけ、ミュンヘン、ウィーン、ベニス、パドヴァ、フィレンツェなどの諸都市を駆けめぐっている（旅程、訪問先などの詳細は不詳）。

なおこの間、祖父栄一が米寿を迎えるに際し、穂積夫妻から記念に何か趣向があったら知らせてほしい旨の要望があった。敬三は、(1)既刊の『公爵徳川慶喜伝』の英文版を刊行する、英文版は欧米に日本の貴族の歴史を理解させるうえに有用である、あるいは、(2)渋沢家の飛鳥山の邸宅を時の首相の別宅に寄贈する（たまたまイギリスで某貴族が邸宅を時のマクドナルドの別邸として寄贈し、それが彼の外交の舞台に活用された事実があった）との二案を申し送っている[75]。これらの提案は、敬三らしい意義あるものである。ただし二案とも実現しなかった。

2　アメリカ経由の帰国

一九二六年六月、渋沢敬三は東京本社勤務の辞令をうけた。そこで鈴木副支店長と相談し、八月中旬にロンドンを離れ、アメリカ経由で帰国することとした。妻の登喜子と長男の雅英はやや遅れて、別のコース（インド洋まわり）で帰国することとなった。アメリカ経由は、一目でも発展の急なアメリカをみておこうとするもので、或いは栄一の強い意向を体したのかもしれない。

かくて敬三は七月早々たまたま同時に帰国することとなったロンドン支店の同僚の越智兵一郎とともにモレタニヤ号に乗船、ニューヨーク（二、三日滞在）を経てサンフランシスコに到着した。シスコで越智と離れてバンクーバーに向かい、エンプレス・オブ・アジア号に乗船、北太平洋を渡って八月三日に帰国した（登喜子は一〇月に帰国）。このアメリカ経由の帰国の旅については、残念ながら記録がなくアメリカのファイリングシステムなどマネジメントを知ったほかには彼の所感やアメリカの印象などを知ることはできない。ただし帰国したのちは、アングロ・アメリカン（英米両国）の絆と国力の強さについて語り、国際政治における圧倒的な勢力たることを感じている。この点は当時の敬三の見識として注意さるべきことであった。

なお帰国後一二月四日、アチック復興第一回例会を開き、同二二日に会名をアチックミューゼアムと称することとし、敬三のいう「民具」の収集に着手している。横浜正金銀行は同月末に退職している。

あとがき

本稿は渋沢敬三が二〇歳代の後半という、もっとも知力精力の旺盛な時期に詳細に執筆した「ロンドン通信」に立ち入って吟味し、彼の経験と思考を通じて人格形成の過程をたどってみた。留学によって彼は、この時代のイギリスをはじめ資本主義国の現状とモラルを「考察・解剖」し、ヨーロッパ先進国の文明が危機的な局面を迎えていることを感得した。またようやく近代化した日本の将来も、寒心に堪えざるものがあると思うようになっていた。その後の世界と日本の動向をみると、一九三〇年の世界恐慌の到来など敬三の洞察がいかに正鵠《せいこく》をいたものであるかがわかる。

ところで科学的思考を自認する敬三にとって、人類文明の進歩・進化は、ヘーゲル的な唯心論か、マルクス的な唯物論か、どちらで判断すべきかという哲学的課題は、在英時代の彼の心のなかにあり続けたが(76)、解決できないままにおわった。自分自身を懐疑論者と規定するようになっている。

渋沢敬三のロンドン生活と学習は、学問・知識を大いに身につけたとはいえ、帰国後の銀行家そして財界人として彼の精神を鼓舞するところは必ずしも多くなかった。だがそれに反し、文化人ないし人類学はじめ学際的な研究者としてのアスピレーションは、ロンドン時代に著しく鼓舞された。ヨーロッパ諸都市での美術館博物館さらに数々の遺跡探訪は、彼の芸術的・文化的な憧憬を深く満足させ、彼の夢は古今東西へと飛翔《ひしょう》した。

真の国際人は、文化人たることを必要とする。この点で渋沢敬三は、文字通り国際人たる銀行家、さらには財界人としての人生を歩むこととなる。

(1) 堀江薫雄（正金銀行を経て戦後東京銀行頭取）によれば皇族扱いといわれている（追懐座談会、伝記編纂刊行会『渋沢敬三』下、一九八一年、四一五頁）。
(2) 敬三の手紙を受けとった東京の渋沢同族会社の桜井は、毎回二、三〇枚に及ぶ内容に驚き、辟易している。
(3) 以下は「ロンドン通信抄」（大正一一年一一月二三日）、『渋沢敬三』上、一九七九年、八五頁以下。
(4) 同右、八七頁
(5) 同右、三～九頁。
(6) 同右、八九頁。帝国劇場は、東京に近代的な劇場が必要という趣旨から明治四三（一九一〇）年に開場した株式会社で、渋沢と大倉が設立の代表者であった。
(7) 同右、九一頁。
(8) 同右、九一～九二頁。
(9) 同右、八三頁以下。
(10) 同右、九三頁。
(11) 同右、九四頁。
(12) 同右、九七頁。
(13) 同右、九五頁。
(14) 同右、九六頁。
(15) 同右、一〇〇頁。渋沢栄一は少年時代の藍玉の商業の毎日、「金銭収入帳」をつけていた。

(16) 同右、九八頁。この部屋(むしろ階)は、日本人のロンドン滞在者が借りうけたもので、敬三のあとも次々に日本人が滞在している。
(17) 以下は同右、一〇一～一一四頁による。
(18) 渋沢敬三「我尊敬するエーズベリー卿の略伝と蟻蜂に関する研究の一部に就て」、『渋沢敬三』上、三三一～五六頁。
(19) アカデミックな儒教の研究者は、オックスフォード大学におり、敬三も同大学を訪ねて調査したようであるが、詳細は不明である。
(20) 「ロンドン通信抄」、『渋沢敬三』上、一〇四頁以下。
(21) 『渋沢栄一伝記資料』別巻、第二、日記、七六頁を参照。
(22) 「ロンドン通信抄」、『渋沢敬三』上、一一二～一一三頁に所収。
(23) 前掲『伝記資料』二二〇～二二二頁。
(24) 山本泰次郎『内村鑑三論集』キリスト教図書出版社、昭和五一年、一七二頁。
(25) 土屋喬雄「人間渋沢敬三」、『渋沢敬三』上、二五二頁。
(26) 以下では主として「ロンドン通信抄」(大正一二年五月一八日)、『渋沢敬三』、上、一一五頁以下。
(27) 同右、一一七頁。
(28) この項については、「ロンドン通信抄」同右書、一九～二二頁。
(29) ブュヒネル作『ダントンの死』は、当時ヨーロッパで人気があり敬三は方々で観劇している。
(30) 「ロンドン通信抄」同右書、一二六～一二九頁。ベルンシュタインについて立ち入って記述していることは、彼の人物、思想を知るうえで注目すべきことである。
(31) この点を強調している最近の文献として、桜井毅『経済学と経済学者』(社会評論社、二〇一四年)が興味深い。

(32)「ロンドン通信抄」(大正一二年四月二九日)、『渋沢敬三』上、一一七〜一一九頁。
(33)同右、一三四頁。
(34)同右、一三五頁。
(35)渋沢敬三の日記などで矢代と会った記述は、見出せないが、前後関係で敬三は矢代の教示をうけたことは確実と思われる。
(36)「伊太利旅行記」、『渋沢敬三著作集』第一巻、一八三〜二二七頁に所収されている。以下本節は、主として同書に依存している。
(37)以下は、同右書、一八三頁以下。
(38)ヴィーナスはじめ全体としてバチカンでは名作の補修が行われており、これに敬三は非常に批判的である。
(39)「伊太利旅行記」、『著作集』第一巻、一九五頁。
(40)同右、一九六〜一九七頁。
(41)同右、一六八頁。
(42)これらについては、同右書、一九六頁以下。
(43)これら二つの遺跡については、詳細にわたって調査している。貴重な記録というべきであろう。
(44)「伊太利旅行記」、『渋沢敬三著作集』第一巻、二〇八頁以下。
(45)同右、二一〇頁。
(46)同右、二一一頁。
(47)同右、二一三〜二一四頁。これらの点は、矢代幸雄からヒントを与えられていたであろう。
(48)同右、二一五頁。
(49)同右、二一四〜二一六頁。
(50)同右、二一七頁。

(51) 同右、二一七頁。敬三のこうした西洋の都市と日本のそれとの比較論は、彼の文化論の特徴の一つであって戦後にもしばしば行われている。
(52) 以下のミラノの美術については、同右、二一九頁。
(53) 同右、二二〇～二二一頁。彼のスカラ座アイーダの感銘については、非常に詳細である。
(54) 同右、二二六頁。彼はベートーヴェンの第九を、その後音楽における最高の作品としている。
(55) 本節は主として「ロンドン通信抄」、『渋沢敬三』上、一三七頁以下による。
(56) 例えば、「尾高朝雄の対談：世界と日本」、『渋沢敬三』下、七三頁以下。
(57) ただしこの時の経験で、ドイツ人は音楽会で「しわぶき一つしない」と、フランス人の享楽的な真面目な態度を評価している。
(58) 河合のイギリス社会主義者たちとの交際については、『河合栄治郎伝』（中公新書、二〇〇九年）一五〇頁以下。
(59) 「ロンドン通信抄」、『渋沢敬三』上、一七三頁以下。
(60) 令息の渋沢雅英によると、このロンドンでの買付けのコレクションは、当時の記憶では鮮明であるが、現在どこに保存されているかは不明といわれる。今後の解明がまたれるところである。
(61) 浅田振作は、業務に通じ、誰にもお世辞をいわない有能な硬骨漢と称されている。のちに本店の役職を経て戦時中副総裁となる。
(62) 「ロンドン通信抄」、『渋沢敬三』上、一三七～一四七頁。
(63) 同右、一三八～一四九頁。
(64) 同右、一三九～一四〇頁。
(65) 同右、一〇六～一〇八頁。
(66) 同右、一〇九～一一〇頁。

(67)　同右、一五一頁。
(68)　同右、一六〇頁以下。
(69)　『渋沢敬三』上、一七五頁。
(70)　同右、一九〇～一九一頁。
(71)　「ロンドン通信抄」、『渋沢敬三』上、一八一頁以下。
(72)　同右、一八六～一九〇頁。この手紙は、礼を尽くし、意を伝えることにおいて、まことにすぐれており、敬三は自身を「科学者」としているが、彼の文人としての能力が示されている。
(73)　高田商会は、日本、イギリス間の大手商社で戦後不況から不振となり、このころに破綻した。この間の詳細は明らかではないが、渋沢栄一は社長の高田慎蔵の奢侈生活を警戒していた。
(74)　一九二六年の日本が容易ならぬ事態（クライシス）に直面しているのではないかと感じていることは留意に値しよう。
(75)　前掲『渋沢敬三』上、一二〇頁。
(76)　敬三の科学者たる自己規定、そして唯物論か唯心論かという、社会科学の彷徨《ほうこう》については、さしあたり「ロンドン通信抄」、『渋沢敬三』上、（一四四～一四五頁）の以下の記述を引用しておきたい。
　彼（同僚で友人の神鞭）と自分とは非常に似た所が多い。……それは自ら思想の体系に没頭せずに四方によけい気をつけてる（興味をもつ）態度であらう、遣?ってる所がある。彼はセンチメンタルな詩人的であり、僕は兎角科学的である。僕は動物学に凝った形蹟依然として（強く）、……僕は唯物論から唯心論へと片足を出して恐ろしく迷って居る。
補注：詳細が必ずしも明確でなく記述を省いたが、渋沢敬三は一九二四年八月下旬にスウェーデンとドイツに出張し、前者ではストックホルム近郊のスカンソン博物館、後者ではベルリンの動物園を訪れ、その広大な面積、規模さらに自然を取り入れた特徴に感動している。とくに前者のスカンソンは各地からの農村そのものを移転・配置した自然博物館・動物園で彼にとっての理想となり、のち昭和一〇年代には東京の保谷に同様な博物館の設立を試みている（スカンソンについては現在渋沢史料館にパンフレットがある）。

第二部付論　晩年の渋沢栄一と渋沢敬三
——橘川武郎編『渋沢栄一と合本主義』によせて(1)——

由井常彦

今回渋沢栄一ととくに彼の〝合本主義〟の意義について内外の経営史家によって国際的研究が行われ、成果が公刊され、また今回東京商工会議所と渋沢記念財団の共済によるシンポジウムが開催されたことはまことに有意義なことと存じます。私がこのシンポジウムにコメントを申し上げることは非常に光栄なことと存じます。

論文寄稿者のすべてではコメントの時間がありませんのでいずれ個人的にお話しすることとし、海外からのお三人について一言ずつ申し上げさせていただきます。

J・ジョーンズ先生の論文は、一八世紀以来今日までの近代資本主義の発展に即して、企業の倫理と社会的責任をフォローされ、日本についても明治から最近の京セラの稲盛和夫氏にいたるまでを考察されていますが、こうした試みがジョーンズ先生ならばこそ、と敬服いたしております。また過去の歴史からみても、グローバリゼイションの今日について、実態が把握できない金融資本の肥大化、利益とリスクの巨大化、そして貧富の隔差の著しい拡大など、現代が危機に直面しているとの指摘には、議長の橘川先生と同様に全く賛成です。グローバルな市場経済は、資源の枯渇も眼にみえていると申さねばなりません。

次にフリダンソン先生の論文で、一九世紀のフランスの工業化が明治日本にとって、アングロサクソン諸国よりも類似しているとの立論はまことに貴重です。実は私共より前の日本の学界の先輩たちは、マルクス主義の影響が非常に強く、マルクスの科学的社会主義に対し、サンシモンが提唱したのは空想的社会主義にすぎないとかたづけていたので、日本とフランスとの実りある比較史的研究が日本では等閑見《なおざり》?にされてきた嫌いがあります。

昨年発表の日仏経営史会議の成果は"Beyond Mass Distribution" (ed. by P. Fridenson and T. Yui) で論じましたように、明治日本の経済近代化は、政府の役割が大きく、フランスがモデルといえるものでした。事実日本最初の『経済白書』というべき農商務省の『興業意見』(前田正名編、一八八五年)は、フランスの経験を大いに学ぶべきとの趣旨であり、現に前田はフランスに留学し、パリコミューンの体験者であります。先生の御指摘のサン=シモンの後継者たちの工業化論については大いに学ばねばなりません。

J・ハンター先生の歴史的に日本のビジネスの倫理、道徳の低さは、御指摘のとおりで、商工省・外務省など政府の文書は、欧米先進諸国、なかでもイギリスからのクレイムでみちています。この点と日本政府のユニークな対応(同業組合の設立の促進など)については、私の若い時代の著書『中小企業政策の史的研究』（東洋経済新報社、一九六八年）がとり上げ、考察したところであります。日本はじめ東洋諸国の低い商業道徳（不良ないし粗製品の輸出、特許侵害、契約違反など）は、途上国の急激な成長の過程でしばしばみられるところですが、その要因は必ずしも単純でなく、文化的要因（契約のもつ倫理規範の相違）を含めて、われわれ経営史の研究の重要なテーマの一つであることは明らかと思います。

さてここで私は、渋沢栄一の晩年における「資本主義と倫理」についての心境と意見をとり上げてみたいと存じます。資料としては、孫で、後継者となった渋沢敬三の祖父宛の「ロンドン通信」（一九二二～二四）を手掛かりとしてみたいと思います。

第一次大戦後一九二〇年代前半に渋沢敬三は、横浜正金銀行のロンドン支店勤務となり、事実上イギリス留学をしていますが、この時期彼は祖父栄一に、"reserch reports"たる「ロンドン通信」を送っています。ちなみに敬三は、これに先立つ東京大学経済学部の学生時代に、社会問題から社会主義について大きな関心をもち、当時日本に紹介されたマルクス『資本論』を勉強し、マルクス主義の洗礼もうけています。そして卒業論文の「日本の工業発展段階」研究のうえに北関東の織物業をサーベイし、その過程で日本の資本家が概して「頑迷《がんめい》にして固陋《ころう》」との印象を強く持ちました。

そこで先進国のイギリスでは、より進歩的で良心的な資本家が多く、紳士的資本主義《ジェントルマンズキャピタリズム》が発達していると考えていました。事実彼は、一九世紀末の銀行家にして生物学者のエーベリー卿（Load

Avery, Sir John Lubbock）のことを知って尊敬し、論文を書いています。(2)また訪英に際し、渋沢栄一からイギリスにおける実業家の道徳意識と儒教にたいする評価を調査するよう依頼されています。

ところで一九二二年秋に到着、半年近くロンドンに滞在、調査したところ、イギリスの政財界は戦勝国にかかわらず、自国本位の政治・外交に腐心し、外国を顧ないのが現状と思われました。またイギリス人のなかで尊敬できる人格者は、保守的な資本家階級の人々でなく、むしろ社会主義者のなかに見出しています。

一九二三年四月、渋沢敬三は次のような「ロンドン通信」（採稿）を栄一宛に送っています。(3)(1)は「イギリスに於ける「論語と算盤」、(2)は「ジョン・バーンズ氏の話」で、ともに非常に興味ある報告です。

（1）イギリスに於ける「論語と算盤」

小生の考へ居る限りに於ては、論語とソロバンとが一致する時はよし、もし一致せず相反する時は、ソロバンを棄て論語を採るのが御祖父上のお考へと存じ居り候。之の意味に於いて、英国に於いて「論語とソロバン」とが如何に取扱はれ居るかと見るは頗る興味ある事実に有之候。先に申上し如く、論語は英国に於ては支那で儲る為の論語にて、英国の論語は別に功利主義の哲学と云ふもの立派にひかへ居り候。而して「功利主義とソロバン」は常に一致して相反することなき所に、「論語とソロバン」以上の便利さが英国人に有之候。英国にては君子も利にサトク、小人も利にサトク大変便利と存じ候。上下心を一つにして利益を考へ居り候。……いよいよ「一たん緩急」あるときは義勇以って利に奉じ申し居り候。（以下略）

（2）

ジョン・バーンズ氏の話

次に、ジョン・バーンズ氏は、小生未知に候も一寸面白き話聞き候間申上度存じ候。氏は今年六十五歳、議員たりしことあり、社会主義者にて、一九一四年には商務大臣になりし人に有之候。もと貧困にて、二十四歳の頃、職工として西部アフリカに注ぐニジル川の上流に小工場を建築に行きし時、或日地を掘り居たるに、一箇の本箱を掘り当てしを以って開き見たるに、牧師らしきものの残せる本箱に候ひしが、その中にアダム・スミスの富国論一冊ありしかば、これを取りて日夜熟読、熱帯の暑気にもめげず、只管読み耽り遂に思索家となり職工をよして英国に帰り、労働者の味方となりて、或はトラファルガースクェヤの騒動を引率し、遂に労働党の一首領と相成りし人に有之候。……富国論を読みて社会主義となり、労働党首領となりし所アダム・スミスの人間論の真意を汲み取りたる所ほの見えて床しく存じ候。富国論を資本家用教科書と心得るものある日本には、一寸よき話と存じ候。（以下略）

次いでまもなく渋沢栄一からロンドンの敬三宛に、栄一のアメリカの親しい友人ワナメーカー（J. Wanamaker）の訃報が届きます。そこで栄一とワナメーカーとの間に行われた、東西の宗教と信仰という根本的な意見の対立の問題が敬三に想起されます。

ワナメーカーは、フィラデルフィアのデパートの成功者として知られる信仰心の篤い実業家で、栄一とは昵懇で、相互に信頼しており、一九一六年栄一訪米の折に日米間で日曜学校の開設を約束した間柄でした。

敬三の渡英の前年の一九二一年一一月再度訪米の機会に栄一は、フィラデルフィアを訪れましたが、この時に栄一はワナメーカーから強くクリスチャンになるようConversionを勧められます（辛亥革命の影響で多数の中国人がアメリカに亡命し、キリスト教に入信したこともあった）。その際宗教の教義の根本は一つに帰すとの理由をあげて、改宗をうけ入れない渋沢栄一に対しワナメーカーは、キリストの墓は空であって「キリストは我らの心に生きている」と、キリスト信仰の普遍性を語り、栄一を説得しようとつとめたことがありました。

敬三は、ワナメーカーと祖父とのこの話に深く感動したことがありました。ところが今回イギリスに来てヨーロッパ各国の状況をみたところ、この美しい話はどこへやら、キリストの教会はあって無きがごとく、むしろヨハネ伝の黙示録に描かれているような〝貪欲《どんよく》〟の嵐（四馬人）が吹き荒れている状態にあるようにみえる、と書き送っています。(4)

ワナメーカー氏とクリストの墓

先頃ワナメーカー氏の訃を聞き、祖父様愁傷のことと存じ候。その時にも思ひ出し候も、同氏が祖父君に基督教へ改宗を勧められし時、祖父君が自分は儒教を奉じ居り且つ儒教と基督教との根本の教養は等しければ、改宗するの意なしと答へられしに、ワナメーカー氏之に答へて、「基督教と儒教との教は或は等しからん。

されど孔子の墓には孔子尚眠る。基督の墓は空《むな》し。基督常に我等の胸に在ます」と云はれしこと、深く小生感動して伺ひしお話に有之候。

されど此の美しき話は、小生英国に参りて甚しく傷つけられしを覚え申し候。クリストの墓は空し、されど悲しいかな、クリストは欧米の天地にも亦今や在まさざるなり。孔子が道行はれずと嘆じて去られし如く、クリストも汝等おどらずとて欧州を去り給へるか。今次の大戦以来、欧州の天地は只貪慾の風吹き荒み、教会はあれどなきが如く、斯の死、飢餓、戦争、病魔の四馬人は物凄きまで全欧をかけ巡り居る様に思はれ候。アメリカに於ては教会より低級なる音楽会へ、英国に於ては教会よりゴルフへと、アングロサクソンは益々神の国より離れつつある様に見受け申し候。されど、又祖父様やワナメーカー氏が現に在まし、又在りしは我々にとりて真に心の慰安となると存じ候。一人にても二人にても三人にても、真の道を踏む方の此の世に在るは、人間全体にとりて如何なる幸かはかり難きもの有之候。（以下略）

それでは渋沢栄一は日本の国内経済の発展をどのようにみたかというと、引退声明をした一九一〇年頃までは、「協力の精神」によって経済の近代化が実現したことを誇りとしたような演説などがみられます。しかし第一次大戦期の好況の末頃になると、一転して日本経済に大きな不安を感じています。一九一九年の三月二日の日記には深刻な感情を記しています。(4)

海外ニ於ル例ノ国際ノ関係ヨリ、国内現在ノ思想界ノ不安定ナル事。経済界、膨張セルヨリ共実質ノ鞏固ナル事、道徳心、日ニ増シテ衰頽セル事、資本労働、調和不完全ナル事、社会政策ノ樹立セサルニヨリテ防貧ノ策及恤救ノ方法具備セサル事等憂慮スヘキ案件頗ル多ク、之ニ加フルニ一家内ノ小事ニ於テモ同族ノ安寧協和ニ付テモ訓諭スヘキ事共多々アリシ（以下略）

これをみると、経済は膨張したものの、国内の思想界が統合されず不安定なこと、道徳心は低落しつつあり、とくに必要な労資関係の調和が実現していないこと、貧富の隔差の是正や社会政策の樹立がほど遠いことを、心から憂えています。正に急激な成長に伴う不可避で深刻な諸問題がハッキリ認識されています。

その後まもなく関東大震災が起こり、この共同研究の木村論文に論述されているように、栄一は東奔西走しています。が同時に彼は次のように大震災を〝軽佻浮薄《けいちょうふはく》〟な日本に対する〝天譴《てんけん》〟と把えていることが注目に値しています。同じように日本の無教会キリスト教のリーダーの内村鑑三も日本人に対する〝科学の試練〟と論じています。(5)

今回の震災は、未曾有の天災であると同時に天譴である。維新以来、東京は政治、経済その他全国の中心となって、わが国は発展して来たが近来、政治は犬猫の争斗場と化し、経済界また商道、地に禿?し同教の頽廃は有馬事件のごときを讃美するに至ったから、この人災は決して偶然ではない……（大正一二年九月一三日『万朝報』所載）(6)

さらに最晩年の一九二九（昭和四）年の正月元旦に、渋沢栄一は、次に掲げる七言絶句を書き認めています。これによれば栄一は、〝合本主義〟の生涯の理念としてきたが、いまだ道遠しと憂えているようです。事実、栄一、敬三が恐れたとおり、世界および日本の資本主義経済は一九三〇年代の大恐慌、そして第二次大戦という破局を迎えました。一九二〇年代において初代・二代の渋沢の危機感は正鵠を射ていたといわざるを得ません。

これをもって私のコメントと致したく存じます。

渋沢栄一（青淵逸人）の七言絶句

義利何時能両全
　毎逢佳節思悠然
　回頭愧我少成事
　流水開花九十年

己巳元旦書感

青淵逸人　　印

（1）本章は、二〇一四年四月一八日に開かれた東京商工会議所と渋沢栄一記念財団の共催によるシンポジウムにおける筆者のコメントをもとにとりまとめたものである。
（2）渋沢敬三「我が尊敬するエーベリー卿の略伝と卿の蟻蜂に関する研究の一部に就て」『渋沢敬三』上、三三一～五六頁に所蔵。
（3）「ロンドン通信」大正一二年四月一一日、『渋沢敬三』上、一〇四～一〇五頁、一〇七～一〇八頁。
（4）同右、四月二九日同右書、一一二～一一三頁。
（5）『渋沢栄一伝記資料』別巻、日記（大正八年三月二日）、一三八頁。
（6）山本泰治郎『聖書講義双書』別巻I、内村鑑三論集（キリスト教図書出版社、昭和五一年）、一七二頁。

第三部　シンポジウム記録「歴史の立会人渋沢敬三」

シンポジウム記録

テーマ：「戦時戦後史の立会人　渋沢敬三」

このシンポジウムは、渋沢敬三の没後五〇周年に際して企画された、渋沢敬三記念事業の一環として、二〇一二年九月一五日に渋沢史料館会議室で公開で行われたものです。

この学術研究会合は、公益財団法人渋沢栄一記念財団理事長渋沢雅英氏の開会挨拶のあと、第一部では、由井常彦明治大学名誉教授による講演「渋沢敬三の人物と思想――学生時代と思想形成」があり、その後第二部として以下のようなプログラムで行われました。

第二部　シンポジウム　戦時戦後史の立会人　渋沢敬三

趣旨

民俗学に造詣が深く、民俗学者としても知られる渋沢敬三は、祖父渋沢栄一の懇望に従って実業の世界に身を投じ、横浜正金銀行を経て第一銀行に入行して経営に携わり、さらに戦時経済体制のもとで日本銀行副総裁、総裁となった。戦後には幣原内閣の大蔵大臣となったほか、金融制度調査会の会長などの要職を歴任し、戦時から戦後にかけて、日本経済の大きな変革の節目に立ち会うことになる。このシンポジウムは、こうした渋沢敬三の経済人としての足跡をたどりながら、敬三が生きた激動の時代を振り返る。

報告　　経済人としての渋沢敬三・武田晴人（東京大学）
コメント　金融史の視点から　伊藤正直（東京大学）
コメント　財政史の視点から　浅井良夫（成城大学）
（討論、質疑）

第一部の由井常彦氏の講演については、本書第1章に加筆修正のうえ収録していますので、記録からは省略しています。また、報告は、第3章のもととなったもので、重複する部分もありますが、シンポジウムの進行記録として雰囲気を伝えるために収録しました。資料などの出典については収録論文をご参照ください。

仕掛人　武田晴人

報告　経済人としての渋沢敬三

武田晴人

はじめに

十分に練り上げられたものではありませんが、「経済人としての渋沢敬三」というお話をしたいと思います。記念事業全体は、渋沢敬三さんの民俗学関係の業績にフォーカスしているものが多いのですが、彼の表の顔にも注目しようということで、これから来年（二〇一三年）にかけて続くさまざまな記念事業の前座を務めることになりました。

「経済人」という言葉を使ったのにはそれなりの理由があります。渋沢栄一さんの場合には、実業家・財界人という言葉がぴったりとくるのですが、敬三さんの場合には、民間の実業という側面と、公職で果たした重要な役割という側面との両方をカバーするために、とりあえず「経済人」と表現しておけば良いだろうと考えてのことです。

ビジネス・キャリアからいうと渋沢敬三さんは、大学を卒業後、横浜正金銀行に就職してロンドン支店で勤務したのち、第一銀行に戻り、もう少しで頭取というところで、日銀に転籍し、戦後には大蔵大臣となっています。その後公職追放を経て国際電信電話会社の会長、金融制度調査会の会長などの要職を歴任しています。この報告では、日銀時代、大蔵大臣時代、金融制度調査会会長時代という三つの時点に焦点をあてて見るつもりです。それは、日本の経済発展という視点で見ても、とても重要な時期、転換を迫られた時期にあたっています。そのような転換に渋沢敬三さんが果たした役割、それははっきりしないところがあるのですが、少なくともその場にいたことは間違いないので、経済人としての渋沢敬三さんを「歴史の立会人」という視点で特徴づけてお話を進めたいと思います。

1　日本銀行時代

渋沢敬三さんは、一九四二年三月一六日に四六歳での日本銀行の副総裁に就任します。この就任劇の舞台裏では三井財閥池田成彬や元山下汽船社長山下亀三郎が推進役として動いていたといわれています。この転身は不本意であったようですが、この副総裁の影響について、日銀理事柳田誠二郎は、「日本銀行に新風を吹き込んだ人です。新しい風というか、春の風といいますか、そういう風を吹き込んで非常に全体の空気が和気あいあいとなったわけですよ」と評価していますが、敬三自身は、「ぼくはこれを何とか変えようと思って半年ばかりやって見た。だけれども君だめだね」と藤島敏男熊本支店長に語っています。

副総裁としての仕事は、金融統制会副会長として金融統制を推進する役割を担います。就任の直前に日本銀行法の改正があって、日本銀行の独立性が失われていますが、そのような制度的な条件の下で、国策、当時は戦争完遂ですが、これに必要な金融サービスを提供することになる。具体的には国債の日銀引き受けなどがあり、この仕組みが拡張していくことによって強いインフレ懸念が存在した時代になります。

これについてどのように考えていたのかははっきりしませんが、断片的な記述から『渋沢敬三伝』において山口和雄先生は「敬三自身も、戦争を完遂するためには、国債の増発とその日銀引受けもやむをえないと考えていたようである」と評価し、山際正道は「渋沢さんの性格から言って、なすべきものは思い切ってやるというような性格ですから、わりあいスムーズに政府側の意向を受け入れて金融界に伝えていただいて、金融界をそれでまとめることについては非常に骨折りを願ったと思います」と回想しています。つまり、敬三副総裁は、そうした金融行政の方針を民間金融機関に受け入れて貰うためのパイプ役であったと考えられています。

もう一つ注目したいのが、三井銀行と第一銀行の合併の問題です。これも少し前から動きがあったもので、それが一九四〇年末に結城日銀総裁と会談した三井銀行の会長万代順四郎が会談して方針が決まり、その仲介に渋沢副総裁があたることになった。そうして短期間に合併談がまとまっていきます。第一銀行に骨を埋めるつもりであった敬三さんにとってみれば、第一銀行という名前がなくなるという状況について、何を考えていたのか記録がありません。しかし、その役回りを見事にやり遂げている。第一銀行側からみれば、渋沢敬三さんが出てくれれば反対できなかったのかもしれません。

その後一九四四年三月に石渡荘太郎大蔵大臣の命で結城総裁の後任として日本銀行総裁につくことになります。この時も副総裁への担ぎ出しと同じ人物が動いているようですが、渋沢敬三さんは大蔵大臣から「半ば命令的に押しつけられた形であって観念」したと語っています。

総裁の時代はそれほど長い期間ではありませんが、軍需会社法に基づく軍需融資指定金融機関制度による円滑な資金供給が中心業務であり、国債の市中消化率は低下し、日銀券発行額が累増していました。敬三は戦争については厳しい見通しをもちながら、「インフレーションをどうして回避するかということ以外は、仕事がない」、「全部受け身でやった」と回想しています。

この渋沢総裁については、評価が分かれています。深井英五や吉野俊彦などは、インフレに拍車をかけた責任があるという厳しい批判をしています。ただし、渋沢は機会を捉えては、資金の効率的な活用などを訴え、軍需会社法に基づく金融措置についても、「今回の措置に依つて資金調達が一層容易になるに伴れ、会社側が資金の問題に付て無頓着な気持ちになり、経営が放漫に流れると云ふことになれば、国家全体の見地からも頗る不経済なこととなり、此の制度創設の趣旨と著しく懸離れる結果に陥る」と警告しています。この評価については、後ほど伊藤先生のコメントで詳しくふれて頂けると思います。

なお、渋沢自身の言葉に従うと、「ぼくは日本銀行の時代には何にもしていない。ただ銭幣館の古貨幣のコレクション、あれを引き取って保存したことは、いいことをしたと思っておる」と語っています。これが現在の日本銀行貨幣博物館の基礎となったコレクションです。

2　大蔵大臣時代

次の大蔵大臣時代ですが、一九四六年一〇月に幣原喜重郎の懇望により日銀総裁を辞し大蔵大臣に就任します。これより前、一九四四年七月の小磯内閣組閣時にも就任要請があり、断っていますが、今回は幣原の説得を受けて引き受けることになりました。

敗戦直後の混乱期ですから、国の支払いをどのようにするのか、その財源をどうするのかなどが問題になっています。この状況に対して、有名な「蛮勇演説」が生まれます。一九四五年一〇月一七日、大内兵衛教授は「渋沢蔵相に与う」と題するラジオ放送を行い、蛮勇をふるって一二〇〇億円の軍事公債を棒引きにし、軍需補償を打ち切れと呼びかけたのです。

流石にこの提案は受け入れられませんでしたが、考えるべき点を明確化したという面もあり、そこから「財産税の課税」という構想が生まれます。その実現にはＧＨＱの異論もあって期待したほどの効果はあげられませんが、渋沢大臣が奔走しています。

その後、一九四六年二月一六日に政府は緊急勅令により、金融緊急措置令・日本銀行券預入令・臨時財産調査令を公布、即日施行されることになります。これも渋沢大蔵大臣時代の大きな出来事になります。インフレ退治の金融措置です。

このほか、所管の事項ではありませんが、財閥解体措置に強硬に反対していた岩崎小弥太を最終的に説得する役回りも果たしています。財閥解体は、占領政策の中では財閥の戦争責任を問うという性格を持っていましたから、岩崎小弥太はこれに徹底抗戦していました。それを渋沢さんに言われたのでは仕方ないと鉾を収めさせたのです。ちなみに、この財閥解体では渋沢家も財閥同族として資産の提供を求められることになりますが、敬三さんは私人としては、これに対応するような何事もせず、指示されるままに従ったと伝えられています。

3　金融制度調査会会長時代

金融緊急措置から三カ月の一九四六年四月一〇日に行われた総選挙の結果、幣原内閣が二二日に総辞職し、渋沢大臣も辞任し、八月には公職追放となります。

公職追放は一九五一年八月に解除され、国際電信電話会社、国際商業会議所などにかかわるようになりますが、ここでは、日本銀行法の改正問題を審議するために設置された金融制度調査会の会長としての役割に注目したいと思います。

日本銀行法改正問題が生じた背景には、戦時の法改正で自律性を失っていた日本銀行が、占領期から戦後復興期にGHQの信任を背景として、一万田尚登総裁のもとで金融政策における自律性を回復していたという事情がありました。その独立性を保証するために政策委員会の設置を定めた日銀法改正が一九四九年に実現しています。

これに対して、石橋内閣の池田勇人大蔵大臣は、公約となっている積極政策のためには、日本銀行がインフレへの警戒から金利を引き上げることに強い反対を表明していました。経済成長の追求という経済政策と日本銀行の慎重な金融政策とにずれがあり、政府・大蔵省側はこれを制約と感じていたのです。そこで、日銀政策委員会を廃止し戦時期に制定された日本銀行法に規定された政府の広汎な権限を再確認しようとの狙いのもとに、大蔵省は金融制度調査会を設置したのです。

一九五七年八月に渋沢敬三さんが金融制度調査会会長に就任していますが、そこには日銀総裁、大蔵大臣を歴任しており、大蔵省と日本銀行との意見の対立の調整役となることを期待できるという思惑があったと思います。

しかし、実際の審議過程で、大蔵省と日本銀行の意見が鋭く対立します。渋沢会長は、審議機構の再編を行うなど調整に努めますが、なかなかうまくいきません。大蔵省側の主張は、「経済政策の統一性保持のためには、中央銀行を政府の最終的統制下におくべき」というものであり、日本銀行側の主張は、「通貨価値の安定が不可欠であり、……政府と中央銀行との関係は、チェック・アンド・バランスの考え方で行くべき」というものでした。調査会での議論は、いずれかと言えば日本銀行の自主性を尊重する日銀意見に近いものが大勢だったといわれています。

一九五九年五月以降の答申案作成段階になり、渋沢会長は舟山委員とともに「従来の意見にこだわらず原案を作成する」との意見を提出して自らの手で答申案作成を進めようとします。しかし、作成された案は大蔵案に近かったこともあって審議は難航し、渋沢会長は、原案での合意を目指して、委員と非公式に個別に接触し説得したと記録されています。しかし、長期間にわたる説得も成功せず、結局、一九六〇年三月に両論併記の答申案作成へと転換されました。

この時期の渋沢敬三について、大蔵省の谷村裕は、敬三の温厚な人柄にふれながら、「金融制度調査会の会長として、日銀法改正の問題などに取り組まれたときは、流石にニコニコしているわけにも行かなかったろう。それでも「みんな勝手なことばかりいってしょうがねえなあ」というような顔つきでよりにゆったりとしておられた」と回想しています。バンカーとしての出自に照らしてこの時の渋沢敬三の心象風景は計り知ることはできません。

おわりに——「歴史の立会人」渋沢敬三——

さて、これまで見てきた三つの時期を通して、渋沢敬三さんとはどのような歴史的な役割を果たしたのか、まとめておきたいと思います。シンポジウムでは「歴史の立会人」と性格づけていますが、この表現については、渋沢雅英さんが「はて、立会人とはなんだろう」といわれています。正直にいえば、命名した私自身が困っている、苦肉の策というところなのです。

渋沢敬三さんの仕事を追いかけていくと、渋沢さん自身が果たした主体的な役割がわかりにくいのです。肉声の記録も少なく、記録されている範囲では、「受け身の対応」に徹しているように見えます。

しかし、その役割は誰でもできたわけではないと思います。渋沢敬三という人物への信頼の篤さは類を見ないものですし、実業界を中心とした広い人的なネットワークを持っていたことが渋沢敬三さんをしてその役に就かせた面があります。だからこそ歴史の転換点で重要なポストに位置し、目前に展開する事態に冷静に対処していたのだと思います。誰もが「この人がいてはじめてこうして事態が動いていく」と感じていたのではないかと思います。だから「立会人」なのです。立会人は誰でも良いわけではなく、信頼される人物でなければなれないものなのです。

そこに一貫したものがあったのかどうか、まだ確定的な答えを持っていません。少なくとも、戦時期にはインフレへの警戒感を表明し、戦後財政の再建では大胆な財産税の実現に同意を与える一方で、日銀法改正問題では経済成長を志向する政策展開に肩入れしたことから、狭い意味での銀行家としての堅実さを超えた考え方を持っていたという印象は残ります。その点では時代の要請、つまり戦争経済、戦後復興、経済成長の追求というような状況の変化に対応した方向転換の感覚は鋭敏であったというべきかもしれません。

また、帝国銀行の設立、財産税課税などへの態度は、公正さ、公益性を優先したことには、祖父渋沢栄一の財界世話役としての役割を超える敬三の独自性が見出されるかもしれません。

以上で報告を終わります。

コメント

「戦時インフレ・戦後インフレと渋沢敬三」

伊藤正直（東京大学名誉教授）

伊藤でございます。与えられた時間は一五分ということなので戦時インフレ、戦後インフレと渋沢敬三ということでお話させていただきたいと思います。

最初の由井先生のご報告でもありましたように、バンカーといいますか、あるいはセントラル・バンカーとしての渋沢敬三の評価というのは、民俗学者、あるいはそのアチックミューゼアムの主催者としての渋沢敬三の歴史的な評価にくらべると評価が確定していないというか、あるいはかなり低い評価が今までされてきていると言っていいと思います。

それは由井先生が最初におっしゃったように、本当はやりたくなかったんだけどお祖父様に手をついて頭を下げて依頼されて、それでバンカーになることを決めた。従ってずっと面白いと思ってやったことはなかったという風に自分が回顧しておられることや、あるいは実際に日本銀行に副総裁として入られた時には、太平洋戦争に突入していて、先ほど武田さんがおっしゃったように、日銀法も改正されていて、自分がやりたいことがあまりできなかったということなどが理由になっているようです。

しかし、実はそういう評価をさせている一番の要因というのは、深井英五の『枢密院重要議事覚書』の中にあります。

普通銀行側より転じて日本銀行総裁に就任せる渋沢敬三子は、通貨の価値又は通貨に対する信用を維持すると言ふが如き発券銀行職能上の重要問題に関して当初全然理解を欠き、稍々時を経たる後も関心濃厚ならず、豊富なる発券銀行の資力を利用し、金融流通の便を図るを以て能事了れりと思料したるものの如く、其の気分は軍部及び事業界の要望と合致し、茲に滔々として所謂資金軽視、融通豊満の風潮を生じ、軍事費支出と物資欠乏とにより不可避なるインフレーションの大勢に拍車を掛け、之を激成したり(1)。

深井のこの文章では、渋沢敬三はセントラル・バンカーとして基本的なことがほとんどわかっていない、と言っています。「通貨の価値又は通貨に対する信用を維持すると言ふが如き発券銀行職能上の重要問題に関して全然当初理解を欠」いていて、しばらくたってからもその関心は濃厚でなかったという評価が同時代的になされ、そして一九五七年に『歴代日本銀行総裁論』を書かれた吉野俊彦さんも次のように書いています。

渋沢が日本銀行総裁に就任した当時、太平洋戦争は明らかに敗戦にむかっており、彼としては軍の圧力によるインフレーション政策に少なくとも結果としては唯々諾々としてこれに従うよりほか仕方がないという状態であった。

日本銀行の貸し出しは渋沢総裁時代大膨張を示したが、実はこれが戦後やかましい問題となった市中銀行のオーバーローンの発端であったことは注目すべきであり、日本のインフレーションの進行を決定的にしたという事実は遺憾ながらこれを否定することはできない。(2)

ここに書いてあるように、「日本銀行の貸し出しは渋沢総裁時代大膨張を示したが、実はこれが戦後やかましい問題となった市中銀行のオーバーローンの発端であることは注目すべきであり、日本のインフレーションの進行を決定的にしたという事実は遺憾ながらこれを否定することはできない」としています。深井の評価を引いて吉野さんがこういう評価をしたということが、かなり決定的になっています。

しかし何故一九五七年に吉野さんがこういう評価をしたのかというのは、実は今になって考えてみますと、どうももうちょっと背景があるように思われてならないのです。それは、武田さんが最後のところで言われたことですが、金融制度調査会ができて日銀法の改正というのが話題になって、一九六〇年に、先ほど武田さんがおっしゃったように日銀法改正についての金融制度調査会の答申が出ることと関係しています。

その答申に関して渋沢さんは大蔵案（A案）、つまり何か問題が起こった時に大蔵省・主務大臣が指示をできる、言うことを聞けと言うものですが、これを支持した。これに対してB案は、何か問題が起こった時に、主務大臣は政策の実施を延期しろ、延期してほしいという風に要請することができるというものです。

日本銀行はとにかくB案でいきたいと強く考えていたのに対して、大蔵はA案でいきたいと強く主張していました。その中で渋沢さんはA案でいこうということをかなり強く、これは後に日銀総裁になる佐々木直さんの回顧や、或いは日本銀行の調査局長を後にやった呉文二さんが山際正道氏について書いた記録の中で出てくることですが、大蔵案でいきたいということを相当強く主張していた。結局、山際さんとも相談して、最終的に断念する、ということがありました。

吉野さんは、古典派的な金融論者といいますか、デフレーショニストですので、そういう渋沢さんの主張はとんでもないと考えていて、それがどうもこの時期のこういう評価につながっていったのではと思われるわけです。

こういう評価に対しては、一九八〇年代に入って、アチックミューゼアムでも渋沢さんのもとにいた山口和雄さんが、ちょっとそれは的外れの批判ではないかと書いています。吉野さんが言っていることについても「当時のごとき食うか、食われるかの決戦下にあっては、日本銀行総裁としても戦費の調達にこれつとめざるをえなかった、というのが真相だろう」という評価を与え、深井の批判は「やや的外れの批判というべきであろう」と書いています(3)。

その後一九八〇年代から九〇年代にかけての、戦時期の中央銀行についての研究が進む中で、この時期の中央銀行、とくに日本銀行法の改正前後からの日本銀行については、中央銀行政策の死、中央銀行というのは何もやることが無くなったんだという評価が、たとえば『日本銀行百年史』でも継承されています。

そういう見方に対して、ちょっと一面的ではないかという研究が出てきます。従来の戦時金融再編成に関する研究では一九四〇～四一年の時期における「金融新体制」論議の重要性が認識されていないという立場から、この時期の金融市場の動向、政治的背景等を検討した上で、「金融新体制」をめぐる陸軍省軍務局案、企画院案、大蔵省案、日銀「意見」等の諸構想を比較検討し、「産業に対する金融業総体の地位を高め、大蔵省および市中金融機関に対する日銀の地位を高め、大銀行の地方銀行に対する優位を保持強化する」という日銀の主張は、四一年七月の「財政金融基本方策要綱」において基本的に受け容れられたと位置づけるものがでてきます。そして、四二年成立の全国金融統制会では、「日銀の指導権は極度に強められ……論議時点における日銀の狙いは実現をみた」と結論づけていま(4)す。

この伊藤修さんの見解は、戦時体制が進展する中で、日本銀行は日本銀行の地位を強化し、日本銀行がそれなりに主導権を持って政策運営をやろうという方向が出てきたというものです、これは「管理通貨制度のもとでギリギリまで対外決済手段を節約したきわめて効率性の高い金融組織を作った」ということになります。

その後、この見方を継承し、拡張する見解が出てきます。佐藤さんたちの研究で、この枠組みの下での金融調節主体たる日銀の金融政策を「国債消化政策を含めた金融調節、日本銀行法の特色、日本銀行を中心とする資金統制、内国為替集中決済制度」の四点から検討して次のような評価を下しています。

①通貨回収に難のある国債を売却したことは、中央銀行の流動性原則からしてむしろ高く評価すべきことではないか。

②一九四二年の日銀法において、管理通貨制度を恒久的発券制度として採用したことや通常業務範囲を拡大したことは「財政と金融の一体化のなかで能動的なセントラル・バンキング機能を果たしうる要素である」。

③一九四二年の全国金融統制会の成立は、日銀の金融調整領域を飛躍的に拡大させ日銀の資金統制機能を高めた。

④内国為替集中決済制度は日銀が「戦時統制のリーダーシップを確保するために」安全性よりも効率性を優先する形で成立した。(5)

このように総じて戦時下の日銀による金融調節機能を高く評価することになります。言い換えると、太平洋戦争下の中央銀行についても、市場メカニズムの限界の中で目的遂行に沿って最善の努力がされていたという評価です。

そうした市場調節機能の執行責任者としての渋沢敬三という評価への展望、つまり深井とは正反対の位置づけの可能性があるように思います。そういう新しい捉え方の中に、渋沢敬三の政策を位置づけ直すことができるのではないか、そういうことが必要ではないか、というところに現在の研究状況は来ていると言ってよいと思います。

渋沢敬三さんの三十三回忌の時に、吉野さんが金融史の視点から渋沢敬三さんを回顧して、同時に、大蔵事務次官、東証理事長を歴任した谷村裕さんが財政史の観点から総括しています。その時に吉野さんは、かつて自分が『歴代日銀総裁論』で書いた渋沢敬三論を微妙に修正するような次のような記述をされています(6)。

まず、渋沢敬三の日銀副総裁就任の経緯については、「この点、非常に不幸な話でありますが、日銀の中の人事の二つの大きな流れについて、私は皆様にお話しなければなりません」、「井上さんの日本銀行の内部における勢力というものは絶大なるものがありました。そして、井上さんは自分の高配を要請し、三和銀行の頭取になった中根貞彦氏であるとか、満洲中央銀行の総裁となった田中鉄三郎氏、後で副総裁となった山内静吾氏、この三人をとくにかわいがって、将来の総裁候補として育てたように私は思うのであります。ところがこれに対抗する勢力が日本銀行のなかに出てまいりました。これは深井英五氏……深井さんが井上さんに対抗して優秀な人材を全部やめさせてしまった後に残った日銀の重役陣は、自分の意見に反抗しない、そういう毒にも薬にもならないような人ばかりが残りました」というわけです。このような人事の流れから見ると、深井さんの『枢密院重要議事覚書』に書いてある評価というのは、こういうバイアスのかかった評価なんだということを暗黙に指摘しているのだと思います。

次に、副総裁・総裁としての敬三さんについては、次のような評価しています。

日本銀行に意を決して入ってこられた渋沢さんは、全国金融統制会の副会長として、金融機関をまとめて政府と日本銀行に協力させる、ということに大変努力されました。また、統制会の仕事と並んで、当時日銀に資金調整局というものがありまして、この仕事にも渋沢さんは関与されました。臨時資金調整法という法律により、長期資金の統制事務を日本銀行は行っていたのですけれども、これは関係各省の利害が非常に複雑にぶつかるところであって、それを調整するのに、やはり渋沢さんの力というものは非常に大きなものがあったのではないかと思います。

総裁としては、大体一年半、在任されたわけでありますが、その期間中、通貨は増発の一途をたどりました。戦費調達のため赤字国債を無制限に日本銀行は引き受けました。売りオペレーションをやってもうまくいかない。そして、他方において軍需手形を割り引く。国債同様それは無制限に適格担保として一番最低のレートで貸す。こういうことになったんです。私は日夜、増発される通貨の価値がどんどん下がっていくということで、渋沢さんの胸の中はどんなお気持ちだったろう、と推察しているのでありますが、当時としてはもうどうしようもなかったですね。

副総裁・総裁として資金調整局、臨時資金調整法等でいろいろな利害がぶつかるのを、調整するという面で積極的な役割を果たしたということです。また、通貨価値についても、それなりに気持ちを痛めていたのではないかということですから、これは『歴代日本銀行総裁論』での評価を、それから四〇年近く経って亡くなられる前に修正したのが、一九九五年の吉野さんの三十三回忌でのお話じゃないかと思います。

それを今どのように総括するかというか、引き継ぐかということが重要だと思います。

実は戦後改革期にも、渋沢さんは当時の津島蔵相に比べて、かなり強いインフレに対する危機意識を持っておられました。すなわち、一九四五年八月末の津島蔵相の諮問に対する渋沢日銀総裁の回答は、「不生産財に対する過度の損害賠償は今後の悪性インフレに至大の関係あり」、「倫理的見地よりするも他の部面との調整を要する」と、戦時政府債務処理が悪性インフレにつながることを強く警告しています。しかし、この渋沢総裁の見解は容れられず、また、客観情勢に制約されて、日本銀行も「終戦直後において、……通貨の膨張を抑制するための強力な政策を採りえなかった」のです。(7)

この戦後悪性インフレに対する強い警告と関連して、財産税構想については、先ほど渋沢さんが作ったのか山際さんが作ったのかということが武田さんの報告で言及されましたが、「このまま放置したらインフレーションを起こす」。だから「キャピタル・レヴィをやるより手がないのじゃないか。一ぺんきれいに下剤をかけたら、あとはすっきりするだろう」と回想しています。(8)

他方で津島蔵相と同様に、「デフレ的傾向が生ずる可能性もあると、当時、認識していた」とも回顧しています。「これで臨軍費がなくなるから金はいらん――これはとんでもない間違いでしたね」、「(戦後デフレの傾向に行くという気持ちは)大蔵大臣になってもまだ持っていた。その年の

一〇月にまだ持っていましたよ。進駐軍が本当に何をするか見極めがつくまでわからなかった」からだというのです。(9)

非常に微妙な所なんですけれども、そういう点も含めて、もう一回渋沢敬三さんの日銀副総裁、総裁時代、あるいは一九五〇年代後半の金融制度調査会会長時代も含めて、渋沢敬三の中央銀行政策、セントラル・バンキングや金融論を捉え直すことが必要になっていると考えたということで、私のコメントは終わらせていただきます。

どうもありがとうございました。

(1)　深井英五『枢密院重要議事覚書』岩波書店、一九五三年、二一五～六頁。深井は一九四五年死去。
(2)　吉野俊彦『歴代日本銀行総裁論』ダイヤモンド社、一九五七年、二九三、二九六頁。
(3)　山口和雄「敬三の経済活動」渋沢敬三伝記刊行会『渋沢敬三』下、一九八一年、七五八頁。
(4)　伊藤修「戦時金融再編成」『金融経済』二〇三、二〇四号（一九八三、八四年）。
(5)　佐藤政則・山崎志郎・靏見誠良「日本銀行金融政策の展開」伊牟田敏充『戦時体制下の金融構造』日本評論社、一九九一年。
(6)　吉野俊彦「戦時下の日本銀行」『渋沢敬三の世界：三三記念シンポジウム』一九九五年。
(7)　津島蔵相諮問に対する「渋澤日銀総裁私案」（一九四五年八月末）『日本金融史資料　昭和続編』第九巻（一九八一年）、一四四頁。
(8)　金融史談会「渋沢敬三氏金融史談」『日本金融史資料　昭和編』第三五巻、一九七四年、三一六頁。
(9)　金融史談会「渋沢敬三氏金融史談」『日本金融史資料　昭和編』第三五巻、一九七四年、三一七～三一八頁。

コメント
「渋沢財政の評価――財政史の視点から」

浅井良夫（成城大学）

浅井でございます。今日は財政史の視点からというのが与えられたテーマですけれども、要するに渋沢財政の評価ということがテーマであろうと思います。お手元に配布してあるレジュメに沿ってお話させて頂きます。註を付けてございますので、疑問を感じたときに、適宜、ご参照いただければと思います。

1　幣原内閣渋沢蔵相の時代＝占領政策が本格的に始まった時期

渋沢敬三（一八九六～一九六三）は、一九四五年一〇月九日に幣原内閣の蔵相に就任し、一九四六年五月二二日まで七ヵ月余（実質六ヵ月余）蔵相を務めました。[1]幣原内閣期は、「五大改革指令」（一〇月一一日）[2]が出されてＧＨＱ／ＳＣＡＰ（連合国最高司令官総司令部）[3]による占領が本格的に始まった時期です。

幣原内閣期は、経済史の面から見ると、戦争の処理に正面から取り組み始めたものの、まだ復興政策は具体化していない「過渡的な時期」だと言えます。戦時中に累積した国債等の膨大な政府債務の処理が渋沢蔵相期の最大の課題となりました。復興政策が本格化するのは、第一次吉田茂内閣の時期になってからです。

以下、渋沢蔵相期の財政を、大蔵省・SCAP・渋沢敬三の三者の関係から見て行きたいと思います。日本はドイツと異なり間接占領でしたが、(4) SCAPは有無を言わさぬ絶対的権力でした。一九四七年から四八年になると、阿吽の呼吸で統治者と被統治者との意思疎通が円滑に進むようになり、SCAPと日本政府が結託してアメリカ政府に抵抗するような局面も生じます。それに対して、渋沢蔵相時代はSCAPの考えがつかめず、両者の関係はギクシャクしていました。その顕著な事例の一つが、財産税と戦時補償問題です。渋沢は、当時を回想して、「進駐軍が進駐して来たてで、占領政策上、どういうことを要求するかわからない状態でありました」、どんなディレクティブ（指令）が出るかわからないので、「私の在任しました当時はそれを見てはびっくりするといったような状況でした」と述べています。(5)

SCAP側に占領の十分な用意がなかったことは混乱に輪をかけました。アメリカ政府は、占領開始の時点では、準備があまりできていなかったのです。(6)「降伏後における米国の初期の対日方針」が（三省調整委員会(7)）で決定したのは八月二二日です。マッカーサーが厚木飛行場に降り立つ（八月三〇日）約一週間前でした。しかし、マッカーサー司令官宛ての詳細な指令「降伏後における初期の基本的指令」が届いたのは一一月三日になりました。一九四五年中はSCAPは勝手がよくわからず、日本側の意見を受け入れる場面が多かったようです。[8]「進駐軍が非常にやさしいということに驚いた。これは、うまくやって行けば、ドラスティックなメソッドは何もやらずに行けるということをみな思った時代ですからね」と渋沢は感想を漏らしています。[9]ところが、占領政策が進まないことに業を煮やしたアメリカ政府が一九四六年の初めから、続々と専門家を日本に派遣し、四六年の半ば頃までに占領政策の骨格が非常にはっきりして来ました。[10]日本政府は、SCAPの態度が一転して厳しくなったと感じます。

2 「悪性インフレ」と戦時期の政府債務の処理

戦時中に累積した政府債務は、「悪性インフレ」（コントロール不可能なまでに昂進してしまったインフレーション、ハイパー・インフレーションとも言う）を引き起こしかねないダイナマイトのような存在でした。政府債務の総額は、一九四四（昭和一九）年度末に一五一九億円で、一般会計歳入の七・二倍に上り、長期国債残高は国民所得の一八九％に達します（表1参照）。

戦時の政府債務に起因する通貨増発が「悪性インフレ」に発展する危険性については、日本政府の関係者の中で認識に隔たりがありました。

東久邇内閣・津島寿一蔵相の時期（一九四五年八月一七日〜一〇月九日）は、インフレに対する危機感は弱く、戦後はむしろデフレになるのではないかといった意見も強かったのです。たとえば、津島蔵相は、九月一一日に次のように述べています。[11]

> 悪性「インフレーション」を防止し得るやと云へば、私は政府の適切なる施策と国民の決意努力とに依り之を阻止し得るものと確信するものであります。之を対局より申しますれば、前述の如く通貨膨張の主たる事由が厖大なる軍事費の支出を主体とせる政府歳出の増大と軍需生産資金の著増とでありまするに対し、戦争終結に伴ひ、将来此の種資金の放出は自ら阻止せらるるに至るのであります。此の点よりすれば却って所謂「デフレーション」の傾向を馴致するものとも謂ひ得るのであります。（中略）独逸の「インフレーション」を回顧して我国に於ける悪性「インフレーション」の必至を観念するが如きは誠に軽率極まるものと言はねばなりませぬ。

表１　政府債務残高の推移

年度末	政府債務総額（百万円）	（うち長期債）（百万円）	総額／一般会計歳入額（％）	長期債／国民所得（％）
1930	6,843	5,956	428.5	50.7
31	7,053	6,188	460.7	58.8
32	7,911	7,054	386.8	62.2
33	8,917	8,139	382.4	65.5
34	9,780	9,090	435.2	69.2
35	10,525	9,854	465.9	68.2
36	11,302	10,575	476.5	68.0
37	13,355	12,817	458.2	68.8
38	17,921	17,345	498.5	86.7
39	23,566	22,886	474.2	90.3
40	31,003	29,848	481.0	96.2
41	41,786	40,470	485.8	112.9
42	57,152	55,444	621.8	131.6
43	85,115	77,556	607.5	160.1
44	151,952	107,633	722.2	189.0
45	199,454	140,812	849.2	—
46	265,342	173,125	223.2	48.0
47	360,628	209,423	168.2	21.6
48	524,409	280,433	103.2	14.3
49	637,286	391,415	84.0	14.3
50	554,008	341,423	77.3	10.1

出所：大蔵省財政史室編『昭和財政史――終戦から講和まで』第19巻（統計）、東洋経済新報社、1978年、302、307頁より作成。

渋沢蔵相に代わってから、大蔵省内では「悪性インフレ」への懸念が強まっていきます。インフレを阻止するために、一回限りの財産税の徴収によって国債の半分を一挙に償還する構想が持ち上がり、一一月五日の「財政再建計画大綱要目」が閣議で了解されました。[12] 政府債務は破棄するのではなく、財産税等の徴収で償還すること、また国債とならんで問題となっていた政府補償債務も支払うこと（いわゆる「やるものはやる、しかしとるものはとる」方針）がこの案のポイントでした。戦時補償債務とは、戦時中に政府の命令によって生産した軍需品やそのための設備を対象とする補償および戦争保険に対する政府補償です。[13] 政府案はSCAPの意見を容れて修正されたのちに、[15] 一二月三〇日に「財産税法案」、「個人財産増加税法案」、「法人戦時利得税法案」として閣議決定されました。[14] この時点で、基本的には政府の方針に沿ったプランが、SCAPの了解も得て一応、確定したわけです。

ところが、二つの計算外の事態が発生しました。第一は、議会が一二月一八日に解散し、四月一〇日まで選挙が行われず、法案の審議に入れなかったこと、[16] 第二は、三法案についてSCAPから一向に返答が来なかったことです。一九四六年四月中頃になって、この法案を検討するためにアメリカからレオ・チャーン（Leo M. Cherne：SCAP税務顧問）が来日し、チャーンの帰国後の五月三一日にSCAPから戦時補償債務の打ち切り方針が伝えられました。こうして、大蔵省の構想は根本から覆されたのです。この時にすでに渋沢は蔵相の座を去っています。[17] 新たな財産税法が公布されたのは一一月一二日でした。

SCAPが、一度は承認を与えた案を反故にした理由は、戦時補償債務の処理をテコに、財閥解体を推し進めようとしたことにありました。[18] しかし、SCAP内部の意見対立もあり、最終的に戦時補償を全面的打ち切ることになったのです。インフレ抑制を一義的に考える大蔵省と、財閥解体等の改革がつねに念頭にあったSCAPとの考え方の違いがそこに現われています。

財産税実施がタイミングを逸してしまったこと、法案が店晒しになっているうちにインフレが昂進したことは、インフレ・ファイターの渋沢蔵相にとっては痛恨の極みであったに違いありません。SCAPはインフレ抑制に積極的であり、[19] インフレの放置を改革のサボタージュ、占領政策への抵抗と見なしていましたから、渋沢蔵相とSCAPとは一致してインフレ対策に取り組むことも可能であったはずですが、連係プレーは失敗に終わりました。[20] 一九四六年二月一七日に、信用崩壊を防ぐための金融緊急措置令が公布され、預金封鎖と新円切り替えが実施され、渋沢財政が一時的ではあれインフレを食い止めることに成功したことは、渋沢にとってせめてもの慰めであったと思われます（図1参照）。

3　渋沢蔵相はいかなる役割を果たしたのか？

蔵相としての渋沢敬三は、大蔵省の政策決定にどのようにかかわったのでしょうか？

渋沢は、「やりたくてやった大蔵大臣ではなかったから、初めから大した方針はな」かったと語っていますが、この発言は額面通り受け取るべきではありません。[21] 大臣就任直後の山際次官との会談で、はじめて財産税構想が持ち上がったことを渋沢は次のように述べています。[22]

図1　日銀・東京消費財闇及び自由物価指数

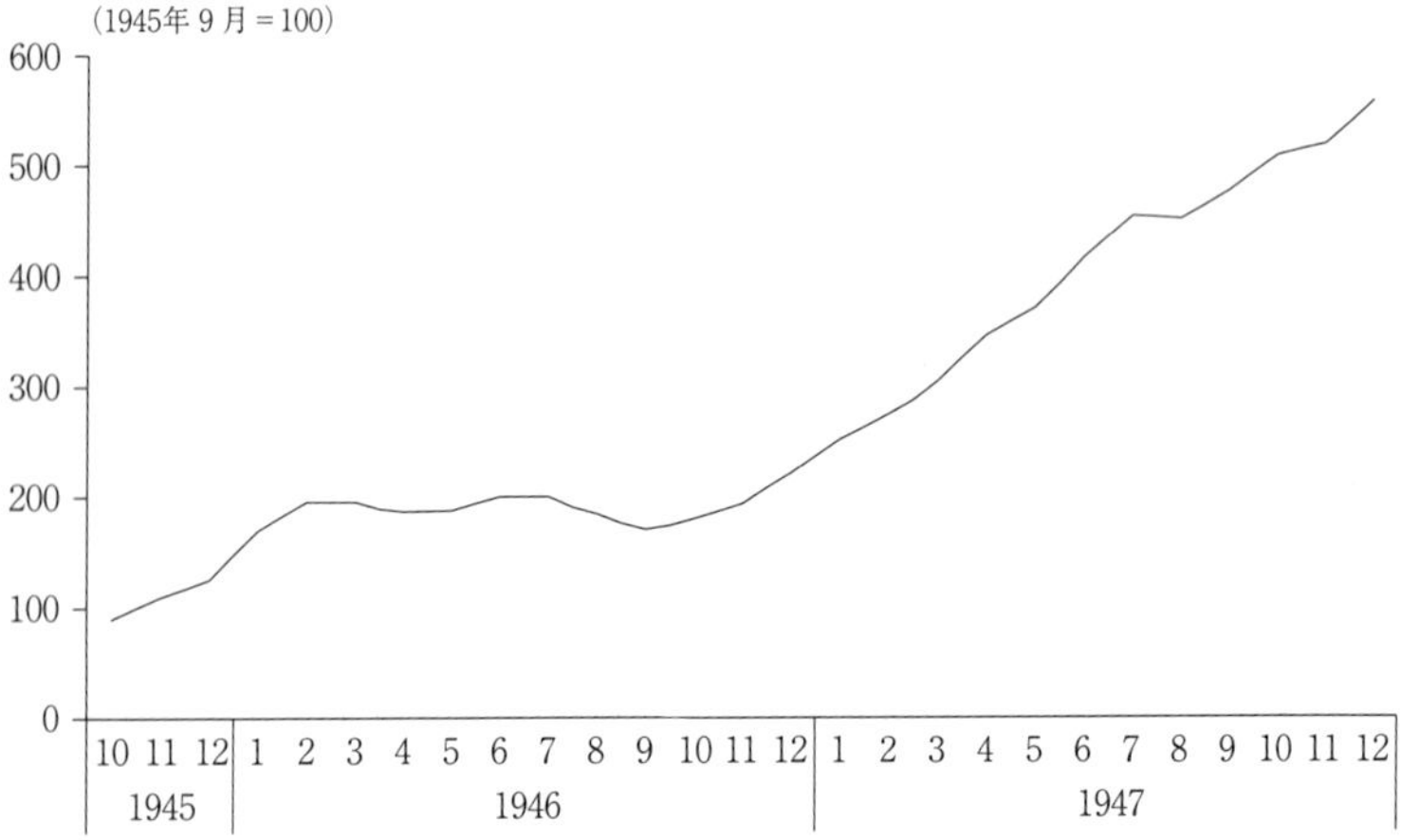

大臣就任の当初でありましたか、私の宅で山際さんと二人きりで話した時、いわゆる財産税が持上りました。そして、財産税を徴収することが果たしてできるかどうか、この点に非常な疑いを持ちつつ話をした記憶があります。しかし、これをひとつ研究してみようかということになって、池田勇人君（当時主税局長）に話してみました。その結果ぜひやろうということにだんだんと話が行きました。それでそれを司令部との諒解を取付けて行こうということになった。

この会談がいつ行われたかについて、渋沢は「渋沢敬三氏金融史談」では、「一一月初めじゃないかと思いますが、日にちは覚えていないのですけれども」と述べている。[23] 渋沢の蔵相就任直後から大蔵省は財産税創設へ向けて走り出しており、一〇月三〇日にはすでに「財産税要綱案」が完成していましたから、一一月はじめだとすると大臣には内緒で作業を進めていたことになります。このあたりの事実関係については、まだ未解明の点も残っています。[24]私は、大臣就任の時に渋沢がすでに財産税構想を持っていたと想定できるのではないかと思っています。

この点に関連して、前尾繁三郎（当時、主税局第一課長）は、伝聞として、財産税の実施が渋沢の蔵相引き受けの条件だったと述べています。[25]山口和雄は、「財産税の構想を具体的に出したのは山際次官」としていますが、これは山際の回想にもとづいており、財産税構想の発案者が誰であったかについては、まだ解明すべき点が残されています。[26]

ただし、次の点は動かしがたい事実です。①大蔵省には戦争末期から財産税構想が存在したが、それは恒常的な税であり、一回限りの財産税徴収という案ではなかった。[27]②ＳＣＡＰの側には財産税という発想はなかった。渋沢は、「ＧＨＱの方では、日本政府が積極的に財産税と創設しようということをきいて、びっくりした、というような感じでありました」と述べていますが、[28]この点はＳＣＡＰ史料からも裏付けることができます。ＳＣＡＰのマニュアルであった State Department, Interim Research and Intelligence Service, Research and Analysis Branch "Control of Inflation in Japan", Oct. 1, 1945には、インフレ対策として、財産税ないしそれに相当する措置は挙げられていません。[29]

私が、前から気になっているのは一〇月一七日の大内兵衛の「蛮勇演説」と渋沢との関係です。大内兵衛がＮＨＫで「渋沢蔵相に与う」と題する放送を行い、国民に大きな衝撃を与えたのは、渋沢が蔵相に就任してから間もない一〇月一七日のことでした。この放送で、大内は、戦争に負けた以上、戦争のための借金は返す必要はない、一二〇〇億円に達する公債と数百億円にのぼる軍需会社等への戦時補償債務を「蛮勇をふるって」破棄すべきだと、次のように渋沢蔵相に訴えました。(30)

渋沢さん！　あなたのお祖父様は左の手に論語を抱え右手に算盤をもって日本資本主義を築き上げました。そのお祖父様は、ある時山県公から大蔵大臣になってくれと頼まれたが、「私は銀行が専門ですから大蔵大臣にならぬ」といって断りました。そのために山県内閣が出来なかったのです。しかし、大渋沢はついにわが国実業界の大黒柱となりました。今日あなたは銀行家をやめて大蔵大臣となられました。これはとかくの評があっても、時局の要請によるものです。「国破れて忠臣出づ」。私はむしろあなたの決心を壮とするものであります。しかし、いまや国家の運命はお祖父さんの時よりもはるかに危険であって、ことに、国民の生活の問題ははるかに陰惨であります。もしあなたがあやまって、日本の国家財政の倒壊を支え得ず、それに「売家」と唐様で書くようなことをしたならば、それはお祖父様にたいして申訳がないのみではない、実に日本国民の期待に反するものであります。どうか方向を間違えぬように、どうかわれわれを飢えさせぬようにやって下さい。大いにしっかりやって下さい。

のちに大内は、「今から考えると多分に激情的でありすぎた。年がいもない次第であった」の反省の弁を述べています（当時、大内は五七歳）。そして、「何よりも私を驚ろかしたのは、当の大蔵大臣の発言であった。『理論的にいって大内氏のいわれるごとく戦時債務を破棄することは賛成であるが……実際問題として困難である』（中略）と。わたくしは日本のブルジョア大蔵大臣がそこまで考え得るものとは思っていなかった」とも語っています。そして、「渋沢のウォーミング・アップがなければ、ドッジが歯どめをもって来てもインフレ阻止は成功しなかったに違いない」と、渋沢財政を高く評価しています。(31)

第二次人民戦線事件（一九三八年二月、「教授グループ事件」とも呼ばれる）で検挙され、失職していた大内を渋沢は、日銀総裁時代に日銀の臨時嘱託として採用したわけですから、大内のインフレに対する考え方は熟知していたはずです。NHK放送の四日前の一〇月一三日に、渋沢蔵相は大内兵衛・中山伊知郎を招いて部局長と一緒に話を聞いています。(32)私の憶測では、渋沢は大蔵省首脳(33)に反インフレ派最右翼の大内の意見を聞かせて、(34)ショックを与え、大蔵省の生ぬるい考え方を変えようとしたのではないかと思います。実際に、大内の話や「蛮勇演説」が大蔵省に与えたショックの大きさは、当時、主計官であった大平正芳の悲壮な文章によく表れています。(35)

蛮勇を揮って元利の支払を打切ると信用恐慌、経済秩序の混乱を結果し、急速に社会革命を誘致す。公約を守りて元本の償還、利払いを続行するに於いてはインフレ必至、生産減退、失業及生活難より来る社会不安を招来し漸次社会革命に具体化する危険あり。右何れの道も茨の道、苦悶の難路である。しかし国家組織の最後の支柱が国家の信用にありとせば、公約の破棄は不可。公約の線に添ひつつ如何にしてインフレの進行を可及的に緩和し、社会不安の激化を回避するかに政府は全力を傾注する必要がある。

大蔵省が立案したインフレ抑制策は、大内の考えとは異なったものになりましたが、大蔵官僚に危機感を持たせたことは間違いないようです。今井一男（当時　国民貯蓄局長）は、「どうも話を聞いているうちに、大内さんのおっしゃることにかなり圧迫を感じたと申しますか、もっともだというような感じをいたしておったようでありました。夕方大内さん、中山さんが退席されたあと、部局長は又そこで議論をかわしました。ところが内輪だけの議論になると大分調子がかわってしまって、大内先生のようなわけには行かぬ、大蔵省として天下に公約し国民に訴えて発行した国債である以上は、これを踏みつぶすということはとんでもない話だ、というような意見が勝ちを占めまして、おそらく私もその一人であったろうと思うのですが、これは満場一致の形で、取るものは取る、うんと国民から税金その他でしぼり取る、そうして返すものは返す、こういう基本原則をとにかく事務当局で決めてしまいました(36)」。

この点では渋沢が大内の意見に同意していなかったことは、前掲の「愛知メモ」からも窺うことができます。政府が債務破棄した場合に銀行はどうなるのかと渋沢が質問したのに対して、大内は、国債を無利子にして支払いを無期限に延期し「恐慌を成し崩しにする」と答えたということです。これに渋沢は、「恐慌はなし崩しにはならぬ、或時期にドカンと来る」と反論しています。論理的に持論を展開する学者としての大内、金融恐慌を懸念するバンカーとしての渋沢、国家の信用・大蔵省の面子を重視する大蔵官僚の三者三様のニュアンスの違いが興味深いところです。

このような差異はともかく、インフレに対する懸念を認識させるという渋沢の意図は十分に達せられたと考えられます。私の推測では渋沢さんは大蔵省首脳に、反インフレ論者の大内さんの話を聞かせてショックを与えて、大蔵省の生ぬるい考えを変えようとしたのではないかと思います。その意味では、大蔵官僚に危機感を持たせるという渋沢さんの意図は十分に達せられたと考えられます。もし、NHKへの大内の出演までが渋沢のお膳立てであったとすれば、話はさらに面白くなりますが、残念ながら、それを裏付ける史料はありません。

本日は武田晴人さんからコメントを依頼され、立会人という言葉をじーっと眺めてコメントを考えました。おそらくこの立会人という言葉は、控えめな表現を好まれたであろう渋沢敬三さんに相応しい表現だと思います。しかし、あえて申しますが、私のコメントは「武田さんそうじゃないでしょう。渋沢さんは立会人ではなく仕掛け人だったんじゃないですか」、というものでございます。(37)

どうもご静聴ありがとうございました。

（1）渋沢蔵相の任期は公式には一九四六年五月二二日までであるが、四六年四月二二日に幣原内閣は総辞職しているので、実質的には四月二二日までである。幣原内閣の総辞職から第一次吉田内閣の成立まで、政府が事実上存在しない「政治的空白期」が出現した。

（2）「五大改革指令」は以下の五項目。①選挙権賦与による日本婦人の解放、②労働組合の組織化促進、③より自由な教育を行うための諸学校の開校、④秘密の検察及びその濫用によって国民を絶えず恐怖の状態にさらしてきた如き諸制度の廃止、⑤生産及び貿易手段の収益及び所有を広汎に分配するが如き方法の発達により、独占的産業支配が改善されるよう日本の経済機構が民主主義化されること。

（3）一九四五年一〇月二日設置。一般にはGHQの名称が流布しているが、占領軍のうち民政部門を指すSCAPが学界では一般に使われる。経済担当部局である経済科学局（ESS）は、SCAP設置に先立って、九月一五日に設置された（竹前栄治『GHQ』岩波新書、一九八三年、四五頁）。

（4）ただし、沖縄や奄美諸島等は米軍の直接占領のもとに置かれた。

（5）「元大蔵大臣澁澤敬三氏講述（全）」（戦後財政史資料　昭和二六年五月八日）、一～二頁。

（6）対独政策の策定を優先していたこと（アメリカ政府が本格的に対日政策の検討に入ったのは、対独政策の検討を終えた一九四四年六月以降であった）、アメリカ政府内に日本の事情に通じている専門家が少なかったこと、対日政策を巡ってアメリカ政府内に意見の対立があったことなどが、その理由として挙げられる（油井大三郎『未完の占領改革』東京大学出版会、一九八九年）。

（7）国務省、陸軍省、海軍省の三省によって構成された対日占領政策を調整するための委員会（State-War-Navy Coordinating Committee）。対日政策の事実上のアメリカ政府内での最高決定機関となる。一九四四年一二月に設置された。

（8）SCAPの経済科学局長は、初代がクレーマー（Raymond Charles Kramer）であり、一九四五年一二月にマーカット（William Frederic Marquat）に代わり、マーカットは占領終結まで経済科学局長を務めた。

（9）前掲「元大蔵大臣澁澤敬三氏講述（全）」一七頁。

（10）農地改革を例にとれば、農地改革はマッカーサーが厚木に来る飛行機の中で指示したとされるが、実際にSCAPが農地改革を検討し始めたのは、国務省のフィアリーが一〇月二六日にマッカーサー宛てに覚書を送った時からである。本格的な検討は翌四六年一月にアジアの農業問題の専門家であるラデジンスキー（Wolf Isaac Ladejinsky）が来日してからであった。この間に、日本の農林省のイニシアティブで第一次農地改革関連の法律が成立していた（一九四五年一二月一八日）。マッカーサーは、いわゆる「農民解放指令」（「農地改革に関する件」一九四五年一二月九日）を出して第一次農地改革関連法の議会通過を支援したにもかかわらず、一九四六年に入ってから、農地改革案はラデジンスキーの指導のもとで練り直されることになったのである。

(11)「戦後に於けるインフレーション対策について」（九月一一日東京銀行集会所における津島大蔵大臣演説）『昭和財政史――終戦から講和まで――』第17巻（資料(一)、東洋経済新報社、一八三頁、一八六頁。

(12)この案は、「通貨価値を安定して社会経済秩序の崩壊を防止し産業の再建、民生の安定を確保」するために「戦後財政の具体的再建計画」を設定するとし、①戦後五ヵ年間の財政再建計画を立てること、②「社会経済混乱の防止、国家信用の保持、産業の再建、民生の安定等の見地より」各種補償は適正に実行すること、③各種補償後の政府債務総額の二分の一程度を臨時財産税・財産増価税の賦課、国有財産の払い下げによって「合理的に清掃」することを掲げた（前掲『昭和財政史』第17巻、五一一頁）。財産税・財産増価税の徴収予定額は九七〇億円であった。

(13)一九四五年一一月時点で総額は五六五億円と見積もられた。

(14)「戦時利得の排除及財政の再建」（SCAPIN　一九四五年一一月二四日）。

(15)戦時利得の排除という考え方が加わった。

(16)新選挙法公布（一二月一七日）にともない、幣原内閣は一九四六年一月二一日ないし二二日に総選挙を実施しようとしたが、旧議会勢力が温存されることを警戒したSCAPは、一月四日に公職追放を実施した。立候補者の資格審査に手間取り、総選挙は四月にずれ込むことになった。

(17)戦時補償打ち切りに石橋湛山蔵相は強く反対し、それが石橋の公職追放（一九四七年五月一七日）の原因になったとされる（増田弘『石橋湛山――占領政策への抵抗』草思社、一九八八年）。

(18)拙著『戦後改革と民主主義――戦後改革から高度成長へ――』吉川弘文館、二〇〇一年、六四～七四頁参照。

(19)「降伏後における初期の基本的指令」（一九四五年一一月一日、SWNCC52／7）の第22項目には、次のように記されている。「深刻なインフレーションは、占領の終局の目的の達成を大いに遅延させるであろう。それ故、貴官（最高司令官マッカーサー――引用者）は、日本当局に対し、このようなインフレーションを回避するためにあらゆる実行可能な努力を払うように指令する。しかしながら、インフレーションの防止又は抑制は、賠償、返還、非軍事化又は経済的非武装化の計画の実施に当り生産施設の撤去、破壊又は縮小を制限する理由としてはならない」（前掲『昭和財政史』第17巻、三三三頁）。

(20) ともにリベラリストではあったが、確信的なインフレーショニストであり、財閥解体に大反対の石橋湛山（石橋湛山『湛山回想』岩波文庫、一九八五年）と、反インフレ派で、財閥解体に容認的（ないし積極的）であった渋沢敬三（山口和雄「敬三の経済活動」渋沢敬三伝記編纂会『渋沢敬三』下、一九八一年、七八三～七八八頁）とは非常に対照的であった。渋沢のほうが、占領当局とは相性が良かったことは間違いない。

(21) 前掲「元大蔵大臣澁澤敬三氏講述（全）」一頁。

(22) 同右資料。

(23) 「渋沢敬三金融史談　第六回」（昭和二六年一一月一日）、日本銀行調査局編『日本金融史資料　昭和編』第三五巻、三二六頁。

(24) 前掲『昭和財政史』第7巻、一九七七年、六九～八〇頁。

(25) 前掲『昭和財政史』第11巻（政府債務）、一九八三年、一〇三頁。

(26) 山口和雄、前掲論文、七六九頁。

(27) 前掲『昭和財政史』第11巻、七三～七四頁。

(28) 前掲「元大蔵大臣澁澤敬三氏講述（全）」六頁。

(29) 日本銀行金融研究所編『日本金融史資料　昭和続編』第25巻、一九九六年、四三～六八頁。

(30) 「渋沢蔵相に与う」『大内兵衛著作集』第6巻、岩波書店、一九七五年、一九七～二〇一頁。

(31) 大内兵衛「渋沢敬三――経済復興にマクラ木――」（「折り折りの人」『朝日新聞』一九六六年三月連載記事

のうちの一回、『大内兵衛著作集』第3巻、岩波書店、一九七五年に再録)。

(32)　この会合の概要については、愛知揆一(当時、大臣官房文書課長)がメモを残している(「大臣官邸における大内兵衛、中山伊知郎及び渋沢大臣の口述筆記(愛知メモ)」(昭和二〇年一〇月一四日)前掲『昭和財政史』第17巻、四九四〜四九五頁)。中山の話はあまり感銘をあたえなかったとされるが、中山の話が論理一貫した体系的なものではなかったことは、このメモからも窺われる。中山には、用意する十分な時間がなかったのかもしれない。

(33)　渋沢が就任した当時の大蔵省は以下のような布陣であった。次官山際正道、官房長福田赳夫、終戦連絡部長木内信胤(一〇月二七日〜)、主計局長中村建城、主税局長池田勇人、金融局長式村義雄(金融局は一九四六年二月に理財局と銀行局に分かれる)、国民貯蓄局長今井一男、外資局長久保文蔵。

(34)　大内のインフレに対する危機感の強さは、その古典派経済学的マルクス主義の理論に由来する面もあるが、大内がドイツのハイパー・インフレーションの時(一九二二〜二三年)にドイツに留学した実体験にも裏付けられていたことは確かだろう(大内兵衛『経済学五十年』東京大学出版会、一九五九年、第四章「ヨーロッパ留学」)。

(35)　「戦後財政再建策覚書(主計　大平)」(日付不明)前掲『昭和財政史』第17巻、五〇一〜五〇二頁(原文のカタカナ表記はひらがな表記に直した)。この文書の執筆当時大平は三五歳であった。この当時の大平については、福永文夫『大平正芳』中公新書、二〇〇八年、四六〜六〇頁参照。

(36)　前掲『昭和財政史』第11巻、八九頁。なお、一九七二年の回想では、今井は大内の話に大蔵官僚が反発した側面を強調しているが、それより約二〇年以前の回想のほうが真実に近いと判断すべきだろう(山口、前掲論文、七六九頁)。

(37)　私のコメントは、過去の研究史との関連で言えば、幣原内閣は東久邇内閣と同様に「戦争財政の整理ということについてはきわめて消極的」であったとする鈴木武雄説(『現代日本財政史』第一巻、東京大学出版会、一九五二年、第2編第2章）の批判的再検討ということになるだろう。

討論

武田　あまり時間がありませんが、まず簡単にコメントに答えながら、同時に皆さんに生じている疑問にこたえていきたいと思います。

まず伊藤先生のコメントは、武田の認識は古い研究史に基づいていて、最近の研究はもっと進んでいる、もっと新しいことがわかっている、だから「武田さんもっと勉強しなさい」というものでした。戦時期の日本銀行の役割については再評価が進んでいるから、武田はその再評価に基づいて、渋沢さんがどんな役割をはたしのか、それは立会人だったのか、仕掛け人だったのか、単なる傍観者だったのかを考えなさいというコメントです。

伊藤先生は、日本銀行など日本金融史の研究の第一人者ですから、逆にうかがいたいと思うのですが、戦時インフレを警戒して慎重であった渋沢敬三さんは、なぜ金融制度調査会では日本銀行をサポートしなかったのか。彼は中央銀行として日本銀行の役割についての考え方を変えたのだろうか、それとも何か別の理由があったのだろうか、ということです。これについて何かご意見があれば補足的にうかがいたいと思います。

浅井先生のコメントについては、ご指摘の通りだと思います。戦後史、とくに占領期から高度成長期の経済政策などの研究では浅井先生以上に事実を確かめながら、きちっとした研究をされている方はほかにいませんから、私に反論の余地はありません。ただあえて申し上げれば、戦後については確かに渋沢敬三さんは、ある意味では意図したところ、ある種の能動性を示しているようにもみえますが、そのアイディアが渋沢本人のオリジナルなものなのか、それとも山際さんなどが考えているのだけれども、それでも渋沢さんに言って貰わないと、というか彼が演じてくれなければ通らないという、渋沢さんの独特の役回りがあるような気がするのです。だから、渋沢さんはそれに沿って行動している、仕掛け人は別にいるけれど、渋沢さんはこの場面に立ち会って役回りを見事に演じているという印象がぬぐえないのです。証拠の無い印象論なので、議論をしても水掛け論になりそうですから、これ以上続けても仕方ないかもしれません。もちろん、求められた役割の意味について同意がなければ、渋沢さんはやらなかったでしょうから、緩やかな意味で渋沢さんも同意見であることは間違いないと思います。時代の方向感覚を察知する能力は同時代人の中でも極めて高い人ですから、そう思います。

この点を踏まえて、浅井先生には、渋沢の戦後インフレ対策が、予期せぬ出来事（国会の解散とSCAPの異論）で頓挫したわけですが、もしそうした事情がなければ渋沢の構想は戦後のインフレに有効だったと評価されるのかをうかがいたいと思います。歴史家はイフという問いには答えないといわれるとどうしようもないのですが、そういう逃げ方をしないでくださいとお願いした上でお尋ねしたい。

伊藤　私は最近「戦後ハイパー・インフレと中央銀行」という論文を『金融研究』三一巻一号（二〇一二年）に発表しました。一〇年ほど前に書いた論文を日本銀行の内部資料などを使ってリバイスしたものです。戦後のインフレは金融緊急措置でいったん止まりかかるのですが、半年くらいしか持たない。で、一九四八年三月の春くらいまで再びインフレが昂進し、その後一九四九年のドッジラインで収束するのですが、そのプロセスで日本銀行はインフレの抑制と、戦後の復興という二つの課題をどのように同時遂行していくのかが課題となります。そういうなかでの復興金融金庫が作られて資金供給するとか、日本銀行が金融機関融資準則を作って戦前のような産業ごとの信用割当をするのです。このような戦後改革期の日銀の政策が「間違っていた」という評価を日本銀行自身が、ちょうど金融制度調査会で日本銀行法改正を議論しているときに公表します。私はこの評価は果たして正当であろうか、おかしいのではないかということで、この論文を書きました。つまりライヒスバンクアクトを取り込んだかたちで作られた戦時中の日本銀行法は中央銀行の独立性を認めず、産業資金供給を介してインフレ的であった、戦後の日本銀行が主張したのは中央銀行の独立性の重視であって、日銀法改正もこの立場から主張されている、その立場からみると戦後改革期の日銀の政策はインフレ抑制の姿勢が弱く戦時に作られた日銀法の立場に沿った間違った政策であったというのです。このようなかたちで問題をたてるのは、現在の研究状況から見ると問題があると申し上げたかったのです。今の問題と関連するのですね。たとえばインフレターゲットをどう評価するのかという問題とも関係するので、そういった意味で注意を喚起したかったというのがコメントの趣旨です。

浅井　まず、伊藤さんに投げかけられた問題について私も一言申し上げたいのですが、一九五〇年代の一万田日本銀行総裁時代をどう評価するかという問題があると思います。一万田さん時代の日本銀行はイングランド銀行的な中央銀行とは性格が違うので、この時期を渋沢さんがどう評価されているかが鍵になるかなと思います。

私に対する質問については、私は実証主義者ですから、誰が財産税の発端であったのかをつきつめるのは歴史のおもしろさですし、まだつきつめる余地があるのではないかと思いました。確かに税ということでは渋沢さんは専門家ではありません。当時の主税局長は池田勇人さんで、大蔵省から出てきた可能性もあるのですが、他方で財産税の実現が渋沢さんが大蔵大臣を引き受ける時の条件であったという証言もあり、渋沢さんが財産税構想をひっさげて大蔵省に乗り込んだという推測も否定できないと思います。

それから、インフレの評価ですけれども、これは難しい問題ですが、インフレについて対照的な見解は石橋湛山です。石橋は目の前で物価が急騰しているのに「インフレではない」という大変な人です。起こっているのはハイパーインフレーション（悪性インフレ）だったのですが、石橋はコントロール可能なインフレだと考えていました。渋沢さんや大内さんは悪性インフレになることを懸念していたところが、分かれ道になる。

もうひとつ、インフレといっても生産が再開してからの第二次インフレと、それに先行する戦時債務などが絡んだ第一次インフレの問題とがあります。これを切り離して第一段階のところでは、きちっとやっておくべきだという大内さんの考え方は評価できるのではないかと考えています。

武田　結局のところ、伊藤さんからは改めてもっと勉強しろといわれたわけですね。
さて、皆さん方から何かご発言がありますか。いかがですか。それでは由井先生お願いします。

由井常彦　伊藤先生も浅井先生もこの時期の財政金融の専門家ですから、専門ではない私の出る幕ではないのですが、一つ二つ補足したいと思います。私の印象では財産税はものすごいことだったので、それを何日かのほんの短い間に決断したわけですね。この財産税にはすごい批判があって、あらゆる有産階級、それもかなり進歩的と思われた人たちまでも「こんなばかげたことはない」と。またかつての日銀や大蔵省に関係した人たちも、「財産税なんてあり得ないし、そんなものを認めると将来日本経済の再建なんかない」という意見が強かった。だから、私は財産税は渋沢さんでなければ言えなかったのではないかと思います。ほかの人たちだと、板挟みになってとてもやれなかった。実際、池田成彬も日銀総裁をやった人ですが、強く反対し渋沢批判をしていました。だから渋沢さんでなければ、あちこちからの批判によってつぶされていた。それが通って、渋沢さんはといえば自分の家を提供して平然としていて、それが新聞に載った。だから世間では「よくここまでやった」と評価された。渋沢さんでなければできなかった。
渋沢さんは、旗振りでなかったかもしれないけれど、こういうマイナス面で真価を発揮する。これを乗り切るのは渋沢さんでなければできなかった。渋沢さんは、「無の哲学」というか、そういう境地もあって淡々としていた。そんな風に思います。

武田　由井先生、どうもありがとうございます。ほかにどなたか。それでは木村先生お願いします。木村先生については、報告ではご紹介できなかったのですが、一九五〇年代の渋沢敬三についての論文があります。私の報告はそれについて触れていませんので、ぜひご発言をお願いします。

木村　いくつかご意見をうかがいたいことがあります。一つは、一九四三年に帝国銀行を作ったときの渋沢敬三の考えや行動をどう評価したら良いのか。その後、一九四八年に帝国銀行はまた三井銀行と第一銀行に分かれてしまいますが、渋沢さんがなぜ、この合併に同意したのだろうかという問題です。その理由がまだよくわからないのです。

それから二つ目は、一九五〇年代の日本の国際社会への復帰について、敬三は大きな役割を果たしたと思うのですが、この点についてどのようにお考えになるか。

三つ目は、今回の「立会人」というテーマはとてもすばらしいと思いますが、一方で、敬三は財界二世、三世のなかで戦前・戦中・戦後を結ぶ財界の主流派として行動しています。戦後の公職追放後に財界活動に復帰した人としては、藤山愛一郎さんと渋沢敬三さんくらいしかいないので、戦前から戦後の財界の継続性という面で敬三の果たした役割を評価してみたいと考えているのですが、これらについてご意見をうかがえればと思います。

武田　一つ目の問題は私にもまだ答えがありません。伊藤先生、もし何か補足があればお願いします。二つ目は重要な側面だと考えています。国際電電や国際商業会議所などはもちろんですが、さらに東京銀行として海外経験豊富な人材のいる組織を残すというところから、戦後の渋沢さんの国際的な面での貢献は出発しているように思いますが、これについては重要性は自覚していますが、まだ調査が進んでいないので、今後の課題にさせて頂きたいと思います。

三つ目ですが、財界人についてはご指摘を頂くまでは考えていなかったことなので、なるほどと思った次第です。財閥を中心として財界人をみると、三井や住友のように実権のない同族だったと思うのですが、経営者、財界人として実力で評価されていた代表的存在は岩崎小弥太だろうと思います。それ以外の財閥はそれぞれ事情があって二世三世が活躍の場を与えられた例は少ない。これに関連して考えなければならないのは、敗戦により、あるいは公職追放によって継続性が途絶えたのか、それ以前から財閥の同族たちが実業の世界とは別世界の住人になっていて、財界の紐帯・世話役として活動する余地がなかったのか。渋沢さんの場合は規模的に見ると財閥としてはそれほど大きくなかったことや、初代の栄一さんの影響があるか、特殊な例かもしれません。

伊藤　帝国銀行の問題ですが、渋沢敬三という個性から見てどうかという問題と、当時の状況から見て帝国銀行成立（大銀行同士の合同）をどう見るか二つの問題があると思うのです。最初のほうですが私は渋沢敬三さんという人は、ペシミスティックなエピキュリアン（快楽主義者）というか、あるいは諦観をもったエピキュリアンとでもいう人だったと思うのです。エピキュリアンというのは、人生のいろんな局面においていろんなことについて楽しく生きたいと思っている人だと思うのです。そういう人にとって、こういうことはイヤだ、やってはいけない、こういうことはやってもいい、ということがある。渋沢敬三さんはそのキャパシティがそうとう大きな人だった。そして第一銀行の合併問題については、これはやってもかまわないと、先ほど由井先生が紹介された財産税の時に三田の屋敷を提供して——この屋敷はその後長いこと大蔵省の公邸になっていましたが——平然と隣りの小さな家屋に住んでいた、そういう人ですから、彼のキャパシティから見れば許容範囲のことではなかったかと思います。客観的な面での問題は、一九四〇年体制論などとも関係して考えるのか、それとも戦時特有の事情でおきたことがらと考えるか、私は前者の意見にはあまり賛成ではありませんが、これからの研究課題です。

渋沢雅英　すばらしいセミナーをありがとうございました。

三十三回忌の時にセミナーを開いたのですが、その時に谷村さんが「一回限り財産をとる」と考えていたと話していたと思います。ということは、あの時、大蔵省のエリート官僚はこれだと思っていたのかもしれません。どなたかが言っていたように、それを敬三が「やろう」といえば、「仕方ない」というようなことになる。これを大蔵省の官僚が利用したような気がしたことを覚えています。

いずれにしても、渋沢敬三が「立会人」であったのかどうか、なんであるかについては、これはとても良いことばで、これから五〇年忌全体で考えていきたいと思いますが、やはりあの人の人格というか、人柄というか、人間の雰囲気が、彼の仕事を規定していたのかと思いました。私としては、こんなにすばらしい会に出られたことを感謝しています。ありがとうございます。

武田　ありがとうございます。私にとっては宿題がたくさん残りましたが、この「立会人」というのは自分が出してものですから、それに責任を持って、もう少し考えを詰めていきたいと思います。本日はお集まり頂き、長い時間ご静聴をいただきありがとうございました。また私の趣旨を付度して的確なコメントをしてくださった両先生にも心より感謝していています。それではこれで閉会と致します。

あとがき

本書は、二〇一三年に没後五〇年を迎える渋沢敬三の人間像と業績を総合的に検証・研究し、その成果を広く一般に提供することを目的として五年間にわたり実施された「渋沢敬三記念事業」の研究プロジェクトの成果の一つです。記念事業の事業の全容については渋沢資料館のホームページで公開されていますが、本書の研究プロジェクトの特徴は、これまで言及されることが少なかった渋沢敬三の経済人としての活動に照明を当てようとしたところにあります。

このささやかな成果が、渋沢敬三が生きた時代の経済史経営史研究に関心を持つ人たちの学問的な関心に応えるだけでなく、民俗学に関心を持つ人たちにも渋沢敬三という人物を知り、その民俗学の特質を考えるうえで手がかりとなればと思います。

本書の編纂には多くのかたがたのご助力をいただきました。渋沢雅英渋沢栄一記念財団理事長には、未熟な思いつきに肩入れして頂き、強く背中を押していていただいたことに感謝しています。金融制度調査会の甲論乙駁の議論を「しょうがねえなぁ」と見守っていた敬三さんの姿を彷彿とするような渋沢雅英さんの包容力が、このプロジェクトをここまでまとめることができたエネルギー源になったように思います。

健筆をふるわれた由井常彦先生、木村昌人先生をはじめ、シンポジウムのコメント役を引き受けて下さった伊藤正直先生、浅井良夫先生は、本書の骨格を作るうえで重要な役割を果たしていただきました。また、渋沢史料館には多くの写真を提供していただいただけでなく、さまざまなご助言・御協力をいただいています。さらに、日本銀行からは、渋沢敬三総裁の肖像画の掲載の許可を頂きました。口絵に掲載した肖像画は、敬三という人物を知るうえでは、とても貴重な一頁になっていると思います。

最後になりますが、研究プロジェクトの実施並びに本書の刊行については、一般財団法人MRAハウスから助成を受けることができました。記して心より感謝の意を表したいと思います。

なお、共編者の由井常彦氏はこのプロジェクトの委員長で、論文も発表されていましたが（第1章所収）、二〇一三年度に健康を損ねられ、本書の編集業務を武田に一任されました。幸い一四年度は回復され追加の2章（第5、6章）執筆されましたので本書に収録することができました。

右のような経緯で、本書については由井・武田の編集とさせていただきました。

二〇一五年一月

武田　晴人

【執筆者紹介】

木村昌人（きむら・まさと）

1952年生まれ。
公益財団法人渋沢栄一記念財団研究部部長

伊藤正直（いとう・まさなお）

1948年生まれ。
東京大学大学院経済学研究科博士課程修了
東京大学名誉教授

浅井良男（あさい・よしお）

1949年生まれ。
一橋大学大学院経済学研究科博士課程修了
成城大学経済学部教授

【編著紹介】

由井常彦（ゆい・つねひこ）

1931年生まれ。

東京大学大学院経済学研究科卒業。経済学博士。

明治大学助教授、教授を経て現在明治大学名誉教授。

公益財団法人三井文庫常務理事・文庫長。

著書に『都鄙問答―経営の道と心―』（日経ビジネス文庫、2007年）、『安田善次郎』（ミネルヴァ書房、2013年）など。

武田晴人（たけだ・はるひと）

1949年生まれ。

東京大学大学院経済学研究科博士課程単位取得退学

東京大学大学院経済学研究科教授

著書に『新版　日本経済の事件簿』など。

歴史の立会人――昭和史の中の渋沢敬三

2015年1月30日　第1刷発行　定価（本体2800円+税）

編　者　由　井　常　彦
　　　　武　田　晴　人
発行者　栗　原　哲　也

発行所　株式会社　日本経済評論社
〒101-0051　東京都千代田区神田神保町3-2
電話 03-3230-1661　FAX 03-3265-2993
info8188@nikkeihyo.co.jp
URL: http://www.nikkeihyo.co.jp

装幀＊渡辺美知子　印刷＊文昇堂・製本＊誠製本

乱丁落丁はお取替えいたします。　Printed in Japan

ISBN978-4-8188-2367-9